U0561132

苏河星灿

普陀区历代志士贤达撷英

上海市普陀区档案局（馆）
上海市普陀区地方志办公室 ◎ 主编

华东师范大学出版社
·上海·

图书在版编目（CIP）数据

苏河星灿：普陀区历代志士贤达撷英/上海市普陀区档案局（馆），上海市普陀区地方志办公室主编.—上海：华东师范大学出版社，2023
ISBN 978-7-5760-3909-2

Ⅰ.①苏… Ⅱ.①上…②上… Ⅲ.①名人—列传—普陀区 Ⅳ.①K820.851.3

中国国家版本馆CIP数据核字（2023）第094145号

苏河星灿——普陀区历代志士贤达撷英

主　　编　上海市普陀区档案局（馆）　上海市普陀区地方志办公室
策划编辑　黄诗韵
责任编辑　黄诗韵
责任校对　王丽平　时东明
装帧设计　卢晓红

出版发行　华东师范大学出版社
社　　址　上海市中山北路3663号　邮编 200062
网　　址　www.ecnupress.com.cn
电　　话　021-60821666　　行政传真 021-62572105
客服电话　021-62865537　　门市（邮购）电话 021-62869887
地　　址　上海市中山北路3663号华东师范大学校内先锋路口
网　　店　http://hdsdcbs.tmall.com

印 刷 者　上海邦达彩色包装印务有限公司
开　　本　787毫米×1092毫米　1/16
印　　张　19.75
字　　数　339千字
版　　次　2023年6月第1版
印　　次　2023年6月第1次
书　　号　ISBN 978-7-5760-3909-2
定　　价　98.00元

出 版 人　王　焰

（如发现本版图书有印订质量问题，请寄回本社客服中心调换或电话021-62865537联系）

编撰委员会名单

主　任：
姜冬冬　肖文高

副主任：
周　艳　张俊扬　袁芳荣

编委会：（按姓氏笔画为序）
华校生　肖文高　张俊扬　陈　辉　周　艳　姜冬冬　袁芳荣　滕振军

编撰单位：
上海市普陀区档案局（馆）　上海市普陀区地方志办公室

编撰人员：（按姓氏笔画为序）
马浩然　王关美　华校生　刘　聪　李文荣　陆丽雯　陈　辉　荆昌德
胡　俊　袁芳荣　钱晓婷　游华基　颜伊磊

前　言

普陀，傍水而兴，人杰地灵。

在这片土地上，历史文脉生生不息，文化积淀从未中止，文明传承源远流长。自史料有载以来，涌现出无数志士、仁人、贤达、劳模……俊彦云集，英才辈出，犹如璀璨的群星，熠熠闪耀在"半马苏河"的上空。这些英才及其背后的故事是普陀历史文脉所在，对坚定新时代中国特色社会主义文化自信，传承赤色沪西宝贵精神财富，巩固先进典型高地优势，弘扬"人靠谱、事办妥"精神具有重要意义。

本书记述的地域范围以普陀区2022年行政区域为准。现今区境在唐代分属于华亭、昆山两县。至南宋嘉定十年（1217年），分昆山县五乡置嘉定县，普陀区北部地区属之。元二十九年（1292年），割华亭县五乡于上海镇设县，今普陀区南部归上海县管辖。自唐宋以来，华亭县、厂头镇、嘉定县、上海县、真如里、宝山县等市镇村落渐次形成，使现今普陀区空间结构得以逐渐明晰。本书所选录的人物，大多源自上述区域的地情史料。

按照"生不立传"的原则，所载人物均为2022年3月前去世的历代或生活、或工作、或创业、或建功、或牺牲在今普陀区境域内，为历史进步、革命事业、经济建设、改革开放以及社会发展作出杰出贡献的知名人士。个别知名人士，尽管在今普陀区境域内工作生活时间较短，但他们的义举、善行、逸事、趣闻在这片土地上留下极其深远的影响，我们将他们也编入了此书。全书按照人物特点分类收录编排，分为五大类：一是历史名宿，如抗金名将韩世忠、宋代名臣侯细；二是实业大王，如油漆大王邵晋卿、日化大王方液仙；三是文化才俊，如史学巨匠周谷城、古籍专家周子美；四是革命志士，如工人先锋顾正红、播火使者李启汉；五是行业精英，如纺织标兵裔式娟、革新闯将应忠发。类目内以人物生年排序，个别生卒年不详的人物，以所处朝代或相关事件发生的时间为序。

本书在编写过程中博采市县志书、文史资料、报纸杂志、官网信息，尽力披沙剖璞、去伪存真、由表及里，做到言必有据、案皆可稽、事有出处。对人物的记述秉持实事求是的态度，有则实述之，无则不饰之，尽可能还原出人物事件原貌。某些人物或许在历史上有过失误和不足，将他们选入本书，是因为他们在某一领域显示了卓越的才华，在某一方面作出了突出的贡献，因某一事件产生了深远的影响，着笔时择其一生大事要事阐述，"不以一眚掩大德"。

苏河星灿，桃溪春驻。上海普陀因历代名贤而荣耀，历代名人因上海普陀而流芳，珠联璧合，相得益彰。上海普陀有过昔日的繁庶、今日的繁华，更憧憬明日的繁荣。期冀更多的人通过本书，进一步了解普陀、热爱普陀、建设普陀，以先贤的精神、先哲的境界、先辈的遗愿为不竭能源，去开创普陀更加美好的未来。

《苏河星灿》编撰委员会

2022年6月

目 录

历史名宿篇

胸怀韬略　战功卓著
　　——宋代抗金名将韩世忠　　　　　　　　　　　　　3
忠烈流芳　古桂传奇
　　——宋代忠臣枢密院副使侯细　　　　　　　　　　　8
治水能臣　丹青名师
　　——上海志丹苑元代水闸主持建造者任仁发　　　　11
辉崇盛世　咸悟真如
　　——元延祐年间移建真如院至桃溪的僧侣妙心　　　14
劝课农桑　教之树艺
　　——明代四川左参政陈述　　　　　　　　　　　　19
治狱干员　理政循吏
　　——明代南京刑部郎中、瑞州知府李良　　　　　　21
廉洁自持　勤慎有法
　　——砥砺廉隅、摆袖却金的明代名宦李重　　　　　23
不畏权贵　秉公断案
　　——明代江西右参政张恒　　　　　　　　　　　　26
经年耕耘　终成巨著
　　——《资治通鉴补》作者严衍　　　　　　　　　　29
尽忠殉国　百年流芳
　　——明代抗清名士张涵　　　　　　　　　　　　　33

为官惠政　因公尽命
　　——清代名官、吴淞江畔神祇周中鋐　　　　　　　　36
书香馥郁　里志传名
　　——《真如里志》作者陆立　　　　　　　　　　　　40
独善其身　兼济天下
　　——清代文史学家张云章　　　　　　　　　　　　　43
为官清廉　政绩卓著
　　——清代四川邛州直隶州知州张鼎生　　　　　　　　46

实业大王篇

面粉大王　民族骄傲
　　——上海第一家机制面粉厂创办人孙氏兄弟　　　　　51
衣食天下　红色财团
　　——"中国民族资本家的首户"荣氏家族　　　　　　56
昕夕擘画　力任应付
　　——南北干线（沪太路）修筑人钱淦　　　　　　　　61
振兴实业　锲而不舍
　　——中国近代制漆业开拓者邵晋卿　　　　　　　　　65
机器自制　棉铁联营
　　——中国近代民族机器制造业先驱严裕棠　　　　　　70
筚路蓝缕　玉汝于成
　　——华生电扇创始人杨济川　　　　　　　　　　　　76
达丰印染　蜚声中外
　　——上海第一家机器漂染厂管理者杨杏堤　　　　　　81
金融实业　相得益彰
　　——推动沪西纺织业发展的金融巨子周作民　　　　　85

才领法商　倾心公益
　　——熟谙法律的实业家方椒伯　　　　　　　　　　　　90
天字雄风　报国传馨
　　——中国近代化学工业开拓者吴蕴初　　　　　　　　　95
创业维艰　日化鼻祖
　　——中国日用化学品工业的开创者方液仙　　　　　　100
一生何求　美亚丝绸
　　——百年民族丝绸品牌创办者蔡声白　　　　　　　　105
诚惠桑梓　实业报国
　　——信和纱厂创办人周志俊　　　　　　　　　　　　110

文化才俊篇

沪上传奇　拳家巨子
　　——卢氏心意拳创始者卢嵩高　　　　　　　　　　　117
乱世清流　忠国护校
　　——大夏大学首任董事长王伯群　　　　　　　　　　122
返本开新　改良学务
　　——中国近代教育家、出版家陆费逵　　　　　　　　126
禅脉中兴　玉佛流馨
　　——海上名刹玉佛禅寺中兴者可成法师　　　　　　　130
肝胆炽情　永载暨南
　　——九三学社创始人、暨南大学教授许德珩　　　　　134
人淡如菊　品逸于梅
　　——中国当代著名文史掌故作家郑逸梅　　　　　　　138
博学多闻　著作等身
　　——古籍研究专家、103岁教授周子美　　　　　　　143

民生教育　中华先驱
　　——沪西民生教育实验区创始人邰爽秋　　　　　　　　146

锲而不舍　卓尔超群
　　——杰出的爱国主义者和社会活动家郑振铎　　　　　151

执教暨南　史学泰斗
　　——中国著名史学家、教育家周谷城　　　　　　　　156

锲而不舍　精益求精
　　——《资本论》的首译者郭大力　　　　　　　　　　161

科星光赫　河海情深
　　——中国工程院院士、河口海岸学先驱陈吉余　　　　165

化学巨擘　科技楷模
　　——中国著名物理有机化学家蒋锡夔　　　　　　　　170

两道相济　皆得美誉
　　——中国船舶原理研究的开拓者何友声　　　　　　　175

革命志士篇

挑战军阀　血溅浦江
　　——上海沪西工人运动领袖陶静轩　　　　　　　　　181

星星之火　燎原申城
　　——杰出的中国工人运动领袖邓中夏　　　　　　　　185

威震沪西　血染龙华
　　——上海工人武装起义沪西总指挥佘立亚　　　　　　190

铁骨孟雄　气贯长虹
　　——整顿党组织的中共沪西区委书记何孟雄　　　　　196

三顾沪西　一生戎马
　　——中共沪西区委书记、工人运动领袖张浩　　　　　201

播火使者　工运先驱
　　——沪西工人半日学校创办者李启汉　　206

工运先锋　名标青史
　　——沪西第一代杰出工人运动领袖孙良惠　　211

热血洒遍　劳工神圣
　　——沪西及上海杰出的工人运动领袖刘华　　215

开慧赴沪　情系沪西
　　——执教沪西工友俱乐部的杨开慧　　219

初心笃志　青年楷模
　　——共青团江浙区委书记徐玮　　224

海口遗书　丹心如虹
　　——中共沪西区委书记李硕勋　　228

革命典型　盖世英雄
　　——坚守四行仓库的抗日名将谢晋元　　232

工人先锋　五卅正红
　　——沪西工人运动先驱者顾正红　　237

智者气韵　伟人风范
　　——中共普陀区委首任书记吴亮平　　243

沪西志士　狱中诗杰
　　——"龙华千古仰高风"诗作者张恺帆　　248

巾帼英豪　血染金陵
　　——共青团沪西区委组织部部长郭纲琳　　253

青春壮歌　雨花英烈
　　——沪西共舞台十三烈士之一曹顺标　　257

苏河女儿　工运领袖
　　——进京共商开国要事的纺织女工汤桂芬　　262

行业精英篇

草窝金凤　能工巧匠
　　——中国小口径无缝钢管之父潘阿耀　　271

造纸名匠　革新先锋
　　——中国造纸行业技术革新者计浩然　　275

自学成才　一代宗师
　　——德艺双馨的"中国魔笛"陆春龄　　279

技术能手　革新闯将
　　——全国纺织工业系统标兵应忠发　　284

劳动织就　斑斓人生
　　——纺织女工排头兵裔式娟　　288

质朴纯真　韵味浓烈
　　——著名沪剧表演艺术家诸惠琴　　292

主要参考文献　　296

后　记　　300

历史名宿篇

韩世忠（1090—1151年），字良臣，号清凉居士，延安府绥德军人，南宋名将、词人，民族英雄，与岳飞、张俊、刘光世合称为"中兴四将"。韩世忠在抗击西夏、金朝的战争中为宋朝立下汗马功劳，又在平定各地叛乱中作出重大贡献，曾驻军厂头镇（今普陀区桃浦镇），建南北两塔。韩世忠为人耿直，不肯依附权臣秦桧，曾为岳飞惨遭陷害鸣不平，是南宋朝一位颇有影响的人物。南宋绍兴二十一年（1151年），韩世忠逝世，享年62岁。今有词作《临江仙》《南乡子》等传世。

韩世忠

胸怀韬略　战功卓著
——宋代抗金名将韩世忠

　　在普陀区古浪路敦煌路口，巍然矗立着一座修复重建的白塔。此塔为抗金名将韩世忠所建，世人称为"韩塔"。

　　韩塔始建于南宋建炎四年（1130年），距今已有近900年的历史。据《厂头镇志》卷三记载，白塔所处之地相传为古海口。1129年冬，金兵南下临安。翌年，宋代名将韩世忠由平江移军于厂头一带屯兵驻防，为了便于用兵，从海道阻袭金兵，即在古厂头镇北首，濒临界河西畔，筑南、北两塔以标渡。两塔相隔十里，均称白塔。白塔附近有一名为绕圈池的村落，是韩世忠屯粮之处。南塔在杨家桥，毁于20世纪六七十年代。2000年，因受"派比安"台风的袭击，当时有

历史名宿篇

着870年历史的北塔破败颓塌。为此，桃浦镇政府拨款70万元进行重修，于2003年4月竣工，并重新立碑和撰写《重建韩塔记》铭文。韩塔原为嘉定县文物保护单位，1990年10月由普陀区人民政府公布为区文物保护单位。

重修前的白塔　　　　　　　　重修后的白塔

　　韩世忠出身于普通农民家庭，自幼喜爱习武，学习刻苦认真。少年时期就有过人的力气，性情憨直善良，喜欢行侠仗义，不慕功名。长到十六七岁时，由于身材魁梧、勇力过人，乡里有人对他说，有如此好的功夫，应该去当兵为国效力。于是，年仅17岁的韩世忠就参军当了一名士卒。

　　韩世忠所在的部队驻扎在西北地区，经常与西夏军队发生冲突。他入伍不久便参加战斗，因作战勇敢，即由士卒升为小队长。官职虽小，只管十几个人，但他积极负责，作战勇敢，办事公道正派，说话正直在理，所以在士兵中很有威信。

　　有一次，宋军攻打西夏的一座城池，久攻不下。韩世忠一人翻墙冲入，杀死守城的敌军头领。宋军受到鼓舞，一拥而上，攻下了城池。不久，西夏王的监军驸马亲率夏军向宋军反击，宋军有畏怯之状。韩世忠率几名敢死队员冲入敌阵，直奔元帅帐篷。还未等西夏兵醒悟过来，宋兵手起刀落，西夏监军驸马的头颅就被砍下。宋军将领都称赞韩世忠勇敢，说他年纪虽小，却是个不可多得的将才。

北宋宣和三年（1121年），宋政权派出的部队与金兵交战于燕山南。几路兵马均被金兵打败。韩世忠率五十余骑巡逻于滹沱河上，正巧与金兵大队人马遭遇。金兵是一支两千人的骑兵主力。韩世忠遇事冷静而果断，他告诉士卒："慌乱就等于死，不要乱动，一切听我安排。"他让部将苏格率部分兵士抢占高坡，列阵其上，观而不动，又派出十余名骑士把准备抢渡的散乱宋军组织起来，得众数百，让他们列阵击鼓呐喊。然后，他自己率几名敢死骑士径直冲入金兵队阵之中，专砍打旗的金兵，连杀几个后，其余举旗者纷纷将旗放倒。苏格率占据高地的骑兵自上而下冲杀而来，金兵丢盔弃甲，抱头鼠窜。

北宋靖康元年（1126年），正在滹沱河一带担任防守任务的韩世忠被数万金兵追逼，退入赵州城内。敌兵围城数重，城中兵少粮乏，军心不稳，有人主张弃城而逃。韩世忠传令下去："有敢言弃城者斩！"当天夜里，天降大雪，韩世忠挑选精壮士卒三百人，悄悄出城，摸进金兵围城主帅营帐，杀死主帅，然后偷袭金兵驻地。一夜大战，金兵死伤过半。韩世忠在河北一带坚持抗金斗争，官阶不高，所率兵马也不多，但是战无不胜，攻无不克，威名震慑金兵。

靖康之变，开封城陷，宋徽宗和宋钦宗父子俩成了金兵的俘虏。宋徽宗的儿子康王赵构在南京登基，为宋高宗，但他不想作为，只图苟且偷安，登基之后一路被金兵追击。在岳飞等将领的抵抗下，金兵退出江南。将官苗傅、刘正彦对朝廷不满，发动兵变，逼高宗让位给三岁的儿子。吕颐浩约韩世忠、张俊等大将平息叛乱，解救高宗。

韩世忠身边兵力不多，就在盐城一带收集散卒，组织起几十人的部队，从海上来到常熟，约张俊等人进兵到秀州，然后诈称休兵，不再前进，实际上在暗中作攻城的准备。苗傅、刘正彦得知韩世忠来攻，就俘虏韩世忠的妻子梁红玉作为人质，并遣梁红玉去劝降韩世忠。韩世忠不为所动，烧了诏书，砍了使者，下令进攻杭州。

韩世忠救出高宗赵构。高宗告诉他，宫中的中军统制吴湛和苗、刘合伙，此贼不除，宫中不安。恰在此时，吴湛率兵前来迎接韩世忠，伸手与韩世忠相握。韩世忠力大勇猛，顺势捏断了吴湛的手指，喝令士兵将其拿下，与其他叛将一并

历史名宿篇

斩于市曹。

苗、刘之乱平定，南宋小朝廷才稳定下来。韩世忠功劳最大，从此成了高宗的亲信，被任命为武胜军节度使、御营左军都统制。此次平乱确立了韩世忠在南宋将领中的名声和地位。

南宋建炎三年（1129年），金兵再次南下，突破长江天险，攻破了建康等重要城镇，宋高宗赵构又想逃跑。韩世忠面见高宗，慷慨陈词："国家已丢失河北、河东、山东诸地，再把江淮丢掉，还有何处可去？"但赵构我行我素，只想苟且保命。赵构任命韩世忠为浙西制置使，防守镇江，自己则跟随投降势力逃到了海上。镇江其时已处敌后，韩世忠领命后仅率所部八千人急赶镇江。金兵在江南抢掠一阵后陆续退去。韩世忠驻守松江、江湾、海口一带，听到金兵撤退的消息，立即分兵把守要地，乘机斩杀金兵。

金兵元帅兀术乃好战之将，他给韩世忠下了战书，约期会战。金兵因不善水战，韩世忠就利用敌人的弱点，封锁长江，几次交战大败金兵，还活捉了兀术的女婿龙虎大王。兀术不敢再战，率十万兵马退入黄天荡，企图从这里过江北逃。

黄天荡是江中的一条断港，早已废置不用。韩世忠见金兵误入歧途，就趁机率兵封锁出口。兀术率金兵被困于黄天荡，进退无门，眼见十万士卒就要被饿死于荡中，便派遣使者与韩世忠讲和，韩世忠不允。黄天荡内有一条老鹳河，直通建康的秦淮河，因年久不用而淤塞。兀术派人一夜之间挖通河道，企图从水路入建康。金兵途经牛头山，刚收复建康的岳飞在此处驻有军队，见敌人从这里出来，立即调集大军猛击，兀术只好退回黄天荡。此时又有内奸向金兵献策，教他们乘宋军扬帆行船之时，集中火力，箭射船帆，烧毁宋军战船，这样便可逃出黄天荡。兀术大喜，依计而行，果然有效，乘机冲出了黄天荡。韩世忠仅用八千军队，困敌十万兵马于黄天荡，鏖战48天，歼敌万余。因黄天荡战役以巧制敌，韩世忠的威武雄姿和将帅风范传遍江淮地区。

南宋政权内部始终存在着主战派与投降派之间的争斗。以岳飞、韩世忠等战将为代表的主战派拒绝妥协投降，反对与金议和；而以秦桧等文臣为首的士族势力企图偏安一隅，因此反对抗战，主张妥协议和，想走屈膝投降的道路。

韩世忠不管率兵多少，从不畏惧金兵，闻警则动，见敌则战。他坚决主张打过长江、打过黄河去，收复所有失地。南宋绍兴十年（1140年），在金兵大肆南侵的形势下，韩世忠率领为数不多的军队包围了被金兵占领的淮阳，然后大败金兵主力于泇口镇。

韩世忠在文学上亦颇有造诣，是著名词人，今有词作《临江仙》《南乡子》等传世。

名将岳飞父子被捕下狱后，朝中慑于权相秦桧的威势，无人敢言，只有韩世忠深感不平。他面见秦桧，当面诘问："岳飞父子何罪？为何将其关押？'莫须有'三字能服天下吗？"好友规劝他，得罪秦桧，日后难逃报复。韩世忠却说："今吾为己而附和奸贼，死后岂不遭太祖（赵匡胤）铁杖？"见岳飞父子被处死，大好的抗金形势白白丧失，自己又无能为力，韩世忠便毅然辞去枢密使的官职，归隐林泉十年，于南宋绍兴二十一年（1151年）病逝。

侯细（生卒年不详），字南皋，又字鹤皋，宋崇宁五年（1106年）丙戌进士，官居枢密院副使（正二品）。南渡后因弹劾秦桧、违逆高宗而被罢官，遂隐退桃溪。侯细在住宅内亲手种植了一棵桂花树，故其住宅被乡人称"木樨侯家宅"（今交通路交暨路附近，已不存在）。侯细死后被追赠为中书令，谥号文烈。真如地区有明确记载的人文开发活动均以宋代名臣侯细为始。

忠烈流芳　古桂传奇
——宋代忠臣枢密院副使侯细

侯氏家族进入上海居住，历史悠久，已有近千年的记载了。著名的侯姓有三支，其中一支就是宋代绍兴年间入居真如的宋代名臣侯细。

绍兴年间，侯细因弹劾秦桧、违逆宋高宗而被罢官，为避陷害，率家人南迁，隐退桃溪（今普陀区境内）。秦桧倒台后，他的家族复返政坛。侯叔桥封掌堂万户侯，侯叔桢官至骠骑将军，侯仲达位定远侯，侯仲迁居定海侯，两代四官，三侯一将军。至元代，侯彦辉封海潜万户侯，侯彦明任温州知府，侯彦通居京兆尹，三兄弟也显赫于朝。

侯细的后代分布在今上海普陀、静安、嘉定、宝山接合部。民国时期，侯家老祠祭祖，方圆数十里，人流络绎，蔚为壮观。从官位、封爵上看，侯家似与武功、漕运很有关系。

1921年《宝山县续志》载："真如侯氏古桂，为宋高宗时侯文烈公手植。相传清初，车驾南巡欲临视。有司惧供，张锯去之，以枯死闻。后锯处复茁新枝，今又合抱矣。树本中空如剖瓠，上分两干，南干自半以下为雷火所焚，而外皮枝叶与北干并茂至顶，合荫如盖。花开三色，有丹、有黄、有白，而间岁不同。"

侯细亲手栽植的古桂，历经数百年沧桑，繁荣茂盛，到清代时树干已粗达数围，冠荫之下可摆酒席十余桌。因为光照角度的缘故，所开之花可分为深红、淡红、粉白、金黄、淡黄五色，乡人趣称为"五色桂"，成为当地一景。桂花的学名谓"木樨"，因树成名，侯氏居住之村庄乃取名"木樨侯家宅"。

明代文人李更，字君锡，庠名奕，真如人，晚年与许自俊等举九老社。

侯氏古桂（历史照片）

曾为"侯氏古桂"赋诗："故家乔木几存亡，古桂岿然表一方；已谢斧斤成伟干，不妨风日老穷乡。花时游屐千村合，竹下移樽十里香；自笑隔邻来较晚，独吟秋水嗅残芳。"

清初学者归庄"扁舟百里，特访之"，为此"一株特立，大数围，干如石"的古桂撰写名文《看桂花记》。

里人金时学亦吟诗云："桂植千年尚有芳，荫深不数召公棠。疏疏翠叶千层碧，密密金英万点黄。谁惜高枝沾露冷，偏留老干发秋香。应知此是非凡种，蟾窟移来岁月长。"

古桂兴盛期间，前来观赏的人士络绎不绝。乾隆帝闻说江南有此"五色"古桂，动了前往赏桂的念头。当时，宝山县令体恤民情，唯恐圣驾莅临，民脂民膏所耗将难以计数，于是派人连夜将"五色桂"偷偷锯掉，并奏报朝廷古树已遭病害枯死，遂使乾隆帝罢了观赏的念头。

而此树生命力顽强，经风吹雨淋，树根上又长出新芽，到民国时期又长成巍然大树。据当地老人回忆，古桂之花原有五色，锯后为三色：红、黄、白。秋后结籽，状如橄榄，族人于元宵节将其籽供佛。

全面抗战期间，因无人管理，任人采折，古桂逐渐枯萎。其间虽曾多次移植新枝，均无成活。惜此千年古桂，难敌厄运摧残，终毁于八一三淞沪战役日寇炮火之中。

忠烈流芳，古桂传奇。侯细廉洁从政、勤政为民的故事被中共上海市纪律检查委员会编入《沪上历代名人廉政故事》。

今访真如镇，时闻木樨香。心有五色桂，名臣世流芳。

任仁发（1255—1327年），字子明，号月山道人，松江青龙镇（今青浦区）人，元代水利专家。早年自荐入职，在疏浚治理吴淞江等入海口水系、缮补大都（今北京市）水闸、指挥抢救归德府黄河决口、率众筑堤、巩固河防等方面功效卓著，在中国水利史上树立了一块丰碑。著有水利名作《浙西水利议答录》10卷。其存世遗作上海志丹苑元代水闸曾荣获"2006年度中国十大考古发现"。任仁发尤精于书画，存世画迹有《熙春天马》《二马图》《神骏图》《张果见明皇图》《秋水凫鹥图》等。

任仁发

治水能臣　丹青名师
——上海志丹苑元代水闸主持建造者任仁发

任仁发于南宋宝祐三年（1255年）出生于松江青龙镇，18岁举乡贡，究心水利。元兵南下，自荐于中奉大夫浙西道宣慰使游显，游显赏识其才能，招纳为宣慰掾。任仁发因治水之功由青龙水陆巡警官逐级官至浙东宣慰副使，主持疏浚治理吴淞江、大盈港、隐杨闸、通惠河等南北水患均有实效。

其时，吴淞江出海口因不断东移以及河道的逐渐变窄，导致太湖泄水不畅，吴淞江下游海口段"潮泥湮塞，水溢为患"。宋崇宁二年（1103年）曾开淘一次，役夫五万，死者千余，而水仍为害。至元大德时，淤积更为严重，常发生洪涝

历史名宿篇

灾害。

为疏浚吴淞江，任仁发认真做了调查研究。大德八年（1304年），时任海道千夫长的任仁发上书朝廷，请命治理水患，条陈其利弊疏导之法："源沙高水浅，不甚湍急，若及早开浚，工费省而易为力。数年之后，愈久愈湮，工费倍而难为功，所当预为之图也。""浚河港必深阔，筑圩岸必高厚，置闸窦必多广。"即挖深河道，加厚堤坝，多开闸口。朝廷接受上书，并任命其为平江都水营田使司都水少监，主持治理吴淞江。

任仁发用了两年时间，开浚吴淞江海口段38余里，将青浦到嘉定段的吴淞江加深1.5丈，拓宽25丈，并设置许多闸窦，使上游水畅流入海，水患乃息。大德十年（1306年），任仁发以行都水监丞身份领导治水，浚疏赵屯浦、大盈浦、白鹤江、盘龙江等支流，使水患变成水利，遂以功擢升为江浙行省左丞。

任仁发通过疏浚吴淞江、大盈江、乌泥泾，开江置闸，积累了很多经验，成为一名水利专家。后来，盐官海塘崩溃、镇江练湖淤塞也都由任仁发主持修治，从而造福一方百姓。名谣《上海竹枝词》赞其："不是青龙任水监，陆成沟壑水成田。"

2001年在上海市延长西路志丹路口志丹苑出土的元代水闸就是任仁发当年疏浚吴松江时所建造的"赵浦闸"。据专家介绍，该水闸是在宋代水闸营造的基础上，在长江三角洲这一特殊地貌上建造的，其功用是挡住赵浦的流沙，以助吴淞江防淤和疏浚，是迄今为止我国保存最好的古代水利工程之一。该水闸的建造方法基本符合宋代《营造法式》中水利工程的做法，布局严谨，用材做工俱佳，从闸门到驳岸、外墙、固水的石面构造、用材，都堪称此类水利工程的先驱，在中国水利工程发展史上有着重要的地位，对研究吴淞江、太湖流域乃至中国的水

上海志丹苑元代水闸遗址 　　上海志丹苑元代水闸遗址博物馆

利史都是不可多得的实物证据，也是研究上海城镇、城市发展史的珍贵资料。现为上海市爱国主义教育基地、上海市青少年考古基地。

任仁发将自己多年的调查研究和工作实践进行提炼升华，著成《浙西水利议答录》10卷，其治水观点继承和发扬了范仲淹、苏东坡的治水理论，主张人定胜天。其精义"大抵治水之法有三：浚河必深阔，筑围岸必高厚，置闸窦必多广，设遇水旱，就三者而乘除之，自然不能为害。倘人力不尽，而一切归数于天，宁有丰年耶！"至今看来依然具有借鉴意义。

任仁发还是位极有造诣的书画家，擅画人物和马，善行书，自称"画学韩干"（韩干是唐代杰出画家，以擅画人物和马著称，善行书）。任仁发曾奉旨画"渥洼天马""熙春天马"二图，为宋仁宗诏令藏于秘书监，功力足与赵孟頫相敌。任仁发的代表作《二马图》是中国绘画史上难得的佳作，画的是一肥一瘦两匹马，肥者臀圆膘足，曳缰昂首，神气十足；瘦者筋骨可见，挽缰垂首，疲惫不堪。有论者认为此画正是当时元代社会的折射，反映出画家对世态炎凉的抨击。清亡溥仪出逃时曾将此画带走，中华人民共和国成立后将画追回，收藏于北京故宫博物院。《张果见明皇图》《秋水凫鹭图》等收藏于北京故宫博物院和上海博物馆，绢本《神骏图》收藏于美国哈佛大学美术馆。任仁发的画作还创下一项纪录：2016年12月4日，在北京保利秋拍会"中国古代书画夜场"上，任仁发的《五王醉归图卷》以3.036亿元成交，成交价创2016年中国艺术品在全球的最高成交纪录。

任仁发父亲任珣，曾任高邮知府。任仁发有贤才、贤能、贤佐三个儿子，皆为县令，均继承其父画技，擅画人物和马，笔法与任仁发相近。

任仁发致仕后返回家乡青龙镇，筑"来青楼"和"揽辉阁"于青龙江畔，寄情于诗书绘画，安度晚年。泰定四年（1327年）病逝，终年73岁，葬于青浦重固骆驼墩。1953年，其墓志碑在重固镇新丰村高家台出土，今藏于青浦区博物馆。

妙心（生卒年不详），元代真如寺僧侣。元延祐七年（1320年），妙心将位于官场（今宝山区大场镇）由僧侣永安改建的真如院移建至桃溪（又名桃树浦，今普陀区境内），请额改寺，寺名乃定。真如寺香火日盛，附近一带因寺而兴，渐成市镇，真如又成为地名，沿用至今。妙心所移建的真如寺，其大殿是上海地区唯一的元代木建筑，是我国古代建筑中的重要文物。

辉崇盛世　咸悟真如

——元延祐年间移建真如院至桃溪的僧侣妙心

真如寺是上海的著名佛寺，位于上海市普陀区兰溪路399号，占地近20亩，建筑面积1 370平方米，始建于宋代。南宋嘉定年间（1208—1224年），僧侣永安改建寺庙，名为真如院。寺名乃取自佛经《成唯识论》里的解释："真，谓真实，显非虚妄；如，谓如常，表无变易。谓此真如，于一切位，常如其性，故曰真如。"

真如寺、真如里、真如镇能扬名海上、誉满江南数百年，饮水思源，缘木寻本，当谢寺庙的移建者——僧侣妙心。妙心，生卒年不详，本名不详，史料中关于他的记载仅只言片语。"妙心"是法号，这个名字寄托了师父对爱徒的殷殷期盼与眷眷厚望。"妙心"一词，据《佛学大辞典》，意为："心体不可思议，故称妙心。依天台宗之判教，别教系以如来之真心为妙心，圆教则直以凡夫之妄心为妙心。"（引自《圆觉经》《天台四教仪》《五灯会元》卷一）僧侣妙心一生谨遵师训，以"妙心"之意自勉自励："不贵其师，不爱其资，虽智大迷，是谓要妙。"（引自《道德经》）"夫妙心者，非修所成也，非证所明也，本成也，本明也。"

(引自《坛经赞》)

古往今来，兴建、移建或重建寺庙并非轻而易举之事，兴建、移建或重建寺庙者亦绝非等闲之辈。元代僧侣妙心能成功移建真如寺，足见其深谙佛法，彻悟教义，矢志弘道，秉性超拔。妙心对佛法甚是精通，深谙其道，彻悟其义，笃信教义。"奉行五戒、十善以净化自己，广修四摄、六度以普度众生。"妙心深知，一座寺院建成，可以帮助众人"悟得自心圆具万德""悟得心净则国土净""悟得佛言祖语之真实义""悟得心、佛、众生三无差别""悟得名利皆虚，回头是岸"……妙心乃拔群出类、卓尔独行之僧。他具有广泛的影响力，感召众多信徒全力支持其移建寺庙；他具有非凡的凝聚力，动员信男善女心甘情愿捐资出力建寺；他具有超群的组织力，协调各界，勠力同心，在较短的时间内完成移寺之宏大工程。

真如院原在官场。官场在宋代时乃皇家盐场，因为官府将盐场管理机构设在此地而闻名。官场颇具规模，"长街1500丈，九桥十八弄"，当时的晋商、徽商都在这里设店行商，来往船只甚多，修船行业随之兴盛起来。官场"茶楼酒肆云集"，"沿街开了许多打铁铺，打铁的声音不绝于耳"，故有"铁大场"之称。而其时的桃溪，"南北十里，舟楫往来，昼夜不绝"，"编氓鳞比，商贾糜集"，较之官场，似更为繁华。故僧侣妙心倾心竭力将真如院移建至桃溪。

明代初，真如寺被称为永寿寺、宝华教寺，俗称大寺、大庙，曾于明代洪武年间、弘治年间、崇祯年间进行过三次大修。清代康熙八年（1669年），延请湖州道场山高僧本源来寺开法。清代咸丰十年（1860年），真如寺遭遇兵燹。光绪二十一年（1895年），僧念岸、念伦等募捐重建，将原寺的单檐三间改为双檐五间。

真如寺是典型的宋元木结构建筑风格，寺内大殿正梁上还有光绪年间重修的墨迹。大殿东西两梁有楹联一副，东为"佛日光辉崇盛世群山咸悟真如"，西为"皇风祥辑遐龄万姓同跻仁寿"。大殿内有16根棱状柏木柱，其中金柱高6.45米，直径40厘米，檐柱高4.28米，直径32厘米。正间的柱身都略向内侧倾斜，金柱内倾16厘米，檐柱内倾8厘米。这与全国著名的元代建筑山西芮城永乐宫龙虎殿相同。地基以柱础为中心所浇，各不相连，在柱础周围1.8×3米的范围内施浇了深达1.8—2米的黄土和炼铁的渣滓，分层夯筑，表现了宋元木结构建筑的典型风格。真如寺大殿是上海地区唯一的元代木建筑，是我国古代建筑中的重要文物。上海地区的寺庙，有些名寺的始建年代虽然比真如寺更早些，但今存庙貌已属清式营造。

真如寺建成后，周围殿宇不断扩建，规模逐渐扩大，但又屡遭劫难：韦驮殿

真如寺大殿旧貌

又名金刚殿，位于真如寺前，元至顺三年（1332年）由僧嗣文所建。明正德八年（1513年）僧法雷重建。正中供奉铜弥陀，韦驮背南面北居其后，四大金刚分立两侧。清雍正六年（1728年）和光绪四年（1878年）两次重修。前山门建于洪武年间，乾隆四十三年（1778年）重修，毁于咸丰十年（1860年）。送子观音殿别称禅堂，位于真如寺东侧，乾隆年间由李泰和建，毁于1937年八一三战火。痘司殿位于真如寺西侧，修建时间不详，至今保存完好。伽蓝殿位于真如寺东侧，初建于明代，亦毁于八一三战火。地藏殿位于真如寺西侧，乾隆九年（1744年）建，光绪二十三年（1897年）重建，后也毁于八一三战火。西方境位于真如寺后，乾隆九年（1744年）建，早毁。十王殿位于真如寺西侧，原建筑毁于咸丰十年（1860年），光绪二十一年（1895年）重修，如今屋宇尚存。城隍行宫位于真如寺西侧，建于明初，祭祀明朝将领韩成。韩曾随朱元璋征陈友谅，代朱元璋赴鄱阳湖死，封郡侯，被奉为当地城隍。原建筑毁于咸丰十年（1860年），清同治九年（1870年）重建后殿及寝宫。

  到中华人民共和国成立时，除了正殿以外，真如寺其余建筑大都已经废圮，金刚、罗汉仅存残躯，文殊、普贤佛像俱毁，铜弥陀的手指也被损坏，唯独如来像保存完好。

  1959年5月25日，真如寺大殿被上海市人民委员会定为市级文物保护单位，

1996年又列入第四批全国重点文物保护单位。

  1960年6月21日，拆除前门山墙时，文物部门对两侧的全貌，包括雕刻题字都作了摄影留档，并聘请了古建筑专家刘敦桢前来勘查鉴定，确认了金柱、柱础、部分斗拱都是元代的原物，平棊草架构筑法也是元代的特征。同年10月12日，拨款对佛像进行修缮，并对铜弥陀设栏保护。

  1961年文物复查时发现大殿损坏严重，遂于1963年1月至1964年10月对其落架修建，并将清末重修时改建成的五开间双檐样式恢复为元代三开间单檐原貌。这次修缮又有了新的发现，那就是在木柱的柱头、柱底以及斗拱、梁、枋等元代构件的榫卯结合隐蔽处都有当年工匠的墨书字迹，标识着各构件的部位及名称，所书又多为行话俗语，对古代建筑史有重要参考价值，这一发现无疑极大地提高了真如寺正殿的历史文化价值。

  20世纪六七十年代，真如寺又遭劫难，并险遭火焚。1977年12月，大殿再次被列为市级文物保护单位，并几次进行修缮。

  由于真如寺的研究价值极高，我国古建筑学界的专家，如梁思成、陈从周等人曾多次实地考察。日本和美国的建筑界也专程派人前来考察，给予了很高的评价。

  1991年8月26日，真如寺修复委员会成立。修复工作大体分成两期：1992年至1996年为第一期，1997年至2006年为第二期。

  1992年1月，由新加坡法师林高僧性仁捐赠的三尊玉佛及一些经书入寺供藏。其中，释迦牟尼佛卧像长2.7米、重1.3吨，两尊坐像分别高2.2米和0.8米、重2.5吨和0.1吨。

  1993年，新建仿元结构的天王殿。

  1994年4月16日，上海佛学院原常务副院长释妙灵任真如寺住持。是年，新建仿元结构的圆通宝殿。圆通宝殿中央设置1.2米高的圆形青石莲花台，莲花台中间束腰处以金刚杵为柱，配以天龙八部深浮雕。莲花台上供奉自新加坡请来的一尊高5.2米的汉白玉四面观音像，重达3.5吨，冠顶雕塑有五方五佛，系一块整玉雕成。大殿棋盘格天花板中央藻井内为千手千眼造型，喻观音菩萨以千眼照见，千手护持，度化众生。藻井四周以木雕三十二应身图案为挂铭，形成一华盖。殿内墙体上镶嵌神态各异、石雕观音菩萨二十八部众，上方有赵朴初题《观世音菩萨普门品》碑刻。

  1995年，新建两层楼江南民居厢房形制的念佛堂。

1998年9月，正式动工建造真如佛塔。51米高的仿宋元式九级式方塔，造型端庄，高耸入云，极为壮观。历时一年三个月竣工。1999年12月24日，真如寺举行隆重的真如佛塔落成典礼。

2004年，牌楼工程基本竣工，藏经楼、东厢房、西厢房、禅堂四大主体工程完成内外装饰任务。

真如寺新貌

至2006年，历经长达15年之久的全面修复、扩建，一座既具汉传佛教基本格调，又有现代创新意味的寺院主体建筑群已经落成。由南往北有一条明确的中轴线，依次排列着天王殿、大雄宝殿、圆通殿、真如佛塔、藏经楼、方丈室，两侧为配殿及其他用房，各佛殿、佛塔之间有四进院落。如今的真如寺，占地面积已经从修复前的852.13平方米扩展到如今的1.22万平方米。建筑面积已经从修复前的309.87平方米增加到8 405.7平方米。

当年将真如院从官场移建至桃溪并请额改名的僧侣妙心，如果在天有灵，目睹真如寺如今宏伟壮观之盛景，必然不胜感慨，是今日之普陀人真正实现了其"辉崇盛世、咸悟真如"的移寺宏愿。

陈述（生卒年不详），字宗理，居真如。明宣德间，因贤良经荐举成为御史，巡按江西，历任浙江右参政、四川左参政等职。在四川任职时，正值农民起义、陈述进剿与招抚并用，镇压了德阳等地的起义。任内注重农桑，使四川农业经济获得发展。为此，晋授二品。陈述年老致仕，居真如陈家宅，习呼"贤人楼下"。著有《静轩集》《辨疑录》《恤刑录》等。

劝课农桑　教之树艺
——明代四川左参政陈述

陈述，明宣德年间从人杰地灵的真如出仕江西、浙江、四川的一位名宦。时抚臣累疏荐述，朝廷晋授其二品。四川的老百姓感其功德，曾立祠祀之。然而，就是这样一位六百年前的名宦，长期以来毁誉参半、褒贬不一。

肯定陈述，是因其"劝课农桑，教之树艺，自是民用饶裕"。陈述为官出任，无论是在江西、浙江还是在四川，都非常关注民情，重视民生，以农为本，造福黎民。据《嘉靖嘉定县志》记载："初，蜀地之民不知力本，述凡巡历，劝课农桑，教之树艺，自是民用饶裕。复著为书，名《农桑风化录》，刻之蜀中。前是，以御史巡按江西，有《辨疑》《恤刑》二录。抚臣累疏荐述。"从这段记载中，我们可以清楚地看到，陈述将"农桑""树艺"视为造福乡梓之根本，倾心竭力"劝课农桑""教之树艺"。用现代的话来说，就是大力推进"农业生产""生态建设""环境治理"。此举抓住了"为官治政"之根本。

否定陈述，是因其"招安复擒，置之于法，余党悉平"。说得直白一些，即陈述为"镇压农民起义的罪人"。对于陈述这段历史到底应该如何评价？

我们首先来看编辑出版时间较早的《嘉靖嘉定县志》的记载："由御史历官四川左参政。甫至，适流贼聚众劫掠，官兵失利。述至，推诚布公，招安三百余人，复擒五十余人，置之于法，其地遂宁。已而德阳贼烧什邡、安县，移屯彰明。述统官军为正兵，以当贼冲。复出奇兵，俾人自为战，所获财畜即以充赏。不旬日，渠魁授首，余党悉平。"从这段记载中，后人并不能肯定陈述招安、复擒、严厉打击的对象就是农民起义军。

而在1994年编辑出版的《真如镇志》中则这样记载："陈述在四川任职时，正值农民起义，述进剿与招抚并用，镇压了德阳等地的起义。"不知《真如镇志》断定陈述"镇压了德阳等地的起义"依据何在？如果是采用了《嘉靖嘉定县志》关于陈述的记载而作出这样的定论，就有点片面武断，值得商榷了。

根据一些史学家的观点，"流寇匪乱"与"农民起义"不能等而视之，二者有根本的区别：其一，目的不同，起义军具有更高的政治目的，例如推翻统治、改朝换代，而流寇只是为了获得物质资源；其二，规模不同，起义军初期可能规模并不大，但是发展起来可以达到数十万人，而流寇则始终相对保持较低规模；其三，最终结果不同，土匪必定是历史的过客，起义军则可能改写历史；其四，主体称谓不同，起义军自称义军，替天行道，而流寇匪乱大多称王称霸，视黎民为草芥，鱼肉乡邻。根据这四条"金标准"，当年四川德阳的"流贼聚众劫掠"不能称作"农民起义"，只能判定为"流寇匪乱"。

毛泽东同志在《念奴娇·昆仑》一词中曾这样咏叹："千秋功罪，谁人曾与评说？"历史发展至今，尘埃落定，泾渭分明，我们应该给予六百多年前的陈述——一位"为官勤勉""注重农桑""为民造福""民用饶裕"的名宦一个客观公正的评价了。

陈述不仅长于吏事，而且博览工诗。其在浙江宁波为任时，曾在宁海西店驿作《题西店驿》："潇洒高轩驻节迟，个中幽趣少人知。一帘爽气风来处，万里清光月上时。对坐江山堪入画，满庭花木总宜诗。无边太极先天理，安得尧天尉所思。"表达了作者期盼天下太平盛世、百姓安居乐业的憧憬与情怀。

陈述为官，政绩卓著，抚臣累疏荐述，多次上疏给皇帝，极力推荐其担任更重要的职务。然而，陈述宁静以致远，淡泊以明志，以年老为由回到家乡，致仕居地真如陈家宅，习呼"贤人楼下"，直至终老。

李良（1435—1490年），字尧臣，真如人，明成化五年进士，任南京刑部郎中。任内办案通达，决狱不用刑具拷问，而善以人情事理来查明案情，甚为尚书器重，诸署疑案，均移其断。李良后任瑞州知府，息讼平狱，谕以礼数，屡加劝勉，教民务农，劝农复业，以农为本，课生释经，为官清廉有贤名。擅书法，善诗文，著有《樗轩集》。

治狱干员　理政循吏
——明代南京刑部郎中、瑞州知府李良

　　李良，世居真如，曾祖父李文兴，祖父李英，父亲李纲。

　　明成化四年（1468年），李良应天府乡试第二十五名。次年，参加乙丑科会试，得贡士第一百六十四名，殿试登第三甲第八十四名进士。李良进士及第后，在嘉定城中孩儿桥南建了一座科举坊，名曰"恩光坊"。

　　李良及第之初，授南京刑部主事，升郎中。他砥砺操守，清廉如镜，执法如山，公平似水，判案决狱不用刑具拷问、威势逼供、诱骗招供，从不徇情枉法、徇私舞弊，而善以人情事理来查明案情，依律断案，深为尚书器重。南京刑部各司曹发现疑案，尚书总是移交他去审判裁决。因他在任内有政绩，由南京刑部郎中擢升为瑞州府知府。

　　当时，瑞州民风强悍好讼，有狱满之患，在押者竟达千人之多。李良到任后，勤政为民，清正严明。他深入了解分析案情，凡证据不足和一般受株连者，则释放；对少数确有罪行和恶意诬陷他人者，则严惩不贷。狱案为之一清，讼事渐息。

　　李良见瑞州民众弃农经商不归者多，故召父老谕以礼数，屡加劝勉，教民务农，百姓相继复业，以农为本。有一年，瑞州遭大灾，发生饥荒。民以食为天，李良实施"长短补贷办法",使众灾民度过饥荒,皆得生存。

李良为官清廉,一次有民掘地得窖藏千金(无主黄金),暗中送给他。李良说:"此系天惠我民也。"立即会合地方父老,散发给众贫苦乡民。

李良博学多才,为人谨厚,好引接士人。公务之暇,他常召集县学中读经生员一起研讨经学,宣讲疏通,分析疑难问题。著有《樗轩集》。

清光绪《嘉定县志》中记录了一则民间传说。李良在担任瑞州知府时,每年中秋夜,江滨都会浮出一朵大白莲。当有人坐到莲花中心,花瓣便会闭合,包裹住花蕊沉入水下。当时,周边百姓都认为莲花中人能得道成仙、坐化升天。某次又大办法会,会上众人礼佛诵经。到了傍晚,会首坐莲而化,百姓们争相观看、跃跃欲试。李良觉察出不妥,发声说道:"下次坐化的机会要让给府中太太。"百姓见知府有命,不敢相争。到了白莲现身之日,李良命下属将轿子遮得严严实实,谎称太太就坐在其中,实则在轿子里放了毒药。白莲裹住轿子,沉入水中。三天后,风浪大作,到第七天,江里浮出了一个死蚌壳,有数亩之大。大家才知道之前所谓坐化的人,其实都是被蚌精吃了。此后,这种风俗再不见踪影。

李良因父母相继去世,告丁忧归乡服丧守孝。父亲李纲,成化间以子李良贵,封赠刑部主事。弟李直,字舜臣,号痴仙,成化十三年举人。兄弟齐名,人称"二难"。子李宪,字大章,例选上林苑署丞。孙李嘉南,以例选任湖广兴宁县主簿。

据光绪《嘉定县志》,李良擅书法,曾撰并书《利名街记》,碑立嘉定皇庆寺北圣土地祠东偏路旁,今不可考。

李良喜诗文,王辅铭《〈练音集〉补》卷四录有李良诗三首。其一题为《送葛文振归省》,诗曰:

> 高堂潏瀡半年违,千里南归慰所思。
> 白璧在怀徒抱恨,青山何事苦分离。
> 东风三月淮南渡,落日孤城马上诗。
> 别后相逢是何处,曲江春宴可花时。

葛文振,即邑人葛镛,为成化十七年(1481年)进士。

李良死后,葬于嘉定县西城八图,明代文学家"吴中诗冠"徐祯卿为其撰写墓志铭。

李重（生卒年不详），字威甫，号立齐，真如人。嗜学强记，博学多才。嘉靖十三年（1534年）中举，初任浙江长兴县教谕，后任河北深泽知县。任内廉洁自持，勤慎有法，砥砺廉隅。祀长兴名宦。

廉洁自持　勤慎有法
——砥砺廉隅、摆袖却金的明代名宦李重

真如，因水而灵，因寺而兴。自古以来，钟灵毓秀，鸾翔凤集，涌现了不少杰出的人才。在真如地方志里记载着这样一个特殊的群体：他们清廉、勤政、爱民，一生砥砺廉隅、摆袖却金、知羞识廉，被老百姓誉为清官、廉官、好官。他们中，有的为官清廉、为政勤勉；有的执法如山、公正廉明；有的兴利除弊、造福乡梓；有的操守高洁、狷介不群……他们的铮铮风骨，汇同其他超卓人物的高风峻节、淑质英才，形成了一股无形的精神力量，教化世人，激励后人，从而使真如赢得了"咸悟真如、厚德桃溪"的美誉。明代嘉靖年间出生于真如的名宦李重就是其中的杰出代表。

李重出生于真如一个较为殷实的耕读家庭，祖辈皆为耕人，春耕夏锄、秋收冬藏，焚膏继晷、兀兀穷年。农耕之余，族人都喜爱读书求学。李重自幼勤奋好学、嗜学强记、博学多才，嘉靖十三年（1534年）不负众望，一考中举，成为名噪四乡的"桃溪才子"。

李重初任长兴县教谕，勤慎有法，兢兢业业，每月于尊经阁考校诸生，讲学论经，"士风丕振，尝署县事，生员不得进谒"，擢升任深泽知县。任内，李重始终恪守耕读人家安贫乐道、廉洁自持的本分，怀瑾握瑜，两袖清风，赢得了清廉、勤勉的好名声。

元末明初，世风颓废，不少官宦、商贾、工匠，乃至农夫耕人都迷恋、追崇"炼金术"。当时，李重任职的深泽县有一奇人善于炼金术。乡人纷纷传说，其有"炼石成金"之奇术，并炼有"灵丹妙药"，具"起死回生"之神效。一传十，十传百，三人成虎，奇人之"炼金术"在十里八乡越传越神、越传越远、越传越久。

有一官宦人家的公子，不思进取，好吃懒做。听到奇人有炼金术之传闻，信以为真，急欲得到这位奇人所谓的"炼金术"。豪公子先是重金求购，许以黄金百两，未料奇人不为心动。后，豪公子威逼利诱，带上家丁、泼皮一众，上门索取"炼金术"秘方，奇人更是不从。豪公子干脆告官诬陷，陷奇人是大盗。奇人蒙冤入狱，囚禁铁牢。

此案几经周折，转到了知县李重手中。李重洞察秋毫，深究案情，鞭辟入里，去伪存真，发现此案乃冤假错案，乃高悬秦镜，秉公断案，当庭释放了蒙冤的炼金师，并殷殷劝其"务正业、守本分、重家室"。炼金师不胜感激，视李重为再生父母、恩同再造。

李重卸任离开深泽时，奇人一路追随五十里，先是奉上重金珠宝，以表谢意，李重拒不接受。奇人又从怀里掏出珍藏了一辈子的"炼金术"秘方，要献赠李重。奇人心虔志诚地说："汝，乃吾再生父母，德重如山，恩同再造。若无汝为吾沉冤昭雪、洗清不白，吾早就成了刀下鬼、黄泉魂了。"

李重义正辞严地说："为汝昭雪，乃吾职守，何以为谢？汝因这炼金术，蒙冤受屈，身陷囹圄，并差点丧了性命，又为何遗祸吾子孙呢！"于是，将"炼金术"秘方归还奇人。然奇人坚决不受，称"吾意已决"。李重干脆一把火将所谓的"炼金术"秘方在马前焚为灰烬。

李重，就是明代从人杰地灵的真如走出的清官循吏，一辈子洗手奉职、砥节奉公，当了一辈子的七品芝麻官，也过了一辈子清贫如洗的官宦生活。有人说他傻："有权不用枉做官。"有人说他蠢："不识人情与世故。"有人说他好："当官敢为民做主。"有人说他廉："出淤泥而不染。"毁也好、誉也罢，荣也好、辱也罢，天地之间有杆秤，老百姓就是那秤砣。岁月流转，天地悠悠，老百姓将李重这样的为官清廉、为政勤勉的清官，留在了"口碑"里，刻在了"青史"上。

君不见，六百余年以来的地方志如《真如里志》《深泽县志》《长兴县志》《真如镇志》等，城区报如《嘉定报》《新普陀报》《长兴报》等，以及上海市纪检监察部门编辑出版的《沪上历代名人廉政故事》，都把李重"砥砺廉隅、摆袖却金"这样脍炙人口的故事录入编辑其中，崇德向善，传承优秀的传统文化，以教化世人，优化世风，净化世俗。

张恒（1551—1611年），字伯常，又字明初，真如人。万历八年（1580年）中进士，任茶陵（今湖南省茶陵县）、兴国（今江西省兴国县）知州。入朝为刑部员外郎，到浙江清理积案，足智多谋，清正廉洁，办案迅速。晋升刑部郎中，到地方任建昌（今辽宁省建昌县）知府，洞察秋毫，见微知著，片言折狱。张恒在朝中和地方做官30年，不畏权贵，秉公断案，被称为"江右循吏第一人"。回乡后，他潜心研究理学，有《因明子》《明志稿》《学蔀撤辨》等书行世，诗作也很出名，《明诗综》收其诗13首。

不畏权贵　秉公断案
——明代江西右参政张恒

真如地区历史悠久，人物辈出。足智多谋的明代江西右参政（从三品）张恒就是真如人士。他办案多谋善断，清净简易，往往用极少的几句话就能判决诉讼案件，断定双方争论的是非；他为官三十年，不循私利，不畏权贵，从政正直清廉，遇事秉公而断，深得黎民百姓的赞誉。

张恒审理案件明察秋毫，料事如神，甚有特色。为了体现办案的公正公平，同时也让更多的人受到教育，他在每次审理诉讼的时候，都允许普通民众观看，整个案情的是非曲直让大家都看得清清楚楚。

张恒廉明公正，一介不取，两袖清风。任兴国知州时，乡宦吴国伦的兄长和乡民打官司，张恒没有因为吴国伦当过官就袒护他的兄长，而是秉公办案，最后判乡民取胜。该乡民非常感激张恒，事后送他十锭墨，实际上里面装的是黄金，但是立即被张恒严词拒绝了，并撤去了看门人的职务。

后来，张恒升任刑部员外郎，到浙江审录刑囚、清理积案。吏部尚书陆光祖特意嘱咐他赦免一个重囚，他却坚持按照律令办理，奉公守法、清正廉洁可见一斑。

张恒晋升为刑部郎中后，出任建昌（今辽宁省建昌县）知府，他见微知著，鞭辟入里，能根据片言只语断案，被人们称为"张半升"，即指他办案迅速，候审者不必准备几天的粮食等待结案，只需半升米即可。当时，有一个书生被仇家罗织罪名入狱，张恒为他洗刷了冤屈。这个书生就想送些钱财来表示感谢。张恒对他说："我认为你是一个守法懂礼的读书人而为你昭雪，但是你却把我当做贪官污吏来玷污。这让我看走了眼！"一番话说得这个书生惭愧不已，敬畏而退。

张恒十分关心百姓疾苦，尽力不为他们增加赋税。当时的盱江上一直都有桥税，有中官商议要增加税额，张恒请求巡抚夏页心用府署列入的羡金（盈余的钱）五百两归公，不要增加桥税。这个建议被采纳后，实实在在地为当地的老百姓减轻了负担。

由于张恒政绩突出，任期满后，朝廷升迁他为巡查使副使，巡查南昌。在南昌时，他碰到朝中阁臣严嵩家与老百姓争夺湖上的出产，上司来文要求解决。张恒说："相国哪有要依赖这一点利益呢？"于是将湖产判归百姓所有。

张恒的政绩做到了江西第一，调任参议后，又升右参政（从三品官阶），仕途节节高升，但他却没有留恋荣华，以母亲年老为由告老还乡。

回到家里，张恒静心著书，潜心理学，有《因明子》《明志稿》《学蔀撤辨》等书行世，诗作也很出名，中华书局出版的《明诗综》收其诗十三首，其中有《五律·兀坐日萧然》："兀坐日萧然，飞涛振法筵；聿来空际响，添得静中缘。逸韵和仙梵，清音应客弦；偶从闲处入，顿悟一乘禅。"

对于张恒的诗文，邑人侯峒曾评价说，他的文字平和忠爱，都是警世达生的话。《明诗综》的作者清代朱彝尊评价他的诗说，古体诗光明磊落，近体诗写得平稳安详，比"四先生"更为精辟卓越。他的故居叫"积善堂"，游宦时所作《忆槎上旧居》（"千古浮槎处，吾庐仍在兹。云沙重护宅，潮汐宛通池。野鸟啼

《明诗综》中所收录的张恒诗

花径,渔人唱竹枝。白衣诸故宅,伏腊胡传卮。")反映了他对故乡的思念之情。

张恒去世后列名江西名宦祠。他的孙子张宏远是个孝子,被列名于县志的《孝义传》。他的曾孙张懿实,字德符,从小随嘉定名家黄淳耀读书,是个诸生,有善于写文章的名声,卒年八十岁。他有个后代叫张有猷,字剡舟,国子监生,在清康熙年间迎接帝驾时曾向皇帝献赋,著有《兰舫杂咏》。他的曾侄孙张云章是清代著名的文史学家。

严衍（1595—1645年），字永思，号午亭，别号拙道人，厂头人（今普陀区桃浦镇境内）。明代史学大家，终生未仕，以教授为业。其潜心治史三十余年，完成《资治通鉴补》500卷。此外，严衍对《书》《易》等经学亦有心得，著有《溪亭问答》《拙道人诗文集》。严衍亦工于书法，善写擘窠大字，存有草书"后赤壁赋"残卷等。

经年耕耘　终成巨著
——《资治通鉴补》作者严衍

史学大家严衍的煌煌巨著《资治通鉴补》500卷，是宋元以来，研究、注释《资治通鉴》最为详尽的巨作。清代儒宗钱大昕赞谓"辨正皆确乎不可易，其有功于《通鉴》者，胡（省三）身之而后仅见此书"，并慨然为严衍撰写专传。

严衍幼年就读于嘉定县厂头镇听读轩，明万历年间秀才。精通史学易理，工于诗律书法，隐居以教授为业，慕名从学者百余人。

严衍终生未仕，教授之余潜心治史，尤嗜《通鉴》，沉潜既久，渐发觉《通鉴》之不足，可谓多有"百中之一漏，全璧之微瑕"。

严衍认为司马光侧重于"资治"而略于其他史实。严衍在《资治通鉴补自序》中说："忆髫龄时便喜读史家言，而牵于制举之业未能朝夕从事也。""始读之，但觉其宏深广肆，如临海望洋，未能见其畔岸也。再读之，始得窥其堂奥，穷其源委，见其去取之谨严，义例之精密，褒讥得失以发后人之志，考较同异以辨前人之非，范晔所谓体大思精者，其斯之谓与？既又三读之、四读之，时觉其有百中之一漏，全璧之微瑕。"

严衍由知其书之善到知其书之病，遂决心为《通鉴》作补：一则正《通鉴》之误，如系年舛讹（错乱）；二则补史事之缺；三则为大量人物增补简明小传。

严衍潜心30年作500卷。30年间，协助严衍完成此项工程者仅学生谭允厚（一作谈允厚）及幼子严恒两人而已。严衍《自序》称30年中"食自三餐而外，寝自一觉而后，精神无他用"，为撰书之费，几"罗雀掘鼠""剥肤及膏""师生联床对榻，彼此相商，一字未妥，抽翻百帙；片言无据，考订兼旬""书未就，忧其难成；书既成，又忧难守，自忖无力镌刻，恐子孙不肖，恐盗贼兵戈水火，恐上官有势力者强行索借"。其敬精学问、造福后世之心可见一斑。

此著还对《资治通鉴》后的482年历史补辑了《宋元续编》，深得后世学者所器重。颇为遗憾的是，《资治通鉴补》未被《四库全书》所刊录，幸得赖有钱大昕推崇，才渐为世人所重。

对这样一部大书，要刻版印刷是很困难的，因为长期无人肯出资付梓，只能靠抄本流传。

清嘉庆二十年（1815年），严衍逝世170年后，热心史学著作出版的藏书家张敦仁从著名学者阮元那里抄写了一部，并于道光四年（1824年）把《通鉴补》中"补正《通鉴》正文者汇而录之"，取名《严永思先生通鉴补正略》首次面世。

清咸丰元年（1851年），江夏童和豫据抄本用聚珍版排印万余部。

清光绪二年（1876年），盛宣怀对童和豫本详加勘订并刻排印行，这就是流

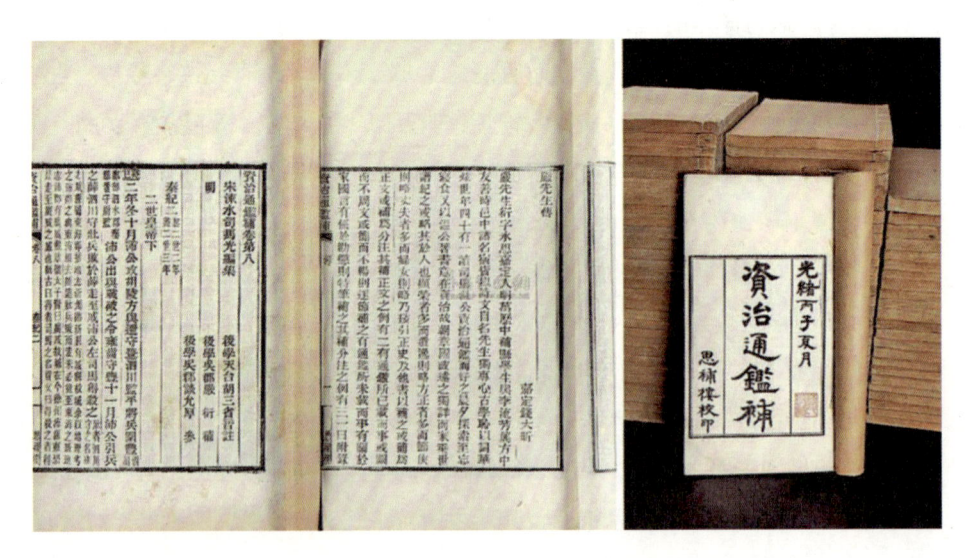

严衍著《资治通鉴补》

行较广的武进思补楼刻本。

清光绪二十八年（1902年），上海益智书店据盛氏本石印发行，流行面更广泛一些，但刊刻匆促，未能详加校正。近代学者王伯祥亦重视此书，曾两次校读全书，对文字施以句读、补正，其子王湜华又与中华书局标点本《资治通鉴》核校，对缺漏模糊处予以描修。

《资治通鉴补》以其价值之高、成就之大、影响之深、补正之多，突显了严衍在史学界的地位和声望，使其与王鸣盛、钱大昕同为明末清初名重一时的著名"嘉定三史家"。严衍对《书》《易》等经学，亦有心得，其著作《溪亭问答》收录《修绠斋易说》二十四卷、《修绠斋四书说略》二十卷，还著有《拙道人诗文集》，其中《已午叹》一诗为明崇祯十四、十五年（1641年、1642年）本地大旱的纪实，深刻揭露了当时官府劣绅在严重自然灾荒年代对百姓敲骨吸髓的罪恶行径。

《已午叹》全文辑录在《真如镇志》上，全诗为五言，共八百余字，运用了铺陈、缕叙、纪实之手法，若以白居易之文作比，既有《长恨歌》之遗风，又有《琵琶行》之神韵，更有《卖炭翁》之风骨。现摘录数节：

嘉土本漏沙，朝庠夕便涸；稻既不堪栽，麦豆亦纤薄；吉贝仅相宜，又患飓作虐；河渠若衣带，行潦相仲伯；一潮一汐间，沙积厚两箨；廿年不开浚，阔港儿能跃。

春夏及深秋，点雨不曾落；怪魅眼开顶，妖韁火生角；蝗既嗜禾黍，蝎亦咀豆藿；百虫横欺人，其于猛兽攫。斗米二升钱，匹布两团粝；糠粃为盛馔，榆皮当精臁；一鸡换一妇，更索钱五百；白叟横道衢，黄童填深壑；民生在此时，何异鱼入镬。

哀哉壬午春，疫疠又大作；饥魂易染邪，虚腹难栖魄；吐火煎肺肠，嘘冰瘆股脚；刺心恣万刃，钻骨攒千稍；富子饶肥貯，芳樽奉鸩杓；有钱可使鬼，何怕魔相谑；始知隶胥情，人鬼一般恶；空庭魅啸梁，夜雨魂啼阁。

严衍揭露之鞭辟入里，不亚于杜甫的"朱门酒肉臭，路有冻死骨"；其刻画之入木三分，不逊于白居易的"满面尘灰烟火色，两鬓苍苍十指黑"。

严衍工于书法，其擘窠大字，遒劲奇伟，笔力潇洒，人得其墨迹，多有如获珍宝之感。其时，宦官魏忠贤权倾一时，各地纷纷建造魏忠贤的生祠，官府曾一再以重金求严衍书，均为其婉拒。其草书豪情奔放、气势万千，现代著名史学家陈垣藏有严衍草书《后赤壁赋》残卷，爱不释手，特请其学生、书法家启功作七绝两首跋卷尾。嘉定秋霞圃洗句亭存有明崇祯六年（1633年）所立石碑，碑高2.78米、宽1.05米，顶置云鹤石刻"柴侯德政去思碑记"，由陆文献撰，严衍楷书，马嘉镛。碑文记载了明万历间嘉定知县柴绍勋到任后体惜百姓的事迹。这是现存仅见的严衍楷书石刻碑文。

严衍性孝友，重节操，并有孝悌名，身故后配祀（合祭）嘉定乡贤祠。其故乡桃浦镇未见遗迹。其故居"梅圃"原坐落于今嘉定区真新街道内。圃内筑"梅花书屋"，屋旁广植梅竹，绿荫环绕，南面小桥曲槛围栏。严衍自写有《梅圃竹里梅》，黄淳耀与之唱和《竹里梅》。

严衍堂房伯父严天福（生卒年不详），字圣文，号长卿，由马陆迁到厂头，亦辟梅圃于宅后，开花时节邀名士宴集其中，题诗咏歌，著有《梅圃吟草》三卷，《长卿文抄》八卷。

张涵（1609—1645年），字凝之，厂头人（今普陀区桃浦镇境内），喜研究兵法韬略。史可法守扬州时，他被聘为礼贤馆士，后委标下都司。张涵拟防范应急措施，获得嘉奖，升任游击、参将。南明弘光元年（1645年），清兵攻扬州，张涵分主北门防务，壮烈殉国。生前著有《碧烟小草》。

尽忠殉国　百年流芳
——明代抗清名士张涵

1644年，清兵入关，迅速控制了中原地区。次年，多铎受命南下消灭南明弘光政权，一路如入无人之境，直逼南京。扬州城下，多铎遭到史可法率部坚决抵抗，多日强攻之后，扬州城破，多铎深恨扬州兵民拼死抵抗，大开杀戒，史称"扬州十日"。在扬州可歌可泣的守城战中，有一位出生于厂头的将领英勇献身，他就是张涵。

据张涵的侄孙——清代学者张云章所言，张涵的先祖是汉朝初年的名臣张良，初居河南禹州，后迁至汴梁（今河南开封），南宋建炎中南渡，居于苏州和嘉定江桥。先祖张成甫曾跟随岳飞征战，数建奇功，岳飞被害后不再任官职，子孙累世富饶，在江桥一带被称为"张大户"。明代曾出名臣张恒。后张家迁至厂头，家道中落，但仍颇有声望，张涵的妻子唐氏就是"嘉定四先生"之一唐时升的重孙女，可见张家也是当地世家。

明代末年，社会动荡，张涵虽考取了诸生，但一心报效国家，因而弃文从武，转而研究起兵法韬略。明代曾有奴仆制度，子孙世代不能脱离贱籍，明末农民起义汹涌，江南一带奴仆也奋起反抗，捆绑、殴打地主老财，索要卖身契，声势浩大。崇祯末年,张涵家乡一带也爆发了姚氏奴仆起义,张涵主持进行了镇压,展现出过人的军事才能。

1644年,北京被李自成攻破,史可法等人在南京拥立福王朱由崧为帝,为南明政权。然而,南明政权内部党争也很激烈,史可法受到排挤离开朝廷,镇守扬州。他开设府署,并开设礼贤馆,招收各地有才智的人,让监纪推官应廷吉主管此事。张涵受召,毅然离开家乡,留书给堂兄,即张云章的祖父,信中说:"家事惟二兄处分,大丈夫不能报国,当马革裹尸耳。"张涵来到扬州,被聘为礼贤馆士,后来被委任为史可法麾下的都司一职,大致相当于中级军官。张涵到扬州后拟了7条防范应急措施,上呈史可法,受到史可法的认可,采纳了其中4条措施,随即施行。史可法对张涵非常看重,接连提拔他为游击将军、参将,并屡次旌表他"文武经纬""经济宏才""海内人龙""戡乱功高"等匾额。此时的张涵已跃升成为中高级军官,任内受命至江南募饷,也不折不扣地完成了任务。

1645年,清军南下,史可法驻守泗州保护明朝祖陵,但朝廷命他尽撤江防之兵以防南下"清君侧"的左良玉,致使江北尽失。史可法不得不退守扬州,继续抵抗清军的进攻。清军攻城时,张涵负责扬州北门的防务。一天,有一艘载有粮饷的船被清兵围困于大运河的高邮段,张涵亲自率领数百人前往接应。刚解困返回扬州,就传来扬州城破的消息,张涵所部一下子四散奔逃。张涵此时身处扬州城外,本可以自行离去,或尚有一线生机,但他选择返回扬州。来到扬州城外,张涵无法入城,眼见城破的惨状,他大哭不已,急忙登上城外的一栋民楼观察城内的情势,不料被一队清兵发现。一开始,清兵只是围堵在楼下不敢加害。后来,这队清兵的头领来了,命士兵推张涵下来。张涵用手臂挽着楼梯栏杆,坚决不肯下楼,清兵竟用刀砍下他的手臂。张涵手臂虽断,口中仍咒骂不止,遂壮烈牺牲。

厂头的亲友知道了张涵的死讯,悲伤不已。张涵没有子嗣,张云章的祖父即将第三个儿子过继给他,并均分家产。

岁月如梭,近四百年过去了,在时代的更迭中,张涵的碧血浩气、英烈精神始终在潜移默化中感染、影响着桃浦河两岸的人文精神,鼓舞着人们勤劳、忠诚、奋进,将自己的智慧与热血奉献给脚下的大地。

从1954年起,上海第一批化工工业企业纷纷在此落户,英雄金笔、凤凰毛毯、上海胶管、麝香保心丸、牡丹牌油墨、飞虎牌油漆、钻石牌香料等一个个享誉全国的自主品牌相继在这里诞生。至20世纪80年代，桃浦工业区达到繁盛时期，桃浦成为民族企业的摇篮、工业发展的重地。

20世纪90年代，桃浦开始了第一次转型，调整产业结构，发展现代物流、包装印刷等产业。桃浦从化工工业区到都市型工业园区，再到以都市产业为功能特征的生产性服务业功能集聚区，走上了一条自我改造和持续升级的新路。

而今，桃浦又以脱胎换骨、浴火重生的勇气和姿态，踏上了转型蝶变的新征程。桃浦的华丽转身正在成为上海建成卓越全球城市的"经典案例"。

昔日之厂头，今日之桃浦，承优良传统、丰富积淀与深厚底蕴而发展，因创新转型而涅槃重生，实现蜕变擢升与腾飞。

周中鋐（1680—1728年），字子振、念吾，浙江山阴（今浙江省绍兴）人。康熙时期，曾任崇明县丞。康熙六十一年（1722年），任正六品华亭县（今松江区）知县。雍正四年（1726年）升任正四品松江府知府兼太仓知州。雍正六年（1728年），由河标把总陆章陪同，在吴淞江陈家渡疏浚工程筑坝现场（今普陀区长风公园附近）指挥施工，落水而亡。雍正知悉，下诏谥赠周中鋐为太仆寺少卿，赐祭葬。乾隆二十六年（1761年），下旨建立周太仆祠，列入地方官祀。道光八年（1828年），命于吴淞江岸建立专祠，列入春秋祀典。

为官惠政　因公尽命

——清代名宦、吴淞江畔神祇周中鋐

雍正六年（1728年），松江府有一官员在疏浚工程筑坝现场指挥施工时，"跳塘担当"而亡。雍正知悉，下诏谥赠其为太仆寺少卿，赐祭葬。乾隆二十六年（1761年），乾隆又下旨建立太仆祠，列入地方官祀。道光八年（1828年），道光又命于吴淞江岸建立专祠，列入春秋祀典。获得三个皇帝如此高规格的祭葬、祀典隆恩的，就是生前任正四品松江府知府兼太仓知州的周中鋐。

清康熙年间，周中鋐任崇明县县丞。一次，士兵想预先支取军粮未能如愿，欲哗变，官吏们因害怕而纷纷躲避，只有周中鋐一人挺身而出，慷慨陈述正反两方面的利弊关系，让士兵们颇为感动，最终都扔下武器散去，没有兵变。

康熙六十一年（1722年），康熙下诏选贤才，要求能胜任重要县份的官吏。周中鋐被选中，康熙皇帝召见他，钦授正六品松江府华亭县知县兼上海县知县。上任不久，周中鋐处理了一个重案：一人杀了自己的伯父却诬告他人，致那人坐牢。周中鋐立即审案，查出真相，严惩了真正的犯人，平反了冤案。从此，华亭县境内太平无事。

雍正二年（1724年），华亭等数县暴雨成灾，淹死的人不计其数，粮食颗粒无收，县里库存匮乏。周中鋐作为父母官，上疏请求减免田租，赈济饥民，又备好衣食棺木分发给百姓，还下令本县官员不得向百姓征收赋税。百姓因此得到保障，获得安全。他深虑海堤溃决为患，屡请修筑。但不久后，他因催征赋税不力，无法按规定上缴赋税，被朝廷革职罢免。百姓听说后，一万多人联名上书要求挽留，聚集巡抚衙门为他请愿。巡抚上奏朝廷，周中鋐终得官复原职。

之后，吏部尚书朱轼奉旨主持修筑华亭县捍海石塘。朱轼知道周中鋐贤能，要他全力办理。周中鋐身体力行，朱轼对他赏识有加。捍海石塘建成后，雍正四年（1726年），周中鋐升任正四品松江府知府兼太仓知州。

雍正五年（1727年），周中鋐奉命督办吴淞江疏浚工程。施工进度基本顺利，唯独在陈家渡筑坝遇到麻烦。因为这个地方北面临海，南面周家桥处又有支流入吴淞江，两水汇冲，水流湍急，大坝屡筑屡毁。

雍正六年（1728年）3月29日，由河标把总陆章陪同，周中鋐乘船到施工现场指挥。那天，风急浪高，他们乘坐的小船剧烈摇晃。陆章见水势越来越大，急

陈家渡如今已成为长风滨河绿地

历史名宿篇

忙催促周中鋐上岸。而周中鋐一心想着如何尽快实现大坝合拢，没有马上上岸。不料，一个急浪突然打来，小船陡然倾侧，陆章一下子被卷入浪涛中。周中鋐见状，奋不顾身"跳塘"，欲营救陆章。无奈波涛汹涌、水流湍急，周中鋐身单力薄，亦被骇浪卷去。二人双双溺水而亡，以身殉职。几天后，在众人的努力下，大坝终于修成。为纪念周中鋐，当地百姓在堤坝边筑起一所小祠堂。

周中鋐因公殉职的事迹被上报到朝廷，雍正皇帝阅后，御笔朱批说："周中鋐等，可谓因公尽命，深为惋惜。览至此，朕几乎泪落。"于是，雍正六年（1728年）下诏谥赠周中鋐为太仆寺少卿，赐祭葬。

乾隆二十六年（1761年）下旨周太仆祠在小祠堂原址上重建，列入地方官祀。经巡抚陈宏谋题为名宦。

道光七年（1827年），苏州布政司梁章钜、苏松太道陈銮在曹家渡修筑拦潮坝，也碰到潮水冲毁刚刚筑起的大坝的情况。后来听附近百姓说，周太仆祠灵验，就亲往祭祀。一番祷告之后，果然风浪大减，拦潮坝也就筑成了。事后，江苏巡抚陶澍奏请重修周太仆祠。第二年，即道光八年（1828年），在吴淞江北岸陈家渡建周太仆祠，列入春秋祀典。

由于周太仆祠位于吴淞江北岸，因而从上海县城到祠堂必经吴淞江支流西芦子浦。为方便过河，人们就在西芦子浦上架一座木桥，为纪念周中鋐，就叫"周家桥"。1911年，公共租界当局填没西芦子浦，越界辟筑霍必兰路（今古北路），周家桥这座木桥因此消失。后来，周太仆祠被改作陈家渡小学校舍，该校于1976年被撤并，祠堂旧屋也被拆除。申城素有"一座周家桥，半部上海史"之誉，可见周家桥及其所在的地区在上海市民心中影响之广、印象之深。

周中鋐为官惠政、因公尽命之感人事迹，或为纪念，或为歌颂，或为敬仰，或为弘扬，等等，演绎出许多传奇故事。始建于清朝雍正六年（1728年）的浦东三元宫坤道院，俗称周太爷庙，庙内就主供松江知府周中鋐像。周中鋐还被誉为吴淞江畔的神祇，《上海滩丛书——海派之源》中《吴淞江畔的神祇——周中鋐》一文提到："周氏为官清廉，平反冤狱，为民请命，缓征赋粮，分立奉贤县，故被奉贤士民奉为城隍。"《清史稿》等文献也有类似之说。还有文献载："清雍正六年追封显佑伯，后又追赠护海侯，后人称他周百灵、百灵公。"关于"显佑伯"的封号，有来历：明洪武二年正月（1369年2月），朱元璋诏令"封京都及天下城隍神"，京都（南京）和部分重要城市的城隍被封为王，均为正一品，其他府、州、县城隍分别被封为公（正二品）、侯（正三品）、伯（正四品），且有具体封号。洪武三年（1370年）六月，朱元璋再下诏令，把全国城隍庙简化为京都、府和州县三级，其级别与当时行政级别对应，且规定其建制、设施均仿照府州县衙门公堂，城隍神牌位置于中央之座，政府官员上任后第三天须携"三牲"祭品到城隍庙参拜。清袭明城隍之制规。根据以上制规，对凡有重大贡献、重要影响者封城隍神，是明清时期的普遍做法。上海城隍庙现有一枚清康熙二十九年二月初七特赐予上海城隍庙城隍老爷的官印，刻着"上海县城隍显佑伯印"。周中鋐为治水而因公殉职，《清史稿》载"雍正赐祭，摄奉贤县城隍事"也就顺理成章了。

陆立（生卒年不详），字价人，真如人，明詹事陆深裔孙。清乾隆二十三年（1758年）入太仓州学为庠生，屡试举人不售，遂致力著述，著有《世泽汇编》。他好《史记》《汉书》，留心乡里文物，收辑六年，七易其稿，清乾隆三十六年（1771年）成真如第一部里志。《真如里志》，全书四卷，纪事上自南宋里聚形成，下迄完稿时之乾隆三十六年（1771年）七月，颇为全面地反映了真如地区的历史发展及自然、社会、人文状况。

书香馥郁　里志传名
——《真如里志》作者陆立

　　陆立，出身于书香门第，家学深厚，源远流长。祖先可上溯唐代著名文学家陆龟蒙。南宋初，先辈由河南开封南渡至华亭。明代初，先人陆德衡入赘于上海浦东洋泾的章姓人家，由此陆氏定居浦东。陆立祖辈中最有名的当属明代大学士、詹事陆深，陆深在《古诗对联序》中称："余家自先曾祖竹居府君，卜居于黄浦东涯，已百余年，而子孙蕃衍，内外族人已千指。"陆深秉性刚直，曾因得罪权宦刘瑾被外放南京主事，后历任山西提学副使、浙江提学副使、四川左布政使，始终坚持秉公办事，留有清名。嘉靖年间官至詹事，他著作颇丰，书法造诣亦高深，陆家嘴也因其故宅和祖茔而得名。陆立祖父陆璇、父亲陆平都有很高的文学造诣。

　　家学渊源、厚泽流芳，陆立深植于心，虽隔数代，书香馥郁浸润，历久弥新。陆立少时随父迁居真如，清乾隆二十三年（1758年）入太仓州学为庠生，屡试举人不售，遂致力著述，著有《世泽汇编》。友人张承先撰作《南翔镇志》未就，陆立多次与其交流，也起效法之意，遂于真如周咨博访，搜罗摭拾，综核参考，分门别类汇集成书。自乾隆三十年（1765年）始，共费六年，七易其稿，至乾隆三十六年（1771年）撰成《真如里志》，其艰辛惟作者陆立自知。

《真如里志》全书四卷，内分沿革、里至、风俗、物产等二十七篇，纪事上自南宋里聚形成，下迄完稿时之乾隆三十六年（1771年）七月，颇为全面地反映了真如地区的历史发展及自然、社会、人文状况。陆立自述其目的为"备郡邑志之采择""使溯古

《真如里志》卷一首页书影

者得所考，采风者有足征"，故而不仅"迹着其实，事举其表"，且于体裁、笔法上"悉遵邑志"，从而使全书体现出翔实而谨严的鲜明特点。诚如时人所评："是编简古不失史法，而考订精详""足为闾里之信史"。清嘉庆王昶主修《直隶太仓州志》，于乡镇志中独采此书。后之踵武者据文献著录，续补真如里志的著作，达近10种之多，可见此书流风影响深远。

作为真如地方志的开山之作，此书所具的资料价值弥足珍贵。检《光绪宝山县志》所载真如名物，常有疏率之处，如《科贡表》中姚斌，字又文，应当是字又武；《循良传》侯博山应当为侯传山；《古迹志》中侯氏古桂，元时所植，应当为宋时所植；《祥异志》中乾隆十七年四月初六日地震，应当是四月初四日；乾隆二十一年春大疫，应当为夏大疫等。以此书对照，能纠县志之失。

《真如里志》告竣次年（1772年），曾由苏州后乐堂梓行。岁月沧桑，几散亡殆尽，至中华人民共和国成立初期，独北京图书馆庋藏一本。1965年，《真如志》作者、里人王德乾先生又捐赠一本，今藏上海博物馆。此外，尚有此刻本的传抄本，上海图书馆、上海博物馆各藏其一。1962年9月，上海市文物保管委员会曾以北京图书馆藏本抄回，铅印为《上海史料丛编》之一册，后又由许洪新先生携至北京勘对一过。

《真如里志》成后，清乾隆二十六年进士，内阁中书舍人，累官至左副都御史，与纪昀（晓岚）同负总纂《四库提要》之责的陆锡熊为此志撰序，称其"简古不失史法，考订精详，足备邑乘之采，一方之文献赖以不没"。《光绪宝山县志》纂修时，曾据此志取材。

为纪念陆立撰修《真如里志》之不易，谨录其自序文如下："吾里去邑治四十二里，以真如寺得名也。其间人民辐辏，廛舍绵延，自胜国迄今，以勋业文章著见者凡几辈。惜无有人焉将俗尚之变、物土之宜，与夫人文之崛起、事类之错出者，综核参考，汇萃成帙，以备郡邑志之采择也。立窃不自揣，网罗摭拾，撰志二十七篇。沿革、里至具书，风俗、节序并载，原始末也。物产，衣食所从出也。水道，旱潦所由备也。迹之古者，名亦古，地以物传也。进此则有小学以造士也；有营汛以卫民也；坊表、墟墓，过者式瞻也；桥梁、寺观，游者凭眺也。若夫掇巍科，登肬仕，忠孝懋著，以至逸士高人，穷一经、名一艺；青闺矢节，之死靡他，皆闾里之荣、邦家之光也。而寓公、方外，例得附也。祥异识其概，不厌详也。艺文存其目，不胜载也。他若神奇幽怪之事，风教攸关，亦考古者所不废，故以轶事终也。凡此，远者本郡邑之乘，近者得耆旧之传，不敢以时损益，不敢以意增删，迹著其实，事举其衷也。编次既竣，敢求博雅君子赐加厘正，勒成一书，传之久远，庶使溯古者得所考，采风者有足征也。乾隆辛卯阳月，里人陆立谨识。"

张云章（1648—1726年），字汉瞻，号俛庵、朴村，横港人（今普陀区万里街道境内），为国子监生，康熙初举孝廉方正，议叙知县，曾主潞河书院。他自幼好学，为太学生，深得王士祯、汪琬等饱学之士夸奖，称其文章"浩浩翰翰，气如江汉之流"。他先后师从朱瀚、陆陇其，曾受聘兴化李柟七年，补辑李先人映碧增注的《南北史》，参与修撰《尚书汇纂》，由此获得声名。张云章被誉为"嘉定六君子"之一，著述甚丰，有《南北史增注》《南北史摘要》《南北史诗》《八家文评》《五家诗评》《朴村诗集》等，享年79岁。

张云章

独善其身　兼济天下

——清代文史学家张云章

中国封建社会的读书人向来有"穷则独善其身，达则兼济天下"的自身修养，有着"天下兴亡，匹夫有责"的使命感，更有着"先天下之忧而忧，后天下之乐而乐"的崇高气节，张云章就是这样一个"处江湖之远，则忧其君"的寒畯之士。他是封建社会典型的读书人，身为平民，却具有社会责任感和历史使命感以及独立、自由的人格精神，以布衣结交权贵，无功名而名显。

张云章，于清顺治五年（1648年）出生于嘉定横港，因宅旁多朴树，故号朴村。他从小生长在一个读书业儒的家庭氛围中，与张家结亲者也都为读书人

历史名宿篇

家。家庭环境对张云章的性格及为人处世有很大的影响。封建社会的世家望族多以务农耕读起家,以科举仕途兴家,以子孙蝉联科第而家族兴旺。张家也以耕读传家,但并未在科举上取得显著成就,从张云章上推四代都没人取得功名。张云章承载了祖辈们的希望,渴望科场夺魁以光耀门楣,但他极其重视名节,从不奉承拍马,不会为功名放弃做人的准则,初入京师,即发出"穷达任所遭,结欢惟良辰"的豁达言辞。

张云章的一生跨越顺康雍三朝,亲历了清初社会的动荡时期,见证了汉族士人在清初对清政府或激烈反抗或消极合作,到逐渐认清现实,成为清朝顺民的过程。明清鼎革之际,先贤惨烈的经历、坚贞的气节对张云章的成长产生了重要影响,使他形成了重名节、不畏权贵的性格。

张云章结交的朋友,有当时的名流,也有名不见经传但气节高尚的普通文人。他独善其身,兼济天下,先后受到嘉定知县、苏州知府、江苏巡抚的赏识。

张云章继承了先辈们急公好义、抚恤孤弱的传统。当他的恩师陆陇其被罢官,他以布衣身份上书御史徐文元,请其力排众议,向皇上进谏;当好友张伯行被弹劾时,他不畏权贵,挺身而出,为张伯行辩白。

孝悌是中华民族的传统美德,是家庭和睦的根本要素。张家的孝悌之风造就了重亲情的张云章。父亲因病逝世后,作为长子的张云章便义不容辞地承担起整个家庭的生计重任。他对母亲孝顺有加,对弟妹关怀爱护。张云章之于弟妹就如父亲之于儿女,感情极深,他虽客居在外,却一直牵挂自己的家人。

一生清贫苦寒是封建社会读书人最常见的生存状态。张云章不会行医经商,也没有祖辈传下的雄厚家业。作为长子,他有赡养长辈、抚恤弟妹的责任。他一生参加了多次科考却终无所获,以入仕来改变家庭经济状况的希望成为泡影,他只能靠为达官显贵作幕僚,代司笔札之事,或坐馆授徒,来换取微薄的薪俸。为了一家的生计,张云章常年在外奔波,但对于贫困的生活,他常常是自我解嘲、自我宽慰,这在他的诗集中多有体现。

提倡功力学问,一直是张云章为文的基本观点。他说:"文须有根柢。""文不根柢,于理皆危言耳。"重视学问在作诗中的作用,也一直是张云章明确主张的观点。他提倡学习古人,却不能趋同于古人,但若一味求新求异,也会走向诗文的另一误途。文章写作的主要目的在于阐明圣贤之理,发扬六经之道。

张云章有很多著作,其中著名的有《朴村文集》《朴村诗集》。《朴村诗集》

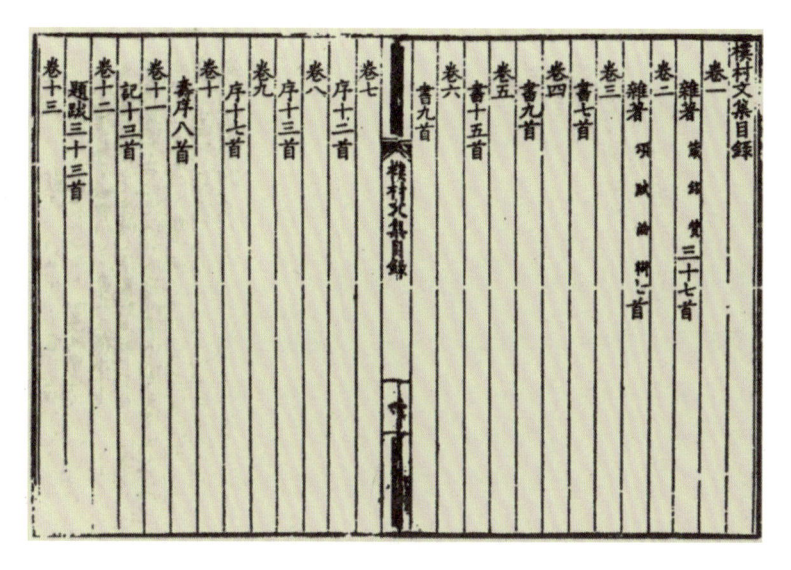

张云章《朴村文集》书影

承载了他的心声，内有古诗4卷123首，诗作内容充实丰富，表现面广，有对社会现实的揭露，有忧国忧民的情怀，也有用白描手法从细微处塑造出来的鲜明的人物形象。从《朴村诗集》可看出封建社会下层文人贫困的生活处境以及布衣文人在盛世中的凄苦心境。

张云章提出"公天下，历千古"的文学价值观，爱博采众家之长化为己用，反对写诗空洞无物。他认为诗是"情迫于中而不能自已"所发的咏叹，常喜欢用"言怀""感怀""书怀""旅怀""遗怀"为题，表达自己的所思所感。他的诗作笔力雄健，内容沉稳充实；他的格律诗多有托物言志的表现手法，清新浅显，明白如话，没有后期宋诗派艰涩难读的弊病。

有一首《遗怀》诗是他对自己一生的总结："似隐终非隐，爱闲那许闲。穷消稷卨志，老向简编悭。散木全身计，愁云生理顽。飞腾几人在，输我鬓毛斑。"张云章的心路就是围绕着"穷消稷卨志，老向简编悭"发展转变的。其他名诗还有《题陆氏园介白亭》《观星台登眺》《书怀呈朱检讨竹垞》等。张云章笔下的人物大多生活在社会底层，他描述他们平凡的人生，用细微的事来塑造出鲜活的形象。

清代乾隆帝统治时期，朝廷利用撰修《四库全书》的机会，大量销毁不利于满清封建统治的文化典籍，由于涉及了前清史事，张云章的《朴村诗集》也遭到禁毁的噩运。

张鼎生（1811—1885年），原名荣，字孝臣，号铭甫，真如人。他于清道光十七年（1837年）中举人，道光二十四年（1844年）补四川通江县知县，历任内江、屏山、垫江知县，天全、合州、会理刺史及邛州、直隶州知州。他在四川30年，为官清廉，以律治狱，体恤百姓，造福于民。张鼎生不恋荣华，晚年以"回家办丧事"为由告老还乡。在真如寺前街以东、北大街北侧建"式训堂"。他在乡里居住十余载，一直知足安命，和睦亲族，安身终老。

为官清廉　政绩卓著

——清代四川邛州直隶州知州张鼎生

张鼎生，清嘉庆十六年（1811年）出生于真如北大街，清道光十七年（1837年）中举人，道光二十四年（1844年）大挑一等（获此功名以知县用），补四川通江县知县。

咸丰二年（1852年），张鼎生任四川通江知县。他"叠奉圣谕""屡奉宪檄，严饬随时兴修"城垣，避免"致失藩卫"，与县中地方上的绅士和年老有声望的人商议修葺事宜。因"数年来叠派军需津贴，民力已疲，不忍重累"，张鼎生决定在全县劝捐。他还"先自创捐，以成此举"，于咸丰四年（1854年）六月开工，次年完工。张鼎生称赞道："是役也，胥吏不染指，局士各尽心。"

张鼎生前往四川合州赴任，官船行驶至瞿塘峡时，他指水为誓："此去如有妄取于民者，不复渡此江。"合州有土豪张大同弟兄四人，借防太平军之名，私组武装，私征税赋，横行一方，人称"四凶"，是当地百姓的一大祸害。这四个恶人专横跋扈、为所欲为的行径已经威胁到了官府。张鼎生的前任官员欲除去

"四凶"，却因地霸强悍，尾大不掉。官府以军政压力予以控制，以物质利益给予抚慰，反而姑息养奸，使"四凶"不可一世，气焰更为嚣张。张鼎生痛下决心，一定要清除合州百姓的心头大患。到任后，他一方面不露声色，稳住"四凶"，让地霸们放松警惕；另一方面，他暗中查清"四凶"的武力部署和活动规律。张鼎生秘密召集合州官府的文武官员，认真分析敌我双方的兵力和"四凶"武力部署的薄弱环节，制定了出兵剿灭的军事行动方案，并巧设良计，集中优势兵力，以雷霆万钧之势，一举剿灭了横行多年、作恶多端的"四凶"大患。从此，合州境内顺从服气，俯首收敛，百姓们无不拍手称快。张鼎生因此深得川督骆秉章的器重和举荐，不久便被提升为邛州知州。

邛州地区习俗彪悍，刑事案件时有发生，人们往往为了细小之事致伤人命，地方监狱已人满为患，狱吏则在看押囚犯时牟取重利。张鼎生到任后，重申"凡伤人犯悉如律论抵"，严厉遏止了敛财的行为，严肃查处了徇私舞弊的狱吏。从此，狱吏们敬畏法典，不敢造次。

此后，川督骆秉章举荐张鼎生任会里刺史，任上也以政绩卓著而闻名。

继而，张鼎生被委任屏山知县。屏山界毗邻云南边境，当地百姓深受倮夷股匪的伺隙骚扰。倮夷分为两种，本种的称为"黑骨"，被掳进去的汉人称为"白骨"。股匪每次出来大肆抢劫，必定先派遣"白骨"打头阵，如被击败就溃逃而去。张鼎生刺探到股匪肆掠的规律，于是招募熟悉夷性的壮丁，在险要的关口设下埋伏，严阵以待。当官兵发现股匪来扰时，先发空炮，放过"白骨"前驱，等到"黑骨"出战时，再用实弹进行凶猛的攻击。股匪被重创后一败涂地，狼狈不堪，丢盔弃甲，惊惶逃窜。从此，倮夷毋敢再犯。

张鼎生历任内江、屏山、垫江知县，天全、合州、会理刺史及邛州、直隶州知州。他足智多谋，敏捷干练，为官所到之处，都有突出的政绩，享有很好的声誉。在四川历时30年，一向为官清廉，以律治狱，体恤百姓，造福于民。

张鼎生最后在垫江任知县，仍以"勤政廉政、造福一方"为当地黎民百姓所广为传颂。他不恋荣华，晚年以"回家办丧事"为由告老还乡。在乡里居住十余载，不炫官位，睦邻友好，与民偕乐，安享余生。清光绪十一年（1885年），张鼎生逝世，享年75岁。

张鼎生为官有道，治家有方，张家子孙贤才济济，名人辈出。子张祖恩在浙江担任过知县；子张祖寅在广西担任过知县，且政绩斐然；子张祖泽悬壶济世，为一代名医,且对金石书画尤为精鉴;孙张嘉森是民国时期的政治家、哲学家、中国民主社会党领袖;孙张嘉璈是民国时期著名的银行家、实业家;孙女张幼仪是"天才诗人"徐志摩的原配夫人,离异后奋发图强,成为中国女子商业储蓄银行的副总裁,人称"最为励志的女企业家"……

根据《真如里志》记载,张鼎生所建的"式训堂",旧址位于真如镇寺前街以东、北大街北侧。式训堂坐北朝南,虽地处市街,其址不广,但堂宇轩敞,前有厢房,后有大厅。张鼎生之孙张嘉璈出生于此。20世纪初,张氏后人迁居嘉定城中,其孙张嘉钖仍居住于此。1914年,上海耶稣教监理会曾租用式训堂堂屋数间作为传教所,并在1915年7月设"真如两等小学",旋改名"乙种商业学校"。数年后因经费无着停办,传教亦就此中止。抗日战争期间,式训堂被毁,后另建平房简屋。

解放初期的真如北大街

实业大王篇

孙多森（1867—1919年），字荫庭，安徽寿州人。清光绪十一年（1885年）中秀才，继为贡生，捐得候补同知官衔。历任上海商务总会协理、直隶（今河北）劝业道等。兄孙多鑫（1865—1906年），光绪辛卯科举人。光绪二十四年（1898年），孙氏昆仲在上海莫干山路创办国内华商第一家机制面粉厂——阜丰机器面粉有限公司，该厂是当时远东地区生产设备最好的面粉厂。其自行车牌面粉商标成为国内面粉行业中第一个国货面粉产品商标。孙多森还是中国银行第一任总裁，创办了家族控股的中孚银行等一系列实业。孙多森于民国八年（1919年）病故，终年52岁。兄孙多鑫于光绪三十二年（1906年）病故，终年41岁。

孙多森

面粉大王　民族骄傲

——上海第一家机制面粉厂创办人孙氏兄弟

安徽寿州孙家世代耕读传家，未有显达，直至孙崇祖时，五个儿子分别高中，号称"一门三进士，五子四登科"，突然显赫起来。特别是孙家鼐在清咸丰九年（1859年）高中一甲一名进士，后来又任光绪皇帝的老师，官至武英殿大学士。从此，孙家的命运与家族发生了根本变化，成为巨宗大族。孙氏兄弟的叔祖父即咸丰状元孙家鼐,父亲孙传樾是当朝大学士,母亲为两广总督李瀚章(李鸿章之兄)之女。母亲思想颇为开放,她曾教育孙多鑫、孙多森兄弟:"当今欧风东渐,欲求子弟不坠家声、重振家业,必须攻习洋文,以求洞晓世界大势,否则断难与人争名于朝,争利于市……"孙氏兄弟遵母所嘱,在父亲孙传樾去世后开始发奋创业。

光绪十九年(1893年),孙多森由寿州迁居扬州姑父处,向其姑父何维健租用盐票,经营食盐运销业务。孙多鑫沉静寡言、学养较高,颇受外祖父李瀚章喜爱。光绪十五年(1889年),李瀚章出任两广总督,招其为幕僚。光绪二十一年(1895年),李瀚章称病辞职,孙多鑫也束装返里,不久北上扬州,与孙多森共同经营盐业。

位于苏州河畔的阜丰面粉厂

鸦片战争后,随着外国资本的涌入,外国面粉也大量进入我国市场,外商以机器制粉的质量和价格挤压国内落后的磨坊生产,引起国人的注意。清政府在"抵制洋货,发展工商"的呼声下,被迫从官办改为奖励商办。

孙氏兄弟见开设在上海的德（英）商增裕面粉厂磨粉利润较高，几经考察后，决定在上海筹建面粉厂。清光绪二十四年（1898年），他们筹资20万两，于莫干山路购地80亩，仿美机房图样建造厂房，拟定章程，将工厂定名为"阜丰机器面粉有限公司"，并以2.2万美元购置美国爱立司厂（Allis Chalmer Co）制粉设备一套，其中钢磨16台。同时，二人向商部注册商标为"自行车"牌，申请面粉免税，并由叔祖父孙家鼐面奏慈禧太后，获准"减免厘税，通行全国"。清光绪二十六年（1900年），工厂开业，多森任总经理，多鑫任协理，管家宁钰亭为厂长，工人46人，职员32人，并以月薪200美元聘用美国技师冯马（F. C. Farmer）先生来公司具体操作机器生产和培养面粉加工人才。

第一年，阜丰公司日产面粉2 500包（每包22.5斤），但由于缺少经验，无法与英、美面粉竞争，产品严重积压，亏损达7万多元。公司及时吸取教训，一方面采取厂商一体，到沪宁线、苏北、安徽、山东、河南等产区设立麦庄采购小麦，使品种原料得到保证；另一方面，加大广告宣传力度，增加产品销路。从第二年开始终于扭亏为盈，获利不少。光绪三十年（1904年）初，阜丰公司根据面粉市场销售情况，扩大生产规模，又从美国添购1 200筒面粉机1副，配有36、30、24英寸钢磨26部，日产面粉能力达到7 500包。

此时，时任直隶总督袁世凯通过周学熙邀请孙多鑫北上协助推动直隶实业发展。鉴于阜丰面粉厂业务已趋稳定，且兄弟二人对企业经营与计划有些分歧，长此以往易起纷争，孙多鑫遂于光绪三十二年（1905年）夏欣然北上，投入袁世凯幕府，颇受袁世凯赏识。

清光绪二十六年至民国二年（1900—1913年）的14年中，阜丰公司年均盈余10万两。民国三年（1914年），第一次世界大战爆发，面粉工业进入"黄金时期"，内销外销两旺，粉价上涨。

孙多鑫北上不久后病故。光绪三十三年（1907年），袁世凯又招孙多森北上接任天津官银号总办、启新洋灰公司协理的职务。孙多森协助成立了直隶滦州矿地公司、京师自来水股份公司等许多企业，并曾任中国银行总裁。民国五年（1916年），在周学熙的支持下，孙多森发起筹办中孚银行股份有限公司，自任总经理。中孚银行有国内外汇兑及押汇、抵押放款、存款、货币交换、买卖生金银等业务，其中代办国外汇兑业务（通过美国花旗银行、运通银行和日本帝国银行代办）属国内首创。中孚银行是我国第一家特许正式对外发表经营国外汇兑的商业银行，也是孙氏家族控股的金融枢纽。

同时，孙多森仍致力发展阜丰面粉厂。民国八年（1919年）他增资70万银两，改组阜丰为股份有限公司。同年7月6日，孙多森病逝于天津，终年52岁。孙多森幼弟孙多珏接任阜丰公司总经理，全面管理阜丰公司。此时，阜丰面粉厂采用电动机代替蒸汽引擎，节约能源，提高产量，凭借量多价低的优势（每包比英商多2.5斤且便宜），至民国九年（1920年），计盈利48.37万两，比前14年的利润增长290%。

阜丰面粉股份有限公司的"自行车"商标

阜丰厂自民国十一年（1922年）开始采办洋麦，至民国二十五年（1936年），购进洋麦占总投麦量的60%。阜丰面粉厂还在民国五年至二十五年（1916—1936年）间，将初办时的磨粉机拆往山东济南，作资6万，与人合办济丰面粉厂；在河南新乡以通惠实业公司名义投资8.3万，与人合办通丰面粉厂；在上海则分别租办长丰、裕通、祥新、信大等面粉厂进行生产。从20世纪20年代起，阜丰的自行车牌面粉已有很高的知名度，占据了国内面粉市场的主导地位。30年代初，阜丰公司进行厂房扩建，添置90台钢磨面粉机等设备。至民国二十五年（1936年）全面抗战爆发前，公司账面资本升值为300万元，日产面粉26 000包，为开创时生产能力的10倍以上，超越荣氏兄弟的福新面粉八厂，成为国内规模最大的面粉生产企业、远东地区生产设备最好的面粉厂。"自行车"牌面粉商标也成为国内面粉行业首屈一指的名牌。民国二十六年（1937年）7月，阜丰公司投资100万元，新建24 000吨的自动化圆筒仓库，进一步扩大生产规模。

民国三十四年（1945年）抗战胜利后，阜丰公司一面代磨"联合国善后救济总署"运华的"救济麦"，一面自营。但由于形势动荡，又有大量美国面粉倾销国内市场，公司处于半停产状况。1949年春，公司资金被抽往香港，企业濒于停顿。中华人民共和国成立后，1951年4月经董事会议决，聘孙家后人孙豫方为总经理，孙晋方为副总经理，公司开始筹款小量自营，业务渐有起色。1956年11月，阜丰与福新面粉公司等合并，成立公私合营上海阜丰福新面粉厂，走上了社会主义改造的大道。

阜丰面粉厂的百年老楼静静地坐落在苏州河畔的莫干山路M50艺术创意园区和网红打卡地"天安·千树"间，见证着苏州河的风云变迁。而在苏州河西南的华山路上，有一座名叫"孙家花园"的西班牙建筑风格的花园住宅，那是孙多森、孙多鑫兄弟在上海的住宅，现为上海市拥军优属基金会使用。2005年10月31日，上海市人民政府公布此处为市优秀历史建筑（二类保护）。

位于莫干山路120号的阜丰面粉厂旧厂房（陈泰明拍摄）

荣氏家族是以荣宗敬、荣德生和荣毅仁为代表的中国民族资本家族。他们靠实业兴国、护国、荣国，从创业先人荣宗敬、荣德生的"面粉大王""棉纱大王"称号，到第二代掌门人荣毅仁的"红色资本家""全国人大常委会副委员长""国家副主席"等职务，无不显示出荣氏家族代表人士的爱国之心与非凡才干。荣氏家族在中国乃至世界上都留下了一段辉煌的历史。毛泽东曾这样评价："荣家是中国民族资本家的首户，中国在世界上真正称得上是财团的，就只有他们一家。"

衣食天下　红色财团

——"中国民族资本家的首户"荣氏家族

19世纪下半叶，外国资本入侵中国，冲击着本土传统的自然经济；同时，中国国内的洋务派竭力倡议创建工业企业，晚清政府也放宽了对民间设厂创业的限制。这就为一些有眼光、有魄力、有资本的民族实业家提供了千载难逢的施展才华的历史机遇。荣氏家族就是在这样的历史条件下逐步兴起、发展、壮大的，形成了自己傲然于世的企业集团，写下了一段辉煌的历史。

荣宗敬（1873—1935年），名宗锦，字宗敬，号锦园，荣德生之兄、荣毅仁之伯父，是清末至民国时期的实业家、中国近代著名民族资本家。

荣德生（1875—1952年），名宗铨，字德生，号乐农氏居士，荣毅仁之父、荣宗敬之胞弟，是中国著名的民族资本家、慈善家、民族实业家，著有《乐农氏纪事》，曾任北洋政府国会议员、国民政府工商部参议等职。

荣宗敬早年经营过钱庄，从1901年起，与荣德生等人先后在无锡、上海、汉口、济南等地创办福新（一至八厂）、茂新（一至四厂），申新（一至九厂）等面粉、纺织工厂，兄弟两人享有"面粉大王""棉纱大王"的美誉。荣宗敬去世后，荣德生又带领儿辈一起创办合丰企业公司、天元实业公司、开源机器工程公司，这些企业统称为"荣氏企业"，是近代中国最大的民族资本企业集团。

荣毅仁（1916—2005年），1937年毕业于上海圣约翰大学历史系，民建成员，中国现代民族工商业者的杰出代表，曾任中华人民共和国副主席，第六、七届全国人大会常委会副委员长，中国人民政治协商会议第五届全国委员会副主席，中华全国工商业联合会主席，中国国际信托投资公司董事长等职务。

荣氏家族的老家"荣巷"位于无锡市西郊。其祖先种稻植桑，以忠厚传家，于明代正统初年从金陵迁来，形成上荣、中荣、下荣三个自然村，直到民国初年才正式建镇"荣巷"。

太平天国期间，无锡遭遇战乱，荣氏家族险些被灭门。荣熙泰因为在上海铁铺当学徒才幸免于难。

由于家境贫寒，荣宗敬、荣德生两兄弟十几岁时，父亲荣熙泰便让他们去广州、上海等地做学徒谋生。

1896年，荣熙泰用自己多年的积蓄，与人合资在上海创办了一个名叫"广生"的钱庄，荣宗敬、荣德生分别担任经理和会计。可是天有不测风云，开业半年，荣熙泰就因操劳过度逝世，临终时嘱咐两个儿子，做生意切忌投机，要坚守踏实、稳健的行事作风。

此后，两兄弟一直遵守父亲的遗训，稳妥经营钱庄，从不投机取巧，两年不到，便掘得了人生的第一桶金，这也成为兄弟俩后来创业的基础。

20世纪的第一个年头，荣氏家族事业迈出了其关键性的一步。荣德生发现进口的货物中，面粉的比重非常大，而国内只有四家面粉厂：极大的需求和极少的供给，这意味着一个巨大的商机。

于是，荣德生把此事告诉了荣宗敬，兄弟两人一拍即合。1900年，兄弟俩联合几人，在无锡西门外的太保墩创办了保兴面粉厂，这是无锡历史上第二家近代企业。

此后，荣氏兄弟又把面粉厂的规模扩大，并从国外购进更加先进的设施，将

福新二、四、八面粉厂全景

厂更名为茂新面粉厂。1904年，日俄战争爆发，俄国人在东北的面粉厂被尽数摧毁，急需南方支援面粉。茂新厂因此销量激增，当年营收超过6.6万两白银。

之后，荣家的面粉产业发展迅速。截至1922年，荣氏兄弟已拥有面粉厂14家，日生产面粉76 000袋，产量占当时全国面粉总产量的29%。这种高速发展不仅在中国绝无仅有，在世界产业史上也非常罕见。无锡荣氏兄弟因"面粉大王"的称号而在中国商界声名大噪。

随着面粉厂的成功，荣氏兄弟看到了第二个商机。吃、穿两门是国人之大事，发展实业，应从吃和穿入手。吃的问题解决后，他们决定再做一局，于是，上海申新纺织厂正式兴办。

此后，短短的16年内，申新通过不断并购、扩产，从1家厂扩大到9家厂，占有全国纱锭总数的20.6%，成为全国闻名的棉纱翘楚，荣氏兄弟因此又被誉为旧中国的"棉纱大王"。

更值得一提的是，1917年，荣宗敬出资40万元，买下上海一家原本由日本商人经营的纱厂，改名为申新二厂。这大大鼓舞了中国商界。

到了20世纪30年代，荣氏家族的产业发展到了巅峰，可以说是当时国内首屈一指的民营实业集团，自此奠定了荣家在中国近代工商业的重要地位。荣宗敬曾这样形容荣家的产业："当今中国人，有一半是穿我的、吃我的。"

1937年卢沟桥事变，荣氏企业三分之二的生意被毁。翌年，家族的灵魂人物荣宗敬在战乱中离世。中华人民共和国成立前，许多资本家都举家迁往海外。荣氏家族的大部分人也选择了离开，唯独荣德生执意留下。

中华人民共和国成立后，荣德生的儿子荣毅仁和父亲做了一样的选择——留在大陆，实业救国。荣德生在无锡老家照看厂子，家族在上海的产业重担就落到了四子荣毅仁的身上。荣毅仁主持起家族的纺织产业事务。

其时适逢轰轰烈烈的社会主义改造。1955年11月1日，全国工商联召开执委会议，荣毅仁赴京参会。毛泽东主席亲自主持召开部分工商业主座谈会，恳切谈心约两个小时。毛主席语重心长地对与会的工商业主们说："只要把个人的前途和国家的前途联结在一起，个人的命运和前途是可以掌握的，是大有希望的。因为我们的国家是社会主义国家，而社会主义事业是很宽广的，并且将一天天发展。"当时正值全国范围内的公私合营高潮前夕，荣毅仁经过一番深思熟虑，决定把自己经营多年的商业帝国上交给国家。在荣毅仁离开企业之前，公司的总资产已经高达507亿人民币，为中国的经济发展作出了巨大贡献。

荣宗敬与申新九厂

一次会议上，荣毅仁对毛主席说："毛主席，希望您能抽出时间到上海去，更希望您到我们厂看看。"1956年1月10日，毛主席到申新九厂视察，还亲切询问公私合营后的情况。毛主席到上海视察不下几十次，但只视察过一家公私合营工厂，就是申新九厂。

当年，陈毅副总理曾称荣毅仁为"红色资本家"，并以上海市前市长的身份助他当选上海副市长。

1979年1月17日上午，十一届三中全会闭幕后半个多月，时任全国政协主席的邓小平邀请荣毅仁等五位工商业巨擘座谈，用地道的火锅款待他们，并"点将"荣毅仁。不久，由荣毅仁提议的中国国际信托投资公司正式成立，他亲自出任董事长兼总经理。这位曾经的"少壮派"，在花甲之年重拾"荣老板"的头衔。中信成立五周年之际，邓小平题词"勇于创新，多作贡献"，以勉励这些时代的探路人。

上海市文旅局发布的《上海红色文化地图（2021版）》中，普陀区有15处

实业大王篇

红色文化资源收录在内，其中3处与申新集团所属厂家旧址关系密切，分别是阜丰福新面粉厂旧址（沪西战地服务团旧址）、上海总工会第四办事处遗址、申九二二斗争纪念地。这些红色地标的背后是一段段波澜壮阔的工人运动史和包括荣氏家族在内的民族企业创业史、奋斗史。

荣氏家族以实业兴国、护国、荣国为理念，堪称中国民族资本家的杰出代表。邓小平同志曾这样评价荣氏家族："你们荣家从整个历史角度来看，对发展民族工业做了贡献，是有功的，是推动历史前进的。"荣氏企业中的福新二、三、四、八厂及申新二、九厂分别建在普陀区苏州河两岸，其中位于澳门路的申新九厂虽然排行老九，但论及规模，却是中华人民共和国成立前全国最大的私营棉纺织厂，利润也最高。其前身是中国第一家机器棉纺织厂——上海机器织布局。1878年，在洋务派大臣李鸿章的主导下，上海机器织布局开始筹建，并于1889年正式投产。此后，工厂曾更名华盛、又新、集成、三新等。直到1931年，荣宗敬收购该厂，并将全部机器设备搬迁至沪西澳门路，成立申新九厂。当时的澳门路一带多为日商纱厂，荣氏兄弟选择来此全资创办申新九厂，正是为了展示国人振兴民族实业的决心。

申新二厂于20世纪60年代转型为无线电二厂。申新九厂改为上棉二十二厂，1992年恢复原名；2009年初，部分旧址改建成上海纺织博物馆。1955年，福新一、二、三、八厂合并为福新面粉厂，随即公私合营，1956年与阜丰面粉厂合并经营，定名为公私合营阜丰福新面粉厂，1966年更名为上海面粉厂。1984年12月，上海面粉公司建立。

钱淦（1875—1922年），字印霞，真如人。清光绪三十年（1904年）进士，改庶吉士，赴日本法政大学留学，光绪三十三年（1907年）回国，授翰林院编修。辛亥革命后，他历任宝山县民政长、县知事、江苏省内务司统计处主任、经界局秘书、财政部新税处筹备员、江苏省议员、宝山县交通事务局局长等职。民国六年（1917年），因主持宝山清丈局工作认真，获四等嘉禾章。钱淦对地方交通、国民教育都有建树，筹建贫民习艺所，在政治上反对袁世凯称帝。另总纂《宝山县续志》《江湾里志》，著有《蠡言》一卷。

昕夕擘画　力任应付

——南北干线（沪太路）修筑人钱淦

钱淦出身于真如钱家宅的一个书香门第，"幼从父学，博学强识"，"尤致力经世之学"，进士馆习法政后，赴日本入法政大学深造。留日期间，学习之余，他与同学孟森、秦瑞、孟昭常、汤化龙等人成立法政学交通社，出版《法政杂志》，潜心研究欧美各国和日本的法政理论，并发表多篇文章，批判专制政治，赞扬三权分立的立宪制度。光绪三十三年（1907年）回国后，他授翰林院编修，不久乞假南归省亲。

时值宝山筹备清丈，钱淦"以诸父老义务之督责，宁浮云薄宦而为家乡出力"，毅然受命出任清丈局长。清丈从准备到丈竣，前后历时四年，此项工作细致繁杂，人手稀少，经费窘迫。钱淦历尽艰辛，终于顺利完成。其间，钱淦还创办《丈务杂志》，介绍清丈知识、刊载丈务报告，以启乡智。

宣统元年（1909年），钱淦就任筹备自治公所所长，次年兼任宝山教育会会长。他建立市、乡自治机构，调查户口，修河筑堤，推广国民教育等，"诸臻妥洽"。

宣统三年（1911年）辛亥革命后，宝山地方公推钱淦为民政长。钱淦就任日誓言"原与民更始"，遂以极大的政治热情和立宪制度的学识主张，积极推行行政权、立法权、司法权分立，如组成司法机关暨临时县议会，并以县议会为县行政的监督者。凡涉及地方财政预算和县事业的事务兴革，钱淦均详实规划，然后交县议会公决，通过即执行，整体工作有条不紊。

民国元年（1912年）冬，地方官制颁布后，钱淦任县知事，进一步整顿财政，对赋税的征解、行政经费的开支，都详列细数予以公开，并关心体恤百姓财力。钱淦执掌县政始，即从改革田赋入手，如：辛亥年（1911年）十月，他面呈江苏都督，豁免宝山辛亥冬季漕粮全额；民国元年（1912年），减免月浦乡冬季漕粮二至四成不等；将杂收项中的余额，拨助地方公益，丝毫不取俸金外之财。1912年，钱淦等人完成实地清丈后，重定科则和定额，赶制图册，办理各户新旧单契的更换，在呈请省署后废除前清的科则和定额。从1913年起按新规定征收赋税，为大部分农户减轻了负担，"人民咸称利益"，地方秩序也相对安稳，而此时的上海、青浦、奉贤、南汇、松江等县则是佃农抗租斗争纷起。

钱淦还着力改革和发展国民教育，为此而发布的各类文件也最多。仅从其担任共和党宝山分部长起，主编的《宝山共和杂志》1912年1至5期中刊出的文件就有80余件。钱淦认为"民国新兴，教育之一端，实为莫大之要务"，决心"励精整理"，改革旧时弊端，"冀达普及教育之目的"。他改革教育行政，裁撤劝学所，在县所设学务课，统辖全县学务，设县级自治委员，统一筹划、管理学校公款、公产。基层的市乡学务，则由市乡自治公所的总董、乡董掌管，并各设学务专员一名，专司本市乡的教育行政事宜。1912年10月始，又分别成立校长会议和县教育行政会议。

钱淦倾力采取切实措施，积极发展国民教育，一是多方筹集教育经费，二是加强师资培训，三是提高人们对教育重要性的认识。通过各种切实的措施，民国时期，宝山的国民教育有明显的推进。1911年全县有小学41所，1912年有学校59所，到1913年9月有小学71所；在校学生1911年为1 400人，1912年为1 784人，1913年为2 914人，1914年为3 831人，各年分别比上年增长27.4%、63.3%、31.5%。在此期间，在各市乡还实施识字扫盲工作，并在教育内容上摒弃旧课本而采用1912年初商务印书馆编印的民国新课本；在高小开设历史、地理、英语课程，并把农业规定为必修课程。1914年2月，袁世凯停止地方自治的命令下达后，钱淦等人在宝山的各项改革举措也告止。

钱淦办事认真细致，极琐屑的事也必寻根究底，对怀有疑义者，反复辨明事理，务使疑义消失。审批公文，不轻下一字，虽至夜半，不厌不倦。在任两年，因回避本籍人任县知事，奉省令调任省公署内务司统计处主任，历时6个月编成江苏省内务行政报告书。随后，调任经界局秘书、财政部新税处筹备员。当年袁世凯称帝，钱淦坚决反对，因时局动乱，厌倦在京工作，故辞职回家乡。

宝山先前有筹设贫民习艺所之议，困于财力而未成。钱淦承母命，以母寿金和募集的资金共五千余元投入，贫民习艺所才得以成立。

钱淦在晚清曾被选为江苏咨议局议员。1917年，他又被选为江苏省议会议员。之前省咨议局曾有宝山海塘经费应由国库拨济的议案，钱淦此时援引议案建议，被省署通过，此后每年大修，经费得以解决，使民力得以宽舒，海塘的险工得以修固，为民造福不少。

同年，钱淦被公推任《宝山县续志》总纂。他提纲挈领，审定体例，重视采访，搜集资料，参与考订，对图表文字力求详密精炼，对图绘力求清晰准确，并以校勘记证前志之误。历时三年多，纂修成一部较能沟通新旧的宝山县志书。

修志甫成，经旅京同乡和地方人士推荐，钱淦出任宝山县交通事务局长。1921年，暨南学校为扩展校区和便于海外侨生来校就学，选定上海为新校址目标，并考虑在龙华、江湾、吴淞等地择地建校。钱淦闻讯向校方提出建议：真如距离上海市中心不过十余里，有沪宁铁路经过，另尚有建设汽车站的规划，环境幽静，地价较低廉，建议暨南学校在真如建校。此议为校方采用，从此，暨南学校和真如地区发展相得益彰：暨南学校在此转型为大学，进入辉煌发展期；真如地区得暨南大学开门办学之利，火车站周边商业繁荣，乡民子女就学方便，文体活动开风气之先，尤其足球运动深得乡民喜爱，并与暨南校工共同组队参赛。暨南大学还与真如镇集资开办电灯厂，使真如镇、杨家桥的商户、居民皆用上照明电灯。一批市内富商也纷纷至真如乡村建花园别墅，如有以生产双妹牌花露水闻名的广生行老板林蔚南建的林家花园、后来作为一·二八淞沪抗战中十九路军指挥部的范庄等。虽然暨南大学真如校区和真如地区当时的繁华均毁于日寇侵华的战火中，但当年钱淦体恤民生、造福乡梓的建议功不可没。

  钱淦就任宝山县交通事务局长后，先后规划南北和东西两条干线，又以呈文得到批准，分年带征附加费解决筑路经费。钱淦亦与沪太长途汽车公司商议协定借款筑路办法。一年之间，筑成南北干线（沪太路）30多公里，桥梁、涵洞咸备，又测定区域东西干线（同济路以西宝刘路）。当时筑路事属创始阶段，钱淦所遇的种种障碍和困难与早年清丈时一样，他以一身当其艰难，"昕夕擘画，力任应付"，终因积劳猝患脑溢血，卒于宝山县交通事务局中，终年48岁。

昔日沪太路　　　　　　　　　　　　　　　今日沪太路

邵晋卿（1878—1932年），浙江鄞县人，民族实业家，中国制漆业的开拓者，上海振华造漆厂和中国油漆第一品牌——飞虎牌油漆的创始人。1916年，邵晋卿召集8人，集资白银600两，成功创办了振华实业公司，宗旨为"振兴实业，提倡国货"。1920年，公司的总资产增至白银20万两，改名为"振华油漆股份有限公司"，并打出中国涂料界第一个商标——"飞虎"牌。振华厂生产的油漆、颜料在1926年美国费城世界博览会上荣获金质奖章。振华造漆厂位于沪西潭子湾，后迁至古浪路。

振兴实业　锲而不舍
——中国近代制漆业开拓者邵晋卿

中华文明璀璨五千年，同样，中国的涂料历史也非常悠久。中国是世界上最早生产和使用涂料的国家之一。现代意义上的中国涂料工业始于20世纪初的上海。一百多年来，中国近代涂料工业走过了辛酸与屈辱、萌芽与起步、打击与停滞、发展与崛起的曲折发展历程。

老上海人一定会记得，早在20世纪30年代，上海就诞生了一个享誉全国的民族工业品牌——振华造漆厂的飞虎牌油漆。从此，这只长着两个翅膀的"老虎"威风凛凛地飞过长江、黄河，飞进了全国千千万万个工矿企业和普通家庭。

飞虎牌油漆的创始人就是爱国的民族实业家邵晋卿。邵晋卿，浙江鄞县人，早年在英商祥生船厂任职。时值第一次世界大战，油漆进口枯竭，国内尚无化学造漆工业。1916年9月，邵晋卿召集八人在南京路日升楼茶馆讨论制造化工油漆事宜，并集资白银600两，在上海百老汇路（今东大名路）永成里成功创办了

实业大王篇

"振华实业公司"。当时的生产场地非常简陋,他们仅聘用两名技师和两名工人,用最原始的手工操作方法制造出了双旗牌厚漆和三羊牌白铅粉,然后沿街叫卖,跨出了中国民族涂料工业发展的第一步。

1917年,邵晋卿为了专心致志地从事制漆工业,决定辞去祥生船厂职务,并不断增股集资,壮大振华厂。他先后合并了两家小厂,又盘入潭子湾光华红粉厂厂区,作为扩厂基地。

潭子湾路厂房

1918年,第一次世界大战结束,帝国主义的油漆倾销而来。与此同时,为了更方便地占领中国的油漆市场,他们还直接在中国投资办厂。面对列强,邵晋卿以"振兴实业,提倡国货"为宗旨,在潭子湾582号开辟生产基地,专门生产清油、厚漆、磁漆、调合漆等产品。

邵晋卿经常告诫大家:我们决不博营业扩大之虚名而受亏耗血本之大害,平时要多钻研,多出优质新产品。为此,他不惜重金,以月薪400银元和洋房一套及供应一切生活必需品为条件,大胆聘用留美回国的戴汝楫为技师。当时,戴汝楫是中国第一个研究油漆的化学专家,他们在漆桶外印上"戴汝楫监制"字样以扩大产品名声。从此，新产品不断应市，有调合漆、磁漆、改良金漆以及酚醛树脂类等漆，自制白铅粉、铅铬黄、铁蓝、红丹等多种主要制漆颜料。为了使用户能放心使用新产品，他们还特设工程科，专为用户施工，起到既做宣传广告又推销新产品一举两得的作用。

1920年，邵晋卿招股集资5万两白银，总资产增至白银20万两，把"振华实业公司"改组为"振华油漆股份有限公司"，并注册了中国涂料界的第一个商标——飞虎牌商标。1922年，"飞虎"首次出口，获得新加坡马婆联合展览会最优等奖。

1923年，邵晋卿出资白银5 000两，在山东博山利用废矿质为原料开设红粉厂，为油漆生产提供颜料。五卅惨案后，飞虎牌油漆在"抵制洋货，使用国货"的运动中成功地将日货鸡牌油漆驱逐出上海，"老虎吃小鸡"大长了中国人民的志气，提升了中华民族的自信心。

1926年，飞虎牌油漆荣获"巴拿马斐城万国博览会金奖"，从此顺利打入由洋货垄断的国内铁路、电车车辆油漆市场，并在爱国华侨的支持下，将产品远销亚洲各国。

后来，邵晋卿又在天津开设了分厂。为扩大产品销售，注册商标专用权就达13种之多，有双旗、飞虎、三羊、太极、牡丹、无敌、宝塔等。

振华造漆厂飞虎牌商标

实业大王篇

1928年，一场大火使潭子湾582号的厂区化为灰烬，然而10万银两的保险赔款却让振华厂因祸得福。新建的钢筋混凝土厂房、先进的英国制漆设备为飞虎牌腾飞奠定了基础。这年冬天。为庆贺"飞虎"浴火重生，振华造漆公司特请国画大师、人称"虎痴"的张大千胞兄张善孖挥毫画了一幅国画——一只栩栩如生的飞虎，为飞虎牌商标注入了浪漫的情节和神奇的魅力，使之飞得更高更远。

1930年，经财政部："该公司保运制品已经证明单货相符应即免税放行"批准，振华厂的产品顺利地远销国外。

1932年邵晋卿去世时，作为上海油漆行业"全盛时期"的振华厂，年产量达到了2 512吨，为中华人民共和国成立前最高水平，职工发展到170人。

后来，抗日战争全面爆发，沿海城市相继沦陷，上海油漆行业也遭到了毁灭性的破坏，潭子湾路的厂房被日本油脂株式会社侵占。1938年，公司在常德路793号建立新厂。抗日战争胜利后，潭子湾路厂区才被收回，称"第一制造厂"，常德路厂区为"第二制造厂"。

中华人民共和国成立后，经历了连年战争的中国大地，百废待兴，百业待举。1955年公私合营时，振华厂并进了大明、永利、三星、顺丰、天明、国华等14家小厂，统称为"上海振华造漆厂"，飞虎牌油漆才重振雄风。厂址位于上海

中华总商会国货扩大展览推销大会颁发给振华油漆公司特等奖

桃浦，占地面积6.93万平方米，建筑面积7.06万平方米。工厂下设生产制造、技术、质检、供应、销售、财务、人力资源等部门，具有三个装备精良的生产车间和设施一流的涂料技术试验检测中心，集产、销、服于一体，经销网点遍布全国，是国内重点油漆生产企业之一，其涂料油漆、树脂、助剂等产品在国内均占领先地位。飞虎牌商标已连续多次被评为上海市著名商标，飞虎牌系列产品也连续十多年被评选为上海市名牌产品，出口量多年蝉联全国第一。

上海振华造漆厂是普陀区域内第一家民族资本开办的造漆厂，是中国最早生产乳胶漆的企业之一。飞虎漆是中国涂料工业的骄傲，从火箭、卫星到民生用品，从南极长城站、大亚湾核电站到轻工机电市场，从万人体育馆到各大宾馆，建筑的装饰无一不镌刻着飞虎漆的印记，闪烁着中国民族工业的辉煌。

邵晋卿从一个弄堂小作坊起家，用他的心血和汗水、智慧和勇气，建立起一个享誉国际的民族企业，培育出一个著名民族工业品牌——飞虎牌。在回顾历史、展望未来时，谁也忘不了上海振华造漆厂的创始人、我国制漆业的开拓者——邵晋卿先生。

严裕棠（1880—1958年），号光藻，沪西严家宅人，中国近代民族机器制造业先驱。他于清末创办的大隆机器厂不仅是我国创办最早的机器厂之一，而且从一家从事机件修配的小作坊发展成为规模大、设备好、技术水平高的机器制造厂。严裕棠还兼营纱厂，实施棉铁联营策略，成立光裕公司，同时热心地方公益事业，出资办学、造桥、赈灾，被传为佳话。

严裕棠

机器自制　棉铁联营
——中国近代民族机器制造业先驱严裕棠

机器制造业长期以来是中国民族工业发展的短板，纺织、面粉等行业的机器主要依赖进口，但在苏州河畔有一家机器制造厂，从机件修配起家，最终发展成能制造纺织整机的工厂，这就是严裕棠创办的大隆机器厂。

严裕棠出生于上海，他的父亲和叔父都是洋行的买办。严裕棠小时候学过英文，19岁进英商老公茂洋行当学徒，后任洋行主皮文斯的私人助理，之后进公兴铁厂当跑街、副经理。

1902年，严裕棠与铁匠出身的褚小毛在上海合办大隆机器厂（下称"大隆厂"），严裕棠主对外兜揽生意，褚小毛主对内管理生产。工厂最早位于杨树浦梅家弄，翌年搬到平凉路，一开始主要为外轮修配机件。严裕棠主动为外商提供上门服务，主顾不断增多，除了修配外轮机件外，还逐渐承揽其他厂家的机件修配生意。

1907年，严裕棠通过买断股份独营大隆厂。此时，国内的棉纺织业日益兴盛，他看准了"进口纺机维修不便"的商机，决定放弃外轮生意，把业务重心转移到纺织机件修配上来。

大隆厂以高人一筹的技术以及严裕棠游刃有余的人际关系，获得了英商恒丰洋行和日商内外棉公司的两大订单。比较大宗的订单还有为固本肥皂厂承造机器、为广益书局制造印刷机、为沪宁路局制造铁道上的手摇车等，至1912年左右已有40多家比较固定的客户。

随着业务的发展，大隆厂进一步扩大了规模，新建厂房，工人也增加到100余人。第一次世界大战爆发，西方列强卷入战争漩涡，长期受扼制的中国民族工业得以复苏，纺织业发展很快。严裕棠果断转向与民族工业合作，承包了荣氏兄弟申新厂的机器修配任务，同时组织技术力量试制部分纺织机器，为整机制造打下基础。

虽然在外商中接了不少大的订单，但是要实现机器厂的巨大发展仍然困难重重。为了广开渠道，严裕棠总是说："接别人不愿接的活，做别人做不了的活。"大隆厂对别家机器厂不愿承担的小活、零活总是来者不拒，及时为客户排忧解难，赢得了良好的口碑和更多的长期订单。

严裕棠深知，大隆厂要转向高水平的整机制造，最重要的就是要培养自身的技术队伍，走技术自立之路。

他在大隆厂建立了严格的学徒制度，以此来保证一线工人的技术水平，达到"重视技术，保质保量"的目的。大隆厂选拔了一批技术精湛的老技师担任师傅，并严格挑选徒工。徒工们白天跟随师傅当助手，晚上学习相关的理论知识。对徒工实行淘汰制：表现不佳者随时辞退，满师合格者留下当工人，表现出色者逐步选拔为工头、领班以至厂长。据统计，大隆厂培养的技工和管理人员累计达一万人，这不仅加强了大隆厂的技术、管理力量，也为中国早期机器制造业培养了大批的技术骨干。

大隆厂由机件修理、配件仿制逐步向整机制造迈进。初期主要是修理简单的配件与机器故障，进而修理比较复杂的纺机和引擎。在修配过程中，大隆厂不仅注重培养技师，进行常规的经验性操作，还要求技师掌握机械原理，提高设计能力。在为英商恒丰洋行代制纺机传动装置的过程中，大隆厂的技师从洋行提供的设计方案中学到很多关键性的技术。

当时，国内众多纺织厂均从国外进口机器设备，这些设备价格昂贵，维修成本高。严裕棠看准商机，依照日本丰田式织布机，参照英、美技术并结合本国使用上的要求，潜心研制机器设备。1922年，织布机终于试制成功并上市销售。

严裕棠引进了一批新的技术专家，设立技术研发机构，全面提高大隆厂的机械设计和制造水平。1928年，大隆厂延聘机械专家黄朴奇任经理兼工程师，掌管全厂的生产和业务，并组建了机械物理实验室。1932年，严裕棠留学德国的六子严庆龄回国，被任命为大隆厂厂长，他在生产技术和工艺组织方面实行全面改革。严庆龄聘请擅长内燃机制造的连忠静为工程师，还聘请了两位德籍工程师，与原有的技术骨干共同组成总工程师办公室，并在铸冶、机械加工、量具制造、热处理等方面进行了一系列的改进。经过努力，大隆厂实现了从机件仿制向整机仿制和自行设计各类机器设备的重大过渡，并投入了流水线生产。

到20世纪30年代，大隆厂出品了日式精纱车、浆纱车、筒子车、提长机、打包机和英式拆包机、开棉机、给棉机、花卷车、清棉机、梳棉机、七眼并条机，还制造了120吨压力的打纱包用的油压机以及染布机，完成了整套棉纺织机器的制造，成为华商机器制造业的骄傲。

虽然大隆机器厂纺机试制成功，但是因华商轻视国货，新产品销路不畅。严裕棠做了一个大胆的决定：自建纱厂，自制自销。1925年，严裕棠租办连年亏损的苏州苏纶纱厂，由大隆厂对其原有机器全面整修，并采用大隆厂的纺织机器增设了苏纶二厂和一个织布厂。苏纶纱厂重新开工后，由于机器购买及维修成本低廉，产品成本远低于同行，产品质量又十分优良，终于扭转亏损，连年获利甚丰，"棉铁联营"策略初见成效。

1924年，严裕棠在沪西光复西路购地60余亩，建造厂房，业务也由机件修配向整机制造方向发展。1926年迁入新厂时，有工作母机200余台，职工1300人。

1927年，严裕棠重组设立光裕公司，总管大隆、苏纶两厂，自任总经理，任命长子严庆祥为副总经理。从1930年到1931年，苏纶厂销纱3万余包，布11万匹，年盈利达40万两白银，大隆厂制品的销路也解决了。1934年，严裕棠购进倒闭拍卖的上海隆茂纱厂，改称"仁德纱厂"，使用大隆厂自产的成套纺织机器重新投产。

大隆机器厂1928年的广告

大隆机器厂迁至光复西路后的厂区景象

　　苏纶和仁德纱厂的成功使其他纺织厂家渐渐打消了顾虑，开始购用大隆机器厂的成套纺机。上海永安纱厂、鸿章纱厂和江阴利用纺织厂都先后采用了大隆厂的成套纺机。另外，严氏父子还向常州民丰纱厂、郑州禄丰纱厂和江阴通仁毛棉纺织厂等纺企投资，成为他们的股东。这些厂尽量购买大隆厂的纺机，大隆厂则为之提供从供货、安装、调试到维修的一龙条服务。全面抗战前夕，严裕棠"棉铁联营"的事业达到了顶峰。1937年，大隆厂资本总额为法币50万元，各种工作母机500余台，工人达1 300余人，所获纯利20多万元。

　　1938年后上海租界成为孤岛，严裕棠审时度势，转而开办泰利制造机器有限公司，聘英商恒丰洋行安特生为董事长，假美商名义经营。华界纱厂为避战祸，都向租界转移，泰利生产的成套棉纺机、织布机和各种机件的销路很好。抗战胜利后，严裕棠继续实施"棉铁联营"策略。从1947年到1949年，严家父子还与人合资在苏州开办了苏州纱厂，在香港开办了怡生纱厂。

　　全面抗战前，严裕棠在上海购得大小里弄、公寓、大楼20余处，地皮158亩，并在宁、苏、常等地也置有房产。严裕棠用房地产的超额利润来扩充大隆厂的资本，使大隆厂保持了较快的发展势头。

严裕棠热心地方公益事业，先后兴建3所小学，资助静安小学和同德医学专门学校，举办上海正养中学清寒助学金和圣约翰大学教师补助金。1923年，他捐赈湖北水灾。1929年，他捐资建苏州"裕棠桥"，还资助彭浦董家桥、吴淞江造币厂桥等，并捐款修复中国科学社明复图书馆。

沪西地区是中国近代民族工业重要的发源地，而曾坐落于普陀区光复西路的大隆机器厂则是矗立在这片热土上的一部厚重的工业文明杰作。它让人们穿越时空的隧道，去追寻一位民族资本实业家求强求富的雄心壮志和艰辛创业的璀璨人生。

杨济川

杨济川（1881—1952年），名其源，字济川，江苏镇江人，我国电扇行业的开拓者。民国四年（1915年），他制成我国第一台国产电风扇，后多次在国内国外获奖。抗日战争期间，他毅然举厂内迁，千方百计地保护民族工业的资产。抗战胜利后，他于戈登路（今江宁路）劳勃生路（今长寿路）口重新建厂。杨济川以实业报效民族，以品牌让中国站起来，百年来扬名海内外。

筚路蓝缕　玉汝于成

——华生电扇创始人杨济川

民国十五年（1926年），有"中国爱迪生"美誉的杨济川所创立的华生牌电风扇荣获美国费城世博会丁等银奖，这项荣誉让中国人民为之扬眉吐气，在中国民族工业史上书写下浓墨重彩的一笔。

杨济川天资聪慧，7岁时在长兄执教的私塾里读书，刻苦认真，尤其精通珠算，人称算账能手。16岁时，他到上海闯荡，在一家洋布店里当学徒。由于诚实心细，老板安排其帮账，20岁时担任账房。杨济川利用业余时间自学英文和化学，后来对电镀产生了兴趣，曾亲自动手镀铜、镀银、镀金，进而又自学电学。1909年，洋布店歇业，杨济川回乡在镇江开了一爿电镀店，专营各种首饰镀金和镀银业务，因生意清淡又返回上海。经之前的老板介绍，他到犹太人开的裕康洋行做账房。因业务关系，结识了威灵洋行职员叶友才和久记木行的跑街袁宗耀。

三人相处十分投契，每次相聚，杨济川总喜欢把珍爱的电气零件拿出来，做一些小实验给叶、袁两人看。三人遂决定仿制美国奇异公司制造的电风扇。

为了解决资金不足的问题，袁宗耀提出争取好友扬子保险公司经理、苏州电灯厂大股东祝兰舫的资助。三人商定由杨济川仿照奇异牌电扇，制造电扇样机给祝兰舫看，以取得信任与支持。当时，一台奇异牌电扇售价要一百多银元，他们买不起，只得向亲戚借来一台，拆开研究仿造。没有加工力量，他们就请白铁店、铜匠店、翻砂作坊等协作，而电气装配则由杨济川亲自动手。经过半年多的努力，民国四年（1915年）初，中国第一台电风扇终于试制成功。当时共仿制了两台，祝兰舫看了颇为满意，于是同意资助办厂。

祝兰舫是苏、常、扬等地电灯厂的大股东，当时正为用户偷电发愁，急需电流限制表来杜绝窃电，而洋货价格太贵，便恳请杨济川等人试制。为先解堵塞偷电之急，杨济川只得先研制电流限制表。民国五年（1916年）二月，杨济川花9两银子买了一只进口旧电流限制表进行研究，并仿制成2只防偷电的电流限制表，经苏州电灯厂试用，祝兰舫非常满意，订制2 000只。杨济川等人遂集资200元，雇铜匠2人，于民国五年（1916年）六月在横浜桥租屋开办"华生电器制造厂"，制造祝兰舫和社会上急需的电流限制表。从此，三人正式辞去洋行职务，专心经营华生厂，由叶友才任经理，杨济川主持生产，袁宗耀负责财务。

随着事业的发展，民国六年（1917年），杨济川与叶友才、袁宗耀等集资一千余两银子，买下了兆丰路（今高阳路）锦瑞里的元达电器厂，作为华生电器厂的新厂址，进一步扩大生产规模。同年，杨济川又设计制造出中国第一台三相交流变压器和直流发电机。杨济川刻苦钻研电学理论，认真管理厂务，亲自指导生产，华生厂出现了欣欣向荣的局面。民国十一年（1922年），华生厂由兆丰路迁到周家嘴路。六月，华生厂生产的8千瓦直流发电机、60安电镀发电机、15千伏安变压器、配电盘、电流限制表等产品在上海总商会举办的商品展览会获优等奖和金质奖章。

华生牌电扇

杨济川为了华生厂的发展，曾五年未回家。在他的带领下，华生厂的产品质量可与洋货媲美，而价格只有洋货一半；产品种类也从电流限制表发展到多种变压器、发电机、各种配电盘及电灯厂所需的全套配电设备。

同时，杨济川继续分出时间关注研制电风扇。民国十三年（1924年），因电流限制表而推迟8年的电风扇开始成批生产。华生电风扇改进了防护罩原始的直线造型，代以8根波浪形曲线，再配以时兴的黑和银两种色彩、古典式的底座和灯罩，整体外观与当时的西方设计相比毫不逊色。同年，华生电器制造厂在周家嘴路购地1公顷，建筑厂房，添置设备，以"华生"为商标正式批量生产电风扇并进入市场。

华生电器制造厂全景

民国十四年（1925年），上海爆发五卅运动，"提倡国货、抵制外货"的浪潮在全国兴起。华生牌电扇抓住机遇，在各地国货展览中频频亮相。"华生"生产时就棋高一着，把美商"奇异"存在的问题一一加以改进，而且在正式出厂前试运转一年，没有问题才上市，保证了产品质量。"华生"在销售中还推出"首创国货""保用十年，维修免费"等策略。这些招数果然灵验，一下子把"奇异"

的气焰打了下去，顾客近悦远来，销量直线飙升，国人真有扬眉吐气之感。在这场"国洋（货）之战"的竞争浪潮中，"华生"是真正的弄潮儿！

民国十五年（1926年），华生厂在生产的1 000台电风扇中挑选精品赴美国参加1926年费城世博会，一举荣获丁等银奖，一时间享誉上海滩，震动世界。

民国十六年（1927年），"华生"在苏州设置公开实验展示橱窗，每天24小时不停旋转，一连转了6个月无误，从此"华生"更是声名鹊起，轰动社会各界。

华生牌电扇问世前，美商慎昌洋行经销的奇异牌电扇独占中国市场。华生牌电扇大量上市后，使奇异牌风扇在中国市场上的销量大大减少。为此，美商千方百计想把"华生"击垮。他们声称，愿出50万美金收购"华生"牌子，被杨济川断然拒绝。美商不甘心失败，又生一计，企图以削价竞销扼杀"华生"。面对强敌，华生厂又研制出了更低价的狮牌电扇，提高竞争能力，销量连年突破，彻底粉碎了美商的阴谋。

民国二十年（1931年），著名新闻记者邹韬奋先生被杨济川和华生厂实业爱国的精神所感动，以"落霞"笔名在《生活》周刊第6卷第23、24、25期上连载长文《创制中国电风扇的杨济川君》，表彰杨济川不喊口号、自励奋发，用实力爱国的事迹，称之为"中国的爱迪生"。民国二十二年（1933年），华生厂在南翔购地建厂房，专造电机产品。民国二十三年（1934年），杨济川被吸收为中国电机工程学会会员。民国二十四年（1935年），华生进入全盛时期，发展为股份有限公司，下设10个分厂，电扇年产量达3万余台，成为国货的骄傲品牌，畅销国内外。

民国二十六年（1937年），全面抗战爆发，"华生"在周家嘴路和南翔的厂址都成了交战区。华生厂开始内迁，将200多名职工、2 000吨设备和一批原材料用40艘木船运往汉口、重庆。途中多次遭日机轰炸，损失惨重。

民国三十四年（1945年），抗战胜利后，杨济川将全部物资运回上海，在戈登路（今江宁路）劳勃生路（今长寿路）口重新建厂，但只剩下200多吨材料，仅为离沪时的十分之一。500余名工人回厂后恢复开工，在杨济川的带领下，当年产量达到15 000余台。

民国三十七年（1948年），杨济川因病居家休养。对华生厂的前景，杨济川曾制定宏伟规划，可惜他年老力衰，身患高血压，加上当时社会动荡，通货膨胀，民不聊生，规划都未能实现。

新中国成立后，华生厂获得了新生。在华东工业部领导下，杨济川改变工厂生产方向，改进企业管理体制，逐步恢复制造交流发电机、电动机和变压器，使生产蓬勃发展，为新中国成立初期经济的恢复作出了应有的贡献。

其时，杨济川病重，无力经营企业，便回到镇江故里安养，1952年8月21日病逝。

杨济川生性寡言，但谈论学术和制造则滔滔不绝。杨济川兴趣广泛，除电子机械外，管弦丝竹，无所不能。但他生活极简，华生厂鼎盛时亦蔬食布衣，时以食盐下酒。其收入除工资外，所分红利悉作股票投资发展生产，身后仅住屋"憩庐"数间，别无他所。

杨济川的合伙人叶友才（1888—1952年），浙江定海人。民国二十六年（1937年）八一三事变后，上海机器同业公会成立工厂内迁委员会，他是11个委员之一。华生厂的搬迁，叶友才是重要功臣，"为保持实力计，供应国家、社会之需，把生死置于度外"，冒险将华生、华成电器厂的各种机器、原料、成品全部迁往武昌。其数量之多，居上海民营内迁厂家之首。1952年，他因心脏病突发病逝。

合伙人袁宗耀是宁波东乡后塘河桥南袁家村人。华生厂创办时没有资金，袁宗耀找到好友祝兰舫支持。20世纪30年代，袁宗耀曾出资重建家乡桥，是一座名叫新莘桥的三眼水泥桥。袁宗耀英语好，为华生品牌开拓海外市场，尤其是东南亚等周边热带国家和地区的销售打开了局面。

一百多年过去了，"华生"不知疲倦地在酷暑中轻吟细语，为人们送出习习凉风，清凉了世界。一百多年来，"华生"默默注视着人间岁月的风云变化，注视着祖国天翻地覆的时代演进。它无声地告诉人们：只要立足于自身的祖国、自己的人民，振兴民族发展的任何事业，就能无往而不胜。

杨杏堤（1883—1944年），字猛钟，真如人，清宣统三年（1911年）入股由王启宇、崔福庄在杨树浦创办的达丰漂练染工场，任厂长。1919年，他在沪西光复西路1161号新建厂房，添置新式漂染机械及织机，并改组为达丰染织股份有限公司，成为上海第一家机器漂染厂。达丰染织厂所产达丰卡其堪与洋货匹敌，产品行销全国，并远销东南亚。杨杏堤还热心公益、救济行善，积极修桥铺路、造福乡梓。

杨杏堤

达丰印染　蜚声中外
——上海第一家机器漂染厂管理者杨杏堤

杨杏堤，原居真如南杨宅，后迁至真如南栅街。据记载，明代有杨姓人氏在真如原杨家桥小学西侧定居，生有四子，长大后在其周围东、西、南、北成家分居，逐渐形成四个村落。该地在其南，故称南杨宅，杨杏堤在此度过了懵懂的幼年。

杨杏堤随全家迁至真如南栅街后，在那里度过了青少年时期。当时，古镇商贾繁忙、人文鼎盛，给了少年杨杏堤很多接触外界的机会，了解到了清王朝的腐朽衰败。旧时男子二十弱冠则表字，杨杏堤表字猛钟，确立了救国救民的志向。

清宣统三年（1911年），杨杏堤入股由王启宇、崔福庄等集资开设的达丰漂练染工场，并出任厂长。厂址初在杨树浦，1913年迁至唐山路，主要生产纱线和漂练染色。当时上海只有少数几家染织厂，最早兴办染织业的为南通的晚清状元张季直（张謇）等人。但当时所染织的布匹远不能与进口货相比，主要原因是漂染工艺落后。达丰厂初办时，资金只有一万元，仅限于染色。经过一段时间的探索，积累了一些经验，王启宇、崔福庄便把资本扩充到30万元。初期产量不多，在市面上不大引人注意，后来添置了新机器，同时聘请技师，改进产品，营业才日见发达起来。

第一次世界大战爆发后，西方列强忙于战争，棉纺织品市价随之腾贵，杨杏堤看准时机，亲率技术人员赴日本考察了3个月，学习国外先进技术。归国后，他即引进先进设备，购织机600台、纱锭4万锭。1919年，他在曹家渡附近苏州河北岸（光复西路1161号）兴办新厂，更名为达丰染织厂，并在光复西路1185号购地约2.67万平方米，另设振泰纺织厂。至此，达丰厂开创了集纺、织、染三部于一厂的历史。

当时，达丰厂所染织的达丰卡其堪与洋货匹敌，行销全国，还远销东南亚地区，连租界工部局亦改用达丰卡其缝制巡捕制服。首创的先织后染和匹印新工艺后来为国内同行所仿效，称"达丰印染法"，推动了中国纺织印染业的发展。达丰厂在10多年中不但扩大了工厂规模，还大大增加了产品种类，计有直贡呢、人字呢、直贡缎、棉直贡、丝光斜、漂白斜、条麻纱、不褪色蓝布等26种之多。

达丰染织厂全景

孔雀图商标

八一三事变后，印染设备迁至延平路171号，注册"孔雀图""一品图""双童图""三星高照""四喜图""五子高升""七子闹元宵""九子得利""财神送宝"等商标。新中国成立后，延平路印染部改为公私合营达丰第二印染厂，后又改名为上海第七印染厂，留在光复西路老厂的织部与中纺纱厂合并，后改为达丰

实业大王篇

棉毛纺织厂。

杨杏堤经商致富后，乐善好施，热心公益事业，回报家乡。当时沪西地区凭借苏州河水运之便，两岸建起不少工厂，但河上尚无桥梁，过河全赖船渡，北岸的道路交通亦十分落后。杨杏堤率先提出倡议，在曹家渡口建桥，并带头捐款。至1929年，由苏州河北各厂集资、上海特别市工务局督造的五孔木桥建成，以原渡口名命名为曹家渡桥，俗称"三官堂桥"（因三官堂庙坐落桥南堍），长42.7米，宽6.81米，可通行汽车，大大方便了苏州河南北的交通往来。

随后，杨杏堤又出资将曹家渡至真如的官路整修拓宽，苏州河北岸的商业因此渐趋兴旺。他还和崇信纱厂厂长何致广、生和隆油厂厂长何逢生发起组织"浜北厂商联谊会"，为地方办善事，先后捐款建成了崇信纱厂门前的宝成桥，打通了由光复西路至造币厂桥的路段，苏州河北岸的交通逐渐方便起来。

对于桑梓之地，杨杏堤尤为关心。抗日战争前，他每年寒天为家乡贫孤送上棉衣和粮食，除夕夜在家门口发小额钱币，铜元停止流通后则改发辅币，连续20年不断。全面抗战时期，上海陷落，真如地区疫疠猖獗，地方曾设六届夏令施诊给药所，杨杏堤的捐款每届均居第一，并自第二届起垫款购置所需药品，从不计较因纸币贬值所受的损失。后来镇上建造卫生事务所平房4间，亦由杨家捐款。1943年，杨杏堤出资在真如寺后山门建造教室6间及附属用房，创办了私立真光小学，并由其长子杨亦孙出任校董事会主席。1946年，杨杏堤家属出资铺设一条真如南栅街至大夏大学的道路。是年，真如区第一届区民代表大会通过议案，并呈准上海市工务局，将杨宅门口南栅街及向南至中山路约2 000多米路段定名为杏堤路（今兰溪路北段及杏山路）以示纪念。

1944年杨杏堤病故，家属根据杨杏堤临终遗嘱，在讣告中声明"奠仪改用现金，事后将赗赠分给各慈善机关"，真光小学亦得5万元。

周作民（1884—1955年），原名维新，江苏淮安人，早年留学日本，1917年5月创办金城银行并任总经理，1925年联合创办诚孚信托股份有限公司，1935年任金城银行总董兼总经理。他大力扶持民族工业，培养纺织工业人才。至1948年，诚孚公司拥有六厂一所，其中数厂位于普陀。新中国成立后，他任全国政协委员，为银行业的社会主义改造作出突出贡献。1955年3月8日，心脏病猝发，在沪逝世，享年71岁。

周作民

金融实业　相得益彰

——推动沪西纺织业发展的金融巨子周作民

在苏州河近代工业文明的宝库中，有数颗分外璀璨夺目的明珠，诚孚信托股份有限公司、新裕纺织一厂、新裕纺织二厂、新裕纺织实验所、诚孚铁工厂等都是近代金融家、民国金融巨子、经济界名人、民族纺织业开拓者周作民留给苏州河的儿女们极为宝贵的工业遗产与科技财富。

周作民，1884年出生于江苏淮安。其父周佩香是举人，以开馆授学为生，家境清贫。周作民幼年时在其父所设的学馆读书，15岁在东文学堂就读，师从著名学者罗振玉学习国文，深得罗振玉喜爱，1906年考取广东官费赴日本留学。两年半后，广东官费因故停发，他辍学回国。

回国后，周作民在南京法政学堂任翻译，业余自学财经，辛亥革命后任南京临时政府财政部库藏司科长，1912年随临时政府北迁到北京，1913年任库藏司司长，1915年辞职并任交通银行总行稽核科科长，后兼任国库科主任，始入银行生涯。不久，周作民兼任芜湖分行经理。北洋军阀统治垮台后，他向国民党政权靠拢，兼任财政委员会委员等多个职务。

1917年5月，周作民创办金城银行，任总经理，后渐成金融巨子、近代金融家、经济界名人。1925年，周作民与中南银行林裘成合资十万银元在天津创办诚孚信托股份有限公司（简称诚孚），此后，依托诚孚扶持和投资实业。

1935年，周作民访问日本，回国后任中日贸易协会副会长，全面抗战爆发后任国民政府军委会农产调整委员会主任委员，但他很少过问相关事务，只在成为孤岛的上海租界里指挥金城银行各地分行的业务活动。1941年12月，日军占领香港，他在香港被捕并于1942年3月被日军遣送回沪。日军要其与日伪合作，他假托有病，未出任伪职。抗战胜利后，他两次受国民党威胁敲诈，前次经张群等疏通，获蒋介石保护。1948年8月，他被迫悄然潜赴香港。

1951年6月，受中共政策感召，周作民从香港回到北京，受到周恩来总理接见，被特邀任全国政协委员。他是上海金融界老一代头面人物中第一个在新中国成立后回到大陆的。他将金城银行和自有企业实行公私合营。1951年9月，他任公私合营"北五行"（金城、盐业、中南、大陆、联合信托银行）董事长。1952年12月，60家合营银行、私营银行统一公私合营，他任联合董事会副董事长，在私营企业和私营银行的社会主义改造中发挥了积极作用。1957年，其家属遵嘱将其生前收藏的1 407件文物、5 300册图书捐献给故宫博物院。故宫博物院曾举办专展，以示纪念。

金城银行创立当年，在北京、上海设立分行。周作民利用各种资源和优势，促使银行业务迅速发展。三年后，金城银行在华北获得与中国银行、交通银行、盐业银行并列地位，奠定了发展基础。1921年，金城与盐业、中南组成联营机构，次年大陆银行加入。四家银行总经理均为联营机构负责人。这虽是有限联营组织，但有利于金城提高信誉、扩大影响。他们先后在广州、香港开设分行。至1927年，金城银行资本金达700万元。1935年，金城银行第八届董事会会议决定周作民任总董兼总经理，集大权于一身。

1936年1月，金城银行总行迁至上海。1936年，金城的存款额达1.8亿元，为全国私营银行之首。其分支机构也增至65个，京、津、沪、汉、渝、港是重

金城银行在上海和天津的旧址

点，遍布全国和香港地区。其资金流出主要有两个方向：一是对工商企业贷款，集中于少数重点客户，尤其是有投资关系的企业贷款占大头；二是直接投资，收购企业和兴办企业，且投资总额远高于贷款总额。金城银行大规模企业投资，源于周作民对促进银行资本和产业资本结合的强烈愿望。早在1918年12月29日董事会上，他就明确："银行与工商业本有绝大关系，工商业发达，银行斯可发达，故银行对于工商业之投资，自系天职。而投资之目的则有二：1. 专谋营业上之利益；2. 助长工商业之发展。"

新中国成立后，金城银行遵令增资为人民币11.52亿元，其中天津分行2 400万元。之后，分布在全国各地分支机构均在当地实行公私合营，从此结束了它们的历史使命。1989年4月，金城银行香港分行纳入中银集团，2001年并入中银香港。

1934—1936年，中国棉纺业不景气，日商欲以低价收购天津恒源棉纺厂。1935年，诚孚投资500万元收购。1936年，诚孚又投资法币300万元收购天津北洋纺织厂。经整顿,这些厂子很快盈利。

　　1936年冬,诚孚迁址上海,上海为总公司,天津为分公司,资本金增至法币200万元,金城、中南投资各占一半。1937年2月,诚孚又接办上海溥益纺织第一、第二厂。1940年,在澳门路608号创办诚孚铁工厂,修造络筒机、并条机及细纱机配件等设备。同年,又收购位于余姚路500号的上海新华化工厂,增设设备,日产能2 000匹。

　　1940年,诚孚公司拨款20万元开办高级养成所,1946年改名为诚孚纺织专科学校,至1950年并入私立上海纺织工学院止,招生6届,培养毕业生281人,大都成为新中国纺织工业的技术骨干。诚孚公司档案记载:"本公司为未雨绸缪之计,作及时树人之策,但求有利于国,有益于民,虽年费巨资,在所不计。"足见办学目的不只是为发展诚孚公司,更是为了发展整个民族纺织工业。

　　1942年,诚孚资本金增至法币1 600万元。1944年,诚孚投资设立常熟虞山纺织厂,纺锭2 400枚。1946年,在重庆投资设立新渝纺织厂,纺锭6 500枚。

新裕纺织第一、二厂技术员训练班毕业留影

1946年，在上海潭子湾路471号设立新裕纺织实验所，配置纺锭4 800枚、织机50台及先进的纺织测试仪器。1946年，诚孚信托股份有限公司改名为诚孚企业有限公司。

至1948年，诚孚拥有六厂一所：上海新裕纺织第一厂、第二厂，上海新华化工厂，上海诚孚铁工厂，常熟虞山纺织厂，重庆新裕纺织厂，上海新裕纺织实验所。其中，新裕纺织一、二厂和纺织实验所，以及诚孚铁工厂都位于普陀区。

上海新裕纺织第一厂和第二厂由诚孚收购溥益纺织第一厂、第二厂而来。1935年，溥益纺织厂因亏损无以为继，日商拟乘机低价收购。为留存民族资本企业，1937年诚孚购下溥益并将其改名为新裕一厂、二厂。两厂共有纺锭5.05万枚、线锭2 640枚、织机504台，由留日纺织专家赵砥士、张方佐主持两年后，生产、业务日趋稳固，经营好转，并有盈余。诚孚投入法币700万元，增设纺锭3.5万枚、织机100台。1945年抗战胜利后，两厂因美棉倾销、棉贱纱贵，且外汇低廉，可自由结汇，因而获利甚丰，原棉储量达6万余担，可使用4个月。1951年，中南、金城两银行因资金需要，将新裕一厂以350亿元（旧制人民币）出售给上海市人民政府，改名为公营新华纱厂。1952年12月更名为国营上海第三棉纺厂，1966年更名为上海第三棉纺厂。

诚孚新裕纺织实验所，除了生产外，还举办培训班：举办高级训练班，培养专职技术人员；举办艺徒训练班，授以纺织基础技术；举办纺织女工训练班，授以纺织标准工作法。训练班均采取理论联系实际的教育培训方法。至1954年公私合营止，9年中培训400余人，大都支援内地新建棉纺厂。

1953年1月，经财产重估核实，诚孚公司资本金为800亿元（旧制人民币），中南银行占64.63%，金城银行占35.37%。1954年1月，诚孚、新裕二厂、实验所实行公私合营：新裕纺织二厂改为公私合营新裕纺织厂，诚孚迁入新裕纺织厂办公。7月，新裕纺织实验所并入新裕纺织厂。1957年7月，新裕纺织厂改为国营新裕棉纺织厂，1958年12月又改名为国营上海第十四棉纺织厂。至此，诚孚公司撤销。

1925年至1958年共33年，诚孚广聘专家学者40多人，在推进纺织业发展、科技进步和人才培训方面成绩卓著，影响深远。

上海第三、第十四两家棉纺厂随着企业改革和上海城市建设发展需要，其所在地块在20世纪末被开发，企业转型蝶变。

方椒伯

方椒伯（1885—1968年），名积蕃，字椒伯，浙江镇海人。1921年，他接手了由朱葆三、周舜卿等创办的上海市区最早的植物油厂——大有榨油厂（西苏州路1369号），1922年改组成立新公司——大有余机器榨油股份有限公司，任大有余榨油公司董事长及宁绍轮船公司董事长，1922年至1926年连任两届上海总商会副会长。新中国成立后，他积极参加社会主义建设，1955年起任上海市政协委员、工商联代表，1956年积极参与公私合营，同年12月加入国民党革命委员会并任民革上海市委委员。1968年5月24日在沪逝世，终年84岁。

才领法商　倾心公益

——熟谙法律的实业家方椒伯

1926年，在美国费城世界博览会上，我国民族企业大有余榨油厂生产的松鹤牌食用油荣获丙等金奖（植物油类）。消息发布后，参与博览会的华商兴奋不已，而远在苏州河畔的大有余榨油厂更是一片欢欣。中国人终于在洋人面前扬眉吐气了。最高兴的无疑是大有余榨油厂的老板方椒伯。

方椒伯出生于浙江镇海柏墅望族，经历幼年丧父和科举未中后，18岁时遂弃文从商，赴上海与叔父方樵苓共同经营延康、五康钱庄等数家祖业。他在家乡还集资创办了培玉两等小学堂,兼任溪海小学校长及宁波教育参事会董事。由此,他常往来于上海与宁波之间处理事务。

方椒伯热心参与公共事务。1910年4月,上海成立商业研讨会,他被公推为副会长。辛亥革命期间,他跟随叔父参加为民军募集饷款的"革命军饷征募队""中华民军协济会",协筹军需。1912年,他当选镇海县参议会参议员。

之后,他对法律产生兴趣,于1912年和1915年先后进入上海民国法律学校和上海神州法政专门学校,攻读法律。1919年,五四运动爆发。5月9日,上海总商会正副会长朱葆三、沈联芳未经会董讨论而用总商会名义发表违反民意、主张中日直接交涉的通电,导致舆论大哗。方椒伯等人发起70余团体参与"各公团联合会",他被推任会长,起草发表通电,反对上海总商会违反民意的主张,朱葆三、沈联芳被迫辞去会长、副会长职务。方椒伯经此一役,名声大噪。

1920年,方椒伯取得律师证书,但并未开展律师工作,仍继续从事商业和社会活动。当年3月,他受聘任北京东陆银行在沪分行经理。同时,他被推选担

水压机榨油车间内部

任四明公所董事,并同朱葆三、黄延芳等人共同创办四明医院并任董事。方椒伯后又任上海总商会会董兼商事公断处处长,宁波旅沪同乡会会董、常务理事兼会务主任等职。是年,方椒伯参加筹组上海华商证券交易所,被推为董事,又任银行公会会董。

1921年初,经济研讨会在上海成立,方椒伯与著名经济学家马寅初、杨端六等人当选为干事。该会是国内成立最早的专业经济学术研究团体。1922年4月,上海公共租界华人纳税会改选理事,宋汉章、虞洽卿、方椒伯等9人当选理事。6月,该会修改会章,推选聂云台、方椒伯为正副会长。

1922年8月,方椒伯与秦润卿、薛文泰三人集资30万元,购得位于苏州河畔的大有榨油厂。大有榨油厂创于1889年,由朱葆三、周舜卿等在西苏州路1369号投资兴建,初时股本10万两银元,这是普陀区境内第一家民族工业,也是上海市区最早开设的植物油厂。

1922年,方椒伯发起改组成立新公司,并在原公司名称中添加一个"余"字,将新公司命名为大有余机器榨油股份有限公司,他也被推任为董事长。大有余榨油厂在方椒伯接手后扩大了规模,建成之初只有方榨机4部,后来陆续增添设备,不仅能榨棉籽油,还能榨菜籽油。

大有余榨油公司股票

1922年至1926年，方椒伯连选连任两届上海总商会副会长。由于前届会长宋汉章因病休假，后届会长虞洽卿又调任北京，因此会务由他主持。1926年，费城世博会期间，身为上海总商会副会长的方椒伯为带动沪上其他企业积极参加，自己先做出表率，将大有余榨油厂生产的松鹤牌食用油送去世博会参展，便出现了本文开头令人兴奋的获奖一幕。

大有余榨油厂是方椒伯经营的主要企业，同时他仍继续积极从事社会活动。方椒伯在总商会副会长任期内，多次带领上海商界反对各系军阀的苛征暴敛，向北洋政府抗争民权。1922年10月，方椒伯起草总商会通电，要求全国各金融机关一致拒绝为北洋政府承募一切公债。11月，总商会发出吁请通电，要求各省督军分期逐步实行裁军。12月，总商会通电各地商会，"一致努力，检查裁兵、公开财政、速制国宪三项措施"，并电参众两院。

1923年1月，总商会又发出通电，要求各金融机关切勿承担募借政治借款。2月，总商会致电北洋政府，要求4月30日前公开财政，并发出严厉警告："倘逾期不履行，或空言以为搪塞，国民惟有行使约法赋予之权，起而自决。"3月7日，北洋政府内定发行12年公债1 200万元，总商会为此分电国务院、财政部、参众两院、银行公会，表示政府滥行借款，国民久已深恶痛绝，对此项新债决不承认。

1923年6月13日，直系军阀曹锟在北京发动政变，驱逐总统黎元洪，准备通过贿选取而代之，遭到舆论一致谴责，各界提出"直接民权"的主张。总商会于6月23日召开临时会员大会，方椒伯任大会主席，主张国民自决实行民治，继而通过决议，组织"民治委员会"继续讨论。

是年7月4日，开创近代中国历史先例的"民治委员会"成立会正式举行。方椒伯在致辞中指出："本会之以民治为指归""以上海开其先，而希望各省区各界人民之继其后"。此会受到舆论的好评。6日，上海总商会等团体召开市民大会，通电声讨贿选总统曹锟。10日，总商会联合上海百余团体发起组织国民讨曹游行，参加群众八千多人。

1930年起，方椒伯多次当选上海市商会执行委员和监督委员。1932年，他辞去通商银行南市分行经理后即开展律师业务，至1948年止，曾担任多处厂商的法律顾问，专办非诉讼案件。凡经其调解，当事人都免于诉讼。他同时兼任复旦大学校董、中华职业教育社监理事、宁波通运长途汽车公司董事和上海渔市场商股常务理事等职。

1937年八一三淞沪抗战爆发,上海租界难民麇集。方椒伯时任宁波旅沪同乡会会董兼会务主任,自愿负责"筹划救济各地来沪避难同乡",设立难民收容所10处,后又由同乡会出面分批免费遣送同乡难胞20多万人返甬。不久,全市性的"上海难民救济协会"成立,他任该会副秘书长兼劝募主任,经手募集捐款1 000余万元,接济难胞11万余人。

1939年,傅筱庵投敌并充任伪上海市长后,多次强邀方椒伯出任市府秘书长等职,都被他坚拒。

1955年,方椒伯任上海市政协委员、工商联代表。1956年,方椒伯率大有余榨油厂参与社会主义改造,进行公私合营,全面走上社会主义建设的康庄大道。该厂在1968年改名为上海油脂四厂,1981年后连续获评商业部优质产品,1987年9月荣获布鲁塞尔第二十六届世界优质食品金奖。

1956年,方椒伯以古稀之年加入国民党革命委员会,任民革上海市委委员,继续发挥自己的专长,为社会主义服务,1968年5月24日在沪逝世,终年84岁。

吴蕴初（1891—1953年），字葆元，上海嘉定人，我国著名化工专家和实业家。他成功研制出了味精，并创办了我国第一个味精厂、氯碱厂、耐酸陶器厂和生产合成氨与硝酸的工厂，其中天厨味精厂于1946年迁建于苏州河北岸今普陀区境内，成为苏州河近代工业文明史上一颗璀璨的明珠。

吴蕴初

天字雄风　报国传馨
——中国近代化学工业开拓者吴蕴初

"天上人间，佛手为鲜"，这是中国民族企业自主生产的味精问世后的第一句广告语，近百年来在人们口中传颂。这家厂就是久负盛名的天厨味精厂，它的创办人就是闻名遐迩的"天字"号化工集团掌门人吴蕴初。

吴蕴初，清光绪十七年（1891年）出生于江苏嘉定（今上海嘉定），10岁考童生，读私塾，后入上海广方言馆学外语一年，因家贫辍学，回江苏省嘉定县第一小学当英文教师糊口。15岁时考入陆军部上海兵工学堂半工半读，以学习刻苦、成绩优异为德籍教师杜博赏识。毕业后，他在上海制造局实习一年，实习结束后回兵工学堂当助教，同时在杜博所办的上海化验室做化验工作。

1913年，上海制造局停产，兵工学堂也随即停办，他经杜博举荐，到汉口汉冶萍公司所属的汉阳铁厂任化验师，在该厂试制成功矽砖和锰砖。此前，这两种砖全依赖进口。吴蕴初啃下了这块硬骨头，显示出卓越的化学才能，这也是他

实业大王篇　　　　　　　　　　　　　　　　　　　　　95

在化工事业上的首次突破，因此被升任砖厂厂长。不久，当时中国最大的兵工厂汉阳兵工厂慕名而来，聘他担任理化课和制造炸药的制药课课长。第一次世界大战期间，化工原料短缺，燮昌火柴厂在汉口筹办氯酸钾公司，聘吴蕴初为工程师兼厂长，他利用汉阳兵工厂的废料以电解法生产氯酸钾。此时的吴蕴初凭借创新能力在化工届已是崭露头角的新秀。1920年，吴蕴初回到上海，与他人合办炽昌新牛皮胶厂并任厂长。

20世纪20年代初，当时的十里洋场上海滩是外货倾销集中点，随处可见日商"味の素"的巨幅广告。吴蕴初看到这种现象后感叹："为何我们中国不能制造出这样的商品呢？"随后，他就买了一瓶"味の素"，经过化验分析，鉴定出"味の素"的化学成分，就是可以从蛋白质中提取的谷氨酸钠。吴蕴初凭借在兵工学堂学得的化学知识，以及试制耐火砖、火柴等物，和走南闯北积累下的化学实验经验，开展从蛋白质中提炼谷氨酸钠的科研攻关。他白天忙着上班，夜间做实验；搞科研的人手不够，就拉着夫人吴戴仪当自己的助手，两人一忙起来就忘了时间，通宵达旦地研究是很平常的事情。在吴蕴初夫妇做试制实验时，实验用品中盐酸的酸气和硫化氢的臭气经常四溢弥漫，邻居们意见很大。每当这时，夫人吴戴仪就向人家说好话、赔不是。经过一年多的辛苦研究实验，吴蕴初终于成功从面筋中提取到谷氨酸钠，得到几十克成品。

1921年春，吴蕴初认识了张崇新酱园的推销员王东园，由他引荐，得到了酱园老板、前清举人张逸云的支持。这样，由张逸云出资，吴蕴初出技术，两人合伙创办的中国第一家味精厂"天厨味精厂"诞生了。产品采用佛手商标，实乃突出其产品不同于日本"味の素"从鱼类等原料中提取动物蛋白，而是完全取自植物蛋白。很快，第一批产品就生产出来了，产品取名为"味精"。为了更好地宣传味精的独特之处，特意冠以"天厨"二字。就这样，他们打出"天厨味精，完全国货"的大旗，以其味美、价廉、国货的优势，很快就得到国内人民的看好，销路一下就打开了。

1923年8月，张逸云和吴蕴初共同扩资5万元，成立了天厨味精公司，并正式将味精厂的名称定为"上海天厨味精厂"。同年，该厂生产的味精销量达到300吨。也是在那一年，当时的北洋政府农商部给他们颁发了专利发明奖。1926年，佛手牌味精荣获费城世博会一等奖。

全面抗战期间，在全国人民抵制日货运动的促进下，天厨味精的行销得到

参加1926年费城世博会的获奖证书

了众多爱国人士的大力欢迎及推荐，使其知名度、销售额得到了很大的提升。1926—1927年间，在中国驻英、法、美三国使馆协助下，天厨味精取得了这些国家政府给予的产品出口专利保护权，产销量更大了，也开创了中国轻化产品获得国际专利之先河。天厨味精在成功地打入这些国家的食品市场后，吴蕴初成为闻名遐迩的"味精大王"。

为使味精所需的盐酸自给自足，1930年，吴蕴初建成天原电化厂。该厂是我国第一家生产盐酸、烧碱和漂白粉等基本化工原料的氯碱工厂，当时还得到南京国民政府实业部部长孔祥熙对其"独创此厂，开中国电化工业之新纪元"的评语。虽然新厂开业时间不长，但是吴蕴初保证产品的质量。因此，天原电化厂日产盐酸4吨，烧碱、漂白粉各2吨，产品完全是供不应求。一时之间，天原电化厂的"太极"商标飘遍中国大地。为了让产品的生产工艺得到不断升级，吴蕴初又对产品的生产流程进行了更为深入的研究，依靠国内的有限力量对产品的生产进行了很大的改进，使天原电化厂烧碱产业达到日产量10吨、资产逾百万元，成为当时我国实力较雄厚的几个厂家之一。

实业大王篇

1932年，吴蕴初又建设了天利氮气厂，用天原厂电解车间放空的氢气制合成氨，部分合成氨再制成硝酸，这是我国生产合成氨及硝酸的第一家工厂。1935年秋，天利氮气厂合成氨正式投产。

为使天厨、天原所需耐酸陶瓷做到自给，吴蕴初于1934年又开办了一家陶器厂，取名天盛陶器厂，主要生产多种耐酸管、瓷板、陶器阀门和鼓风机等化工产品，创国产耐酸陶瓷工业之先河，结束了我国没有化学陶瓷的历史。

天厨、天原、天利、天盛构成了实力雄厚、配套发展的天字号化工集团，在我国化学工业史上写下了灿烂的篇章。

吴蕴初始终不忘回报社会和国家。他一向衣着朴素、态度谦和，从来没有忘记自己少年时代的求学窘境。吴蕴初觉得企业资金有余，应该做一些社会公益事业。

吴蕴初在考虑味精发明权报酬安排时，曾致函公司说："味精虽由蕴初启其端，然有今日之发达，全赖同事之努力及社会之赞助，故自本公司成立之日起，蕴初决定只保留发明权而牺牲所应得之利益。"他将发明权报酬的25%分给职员，25%作为社会公益金，50%作为公司特别公积金。

吴蕴初热心筹建慈善基金会。1931年，他发起成立了"清寒教育基金协会"，该基金会所筹资金专门用以奖励那些攻读化学专业而家境清寒的学生，著名科学家钱伟长院士就是当年的受惠者之一。之后，吴蕴初又聘请当时的专业人士共同管理他的财产，定名为蕴初公益基金委员会，抗战胜利后又将味精发明权所得的钱归并入该基金会。

1932年，一·二八淞沪抗战爆发，为支援抗战，吴蕴初收购了大批核桃壳，烧制活性炭，制造防毒面具，准备无偿送给当时奋勇抗战的十九路军，后因十九路军撤离上海而未能如愿。1938年，天厨捐资12万银元，向德国禅臣洋行购买了一架战斗机，将其命名为"天厨号"，捐献给政府。"天厨号"飞机在试飞时发生了小故障，经修理仍能正常使用，德方又赔偿一架教练机给天厨，也被一并捐献。吴蕴初成为当时家喻户晓的"献机爱国"抗日模范。

抗战时期，天厨味精厂迁往重庆。为了培养技术人才，吴蕴初又在重庆大公职业学校及中华职业学校建立"天厨奖学金"。

吴蕴初一再教导自己的后辈要"蕴志兴华，家与国永"。他说："做一个中国人，总要对得起自己的国家。"吴蕴初的信念就是"致富不忘报国"。

天厨捐助的战斗机

吴蕴初作为一位爱国实业家，一生致力于味精、氯碱事业，为新中国味精、氯碱工业的发展打下了坚实的基础。正当吴蕴初满怀壮志投身于新中国的化工事业之际，却于1953年10月15日不幸病逝，终年62岁。临终前，他吩咐后辈道："你们今后要照着国家指引的道路走下去！"

天厨味精厂最早诞生于蓝维霭路（今肇周路）福源里一幢石库门房子里，后在新桥路（今蒙自路）和菜市路（今顺昌路）开办粗、精制工厂。抗日战争期间，天厨味精厂迁至香港、重庆。1946年，天厨味精上海厂在苏州河北岸云岭东路40号新建厂房。1986年12月，在上海经济区成立了以该厂为龙头的经济联合体——天厨味精集团。2004年迁至青浦区。

天厨味精厂生产的佛手牌味精于1933年获芝加哥世界博览会荣誉证书。99°结晶味精从1962年起连续22年获得外贸部门出口免检信誉，1981年、1983年、1986年还分别被评为轻工业部优质产品。赖氨酸在1984年获全国儿童食品优秀奖，产品远销新加坡、印度尼西亚、菲律宾、马来西亚、巴西及香港等国家和地区。

实业大王篇

方液仙(1893—1940年),字传沆,浙江镇海人,民族化学工业的先驱。他于1912年创办中国化学工业社,于20世纪30年代发展成为当时中国规模最大的日用化学品工业联合企业。在淞沪抗战期间,他两次开办伤兵医院,救治抗日伤员,日军视其为心腹之患,加以威胁利诱,方液仙坚贞不屈,于1940年7月遭敌伪绑架杀害,时年47岁。解放后,中国化学工业社公私合营,现为美加净日化有限公司,位于金沙江路1829号。

方液仙

创业维艰　日化鼻祖
——中国日用化学品工业的开创者方液仙

　　方液仙祖上数代经商,产业遍布上海、杭州、宁波等地,涉猎钱庄、银楼、南北货等行当,曾盛极一时,后家道中落。

　　方液仙青少年时期就读于宁波斐迪中学与教会学校上海中西书院,因对化学感兴趣,在江南制造局兵工学堂拜上海公共租界工部局化验师德国人窦伯烈为师学习化学(同学中有后来被称为"味精大王"的吴蕴初)。他在家里设立简易的实验室,白天上课,夜晚试验,学会了制造多种化工产品,后与亲友合资开办鼎丰珐琅厂、龙华制革厂、硫酸厂、橡胶厂,均属国人首创,后因资金少、洋货充斥,致其销路不畅,先后倒闭。

　　虽经历挫折,但方液仙并不放弃从事化工业的理想,决定创办中国化学工业社（以下简称中化社），试制化妆品。父亲见他办厂连连失败，不予拨款。方液仙并不气馁，多方奔走筹款，最终说服母亲拿出私蓄1万元资助他。1912年，他在圆明园路安仁里家中设厂，购置简单设备，带着几个工人和学徒，日以继夜地试验，终于试制成功牙粉、雪花膏、生发油、花露水等产品，雇人挑着产品穿街走巷叫卖。最终仍因销路不畅，亏损较多，1万元又蚀光了。

亲友见方液仙连番创业皆不顺利，劝他停手，他答："古往今来，凡成就大业者，绝无不先作牺牲者。"1915年，他自筹资金3.5万元，甚至典当衣物，又苦口说动其舅李云书等投资1.5万元，凑满5万元，在重庆路租了三间厂房，生产化妆品和牙膏，并开发果子露、皮鞋油等新产品，但仍年年亏损，至1919年初濒临倒闭。

不久，五四运动爆发，全国掀起抵制洋货、振兴国货运动，方液仙及其公司绝处逢生。中化社的产品质量不输洋货，批发商纷至沓来，产品供不应求。方液仙立即研制新产品，并请其叔父上海钱业巨子方季扬投资1.6万元。方液仙将中化社改组为股份公司，自任总经理，方季扬任董事长。1922年，在槟榔路（今安远路）购地建造新厂，次年在星加坡路（今余姚路）续建第二家工厂，专产调味

位于槟榔路（今安远路）的中化社第三工厂

实业大王篇

粉、酱油精；1928年，又在槟榔路再建第三家工厂，生产蚊香等。1935年，资本金增至100万元，3年后增资为200万元。1939年，他又开设第四家工厂，用最新设备，更大规模地生产肥皂、甘油等，并设立成品仓库。他还投资兴办中国软管厂、晶艺玻璃厂、永盛薄荷厂、肇新化工厂等配套辅助企业，并设立总管理处，下设六部三室九科，在天津、南京、汉口、青岛、重庆、广州、香港等地设发行所，向南洋各埠派出专职推销员，产品源源不断地销往全国各地和南洋诸国。至此，中化社成为当时中国日化工业规模最大的公司。

20世纪初，日本的野猪牌蚊香独霸中国市场。1915年，方液仙已着手生产蚊香，因日商保密而不知生产技术，只知其主要原料为除虫菊。方液仙以所学知识检验分析蚊香配料比例，研究制造方法，然后从日本购进少量除虫菊，请来师傅反复试验，用手工压制出盘型蚊香，随即批量生产。为解决原料"除虫菊"的来源，他聘请专家先后在浙江余杭、温州，江苏南通、海门和上海北新泾开设农场试种，实现原料自给。经多年努力，三星牌蚊香终使日货野猪牌蚊香在中国市场绝迹。三星牌蚊香曾参加1926年美国费城世博会，喜获金奖。

早在建社初期，方液仙以福、禄、寿三星作为商标，中化社产品都用"三星"商标。他高薪聘请资深媒体人朱惺公为广告科长，专为三星牌产品撰写广告词，辅以其他销售方法，使三星牌一举成为中国近代日用化学品行业中的知名品牌。

在三星牌牙粉盛销之时，方液仙决定停产牙粉，改产牙膏。他以世界名牌美国的丝带牌（即高露洁）牙膏为研究对象，目的是既要填补国产牙膏空白，又要赶超世界名牌质量。1923年，他成功生产出第一支国产牙膏。至20世纪40年代初，三星牌牙膏已占国内牙膏市场一半以上，年产1 300万支，基本替代各种进口牙膏，

白玉牙膏、三星牙膏等产品广告

成为国内牙膏市场第一名牌，远销泰国、新加坡、菲律宾等国和香港地区，方液仙被称为"牙膏大王"。

中化社专门组织"国货广告旅行团"，从上海到西安、四川、云南，长年奔波，每到一处，都树立中化社的路牌广告。中化社的各类产品，妇幼皆知。1937年2月，上海艺华影业公司受中化社资助，拍摄故事片《三星伴月》，导演方沛霖请音乐家刘雪庵写片中插曲，并由编剧贝林填词，于是就有了脍炙人口的《何日君再来》。这部电影讲述了开办化工厂的实业家与女歌星相爱的故事，剧中女主角的饰演者是"金嗓子"周璇。因周璇的演绎，这首歌红遍上海滩，而嵌入片名中的"三星"产品深入人心，成为绝妙广告。

九一八事变后，全国掀起抵制日货、提倡国货运动。方液仙与黄炎培、胡厥文、蔡声白等齐聚一堂，议论时局，探索振兴实业、救我中华之途径。

方液仙采纳中化社总务科长李康年的建议，联络胜德织造厂、中华珐琅厂、美亚织绸厂、中华第一针织厂、三友实业社、五和织造厂、华福帽厂、一心牙刷厂，加上中化社一共九家上海较大的国货工厂，在南京路举办"国货临时联合商场"。他们选择1932年九一八一周年纪念日作为国货商场开幕日，意在唤醒民众勿忘国耻。九个厂的18种名牌国货（称为九厂十八品）廉价销售8天，后应顾客要求延长一天。经方液仙提议，九厂一致同意，将营业总额的5%交顾客投票决定，捐献于公益事业，慰劳前方抗日将士，创办伤兵医院，赈济难民等。

九厂国货临时联合商场虽只开办两个月，但抵制日货、提倡国货的宣传效应巨大。方液仙决定开设永久性国货商场。由中化社、华生电器厂等集资10万元，租借南京路大陆商场为营业处，于1933年2月9日元宵节隆重开幕，董事长兼总经理方液仙致辞。他提出"国人应用国货"口号，打出"推广中国国货，运销各地土产"旗号，派出采购队伍，到各省区选购当地土特产，因商品多、服务优、价格低而产销两旺。

1937年5月，方液仙联络吴蕴初等工商界名人，在上海创办中国国货联营公司，先后在南京、郑州、西安、青岛、镇江、重庆、昆明、贵阳、长沙、桂林、汉口、成都等大中城市设立中国国货公司。方液仙因在国货运动中的作用和影响力而被誉为"国货大王"。

中化社和国货公司日益发展壮大。1940年，方液仙身兼健华化学制药厂董事长、开成造酸公司董事长等许多职务，是上海商界领袖人物之一，被称为"化工大王"。1932年一·二八和1937年八一三抗战期间，方液仙两次创办伤兵医院，聘请外科专家诊疗抗日伤兵，还积极支持中共上海地下组织领导的"益友社"并担任名誉理事。这些都被日军视为心腹之患。汪伪政府想拉他加盟，方家的镇海同乡、时任上海特别市长傅筱庵前来游说，希望合作并以"实业部长"相许，遭方液仙严词拒绝。他对日伪利诱、威胁、恐吓、警告不为所动，绝不屈服。1940年7月25日，方液仙欲外出，在星加坡路（今余姚路）10号家门口遭预伏敌伪绑架后被害，时年47岁。遗有二子一女，均幼小，长子仅7岁。

为纪念方液仙的爱国精神，上海淞沪抗战纪念馆至今陈列着他的事迹与照片。

方液仙英名永存，他开创的事业不断光大。解放后，中化社于1967年更名为上海牙膏厂，2000年属上海白猫股份有限公司，品种超过30种，产量占当时全国牙膏总产量的70%。2010年12月7日，厂名改为上海美加净日化有限公司，是我国一家综合性口腔清洁护理产品生产企业，如今落户于金沙江路1829号。

蔡声白（1894—1977年），名雄，以字行，浙江湖州人，毕业于美国理海大学，1921年进入上海美亚织绸厂并任经理，1933年任改组后的美亚织绸厂股份有限公司总经理。他曾先后任中国丝业公司总经理、中国国货联营公司总经理等职，著有《中国绸业概况》等。1926年，蔡声白等人在胶州路置地开设美亚第四织绸厂（上海第四丝织厂，胶州路868号），设机100余台，是美亚织绸厂股份有限公司效益最好的工厂之一。

蔡声白

一生何求　美亚丝绸
——百年民族丝绸品牌创办者蔡声白

蔡声白，1894年生于浙江湖州的一个书香门第，1900年入其父蔡甸宣（光绪十五年举人，与蔡元培、张元济等人同科）任校长的双林小学启蒙。1905年，清廷废科举、兴学堂，蔡声白到其祖父蔡蓉升创办的蓉湖学堂就读，1907年入湖州府中学堂（一说为杭州府中学堂）就读。这所学校名师众多，如沈尹默、钱恂等。

1911年，蔡声白考入清华学堂中等科。1914年，蔡声白等幼年生被清华派遣到美国留学，首先进入美国安多弗中学插班就读，次年毕业后考入美国理海大学（一说为麻省理工学院），攻习矿冶工程。1919年7月，他获工学学士学位归国，曾到山东勘矿，与人合作开矿，未成。是年11月，他被江西安福一家矿冶

实业大王篇

公司聘为工程师,后又到浙江南浔富商周湘龄在浙兴办的矿务局工作。

1920年5月,蔡声白与上海著名丝厂主莫觞清的女儿莫怀珠在上海结婚。就此,蔡声白的人生道路发生了转变,从一名矿冶工程技术专家转而成为"丝绸大王"。

蔡声白的岳父莫觞清早年与其同乡在苏州、上海等多家丝厂任职。1903年,他与人合作开办上海久成丝厂,后又创办二厂、三厂,增设又成、恒丰丝厂,同时还受聘多家丝厂任经理。在他控制下的丝厂达10余家,丝车有2 000余部,是上海鼎鼎大名的"缫丝大王"。

1917年,莫觞清与美商兰乐壁合资开设美亚织绸厂,但因经营不善而关闭。1920年,莫觞清再次开设美亚织绸厂,并购置12台日本新式织机。这次,他接受教训,积极延揽技术管理人才,并请女婿蔡声白主持厂务。

1921年4月,蔡声白正式担任美亚织绸厂经理,莫觞清委以其经营管理的全部权力,自己则退居幕后。蔡声白由此获得了一片新天地,得以展现其在企业管理方面的才能。

1921年,蔡声白与美亚织绸厂职员合影,中排左起第六人为蔡声白

蔡声白认为，在大工业时代，美亚织绸厂要成为国际一流的丝织厂，必须有一流的机器、一流的产品、一流的人才。他投入重金，以高规格礼遇人才，留日归国的技术专家虞幼甫、张叔权，绘图打样高手莫济之，还有机织、染练等方面的能手，都被一一招揽。新式机器与产品设计同步升级。如此组合，非同凡响，产品一入市，艳压群芳。

蔡声白强力推进"科学管理法"，设立工务处、事务处、工账部、雇用部、检查部、惠工处等职能部门，定岗定职定质定量定责，对生产流程和员工进行全程监控。同时，他也不忽视人性化因素。1926年设立的惠工处就专门负责管理员工的生活方面，除为员工提供良好的食堂、宿舍等设施外，另还设卫生部、夜校部、俱乐部、储蓄部，以改善员工生活。同时还创办《美亚期刊》，供本厂员工交流管理与技术经验，公布厂务动态消息。

在蔡声白的努力下，美亚织绸厂气象一新，扩张迅速。1922年2月，莫觞清将久成丝厂从马浪路（今马当路）迁至日晖港，其原有厂房交美亚织绸厂扩大生产规模。1923年末，美亚织绸厂的织机增至116台，成为上海绸厂中的大厂。蔡声白以自身薪资积累参股，美亚织绸厂改由翁婿二人合伙经营。20世纪20年代初，经济飞涨，成本提高，上海等地电机丝织业面临困境，而美亚织绸厂则销路独佳，蔡声白也名声大震，成为电机丝织业中的英雄式人物。

1924年，美亚织绸厂又相继在交通路、胶州路开设美亚第二厂和美孚绸厂，后又在胶州路购地自建厂房，开设美亚第四厂。为提倡劳资协作，让员工能从企业运营中获更多利益，1926年5月，蔡声白与员工合资开设美成丝织股份有限公司，其后开办了美亚五至十厂。1933年3月，美亚各分厂以及连枝企业合并成功，改组为美亚织绸厂股份有限公司，全公司统一核算，由莫觞清任董事长，蔡声白任总经理。公司包括10个分厂以及美经、美艺、美章、美兴、美隆等单位，额定资本280万元，丝织机1 098台，日产绸缎1 000匹，员工3 614人，均创中国丝织工业历史纪录。

蔡声白致力于市场营销，着力打造美亚丝绸的国货精品形象。1926年，联合系统内各厂共组美亚绸庄，专销美亚产品。1928年，中华国货展览会上，美亚出口的各色绸缎获一等奖；1929年5月，上海五国货团体春季国货展览会上，美亚织绸厂获国民政府工商部奖励；1930年10月，西湖博览会上，美亚织品又荣获金奖。

美亚织绸厂赢得的各种荣誉

蔡声白积极参加国货运动，推动各地国货公司的建立，期待以此形成发展国货、购买国货的风气。1930年，借美亚建厂10周年之机，在上海大华饭店举办国货丝绸展览，放映自拍电影《中华丝绸》，在国内首创模特儿时装表演，展示以美亚绸缎制成的礼服、常服、运动服、睡袍、内衣等，招揽名流，赢得赞誉。1932年3月，蔡声白与中国银行总经理张公权组织星五聚餐会，后以此为基础，成立中华国货产销协会。1933年2月，蔡声白又集资创办中国国货公司，以大股东身份任常务董事；同年，为扩大销售，融通资金，蔡声白效仿欧美国家，在国内首推"商业承兑汇票"，由售货人出票，购货人定期承兑，售方可持此票向银行"贴现"。

从20世纪30年代起，全球性的经济危机和国内政治形势变化深深地影响了美亚织绸厂的经营。由于市场疲软，绸价低落，成本上升，工人工资减少，1934年爆发了震动全国的美亚织绸厂工人大罢工。大罢工后，蔡声白转换资金投向，当年将三厂迁至苏州，将八厂移至杭州，还将上海部分厂基出租承包，由美亚供料，加工定织，减轻直接与工人交涉的压力。工厂网络的向外扩展，客观上也起到各地美亚产品推广的作用，有利于平衡本国工业的地区发展。

随后，蔡声白又将价值80万元的房地产、20万元现金划出美亚织绸厂，另组美亚地产公司。1937年4月，中国国货联合营业公司在南京创立，实业部长吴鼎昌任董事长，美亚及蔡声白是大股东，任总经理。

经过四年多努力，1936年获政府批准，蔡声白将美亚上海第十厂改为"保税工厂"，进口人造丝不纳税，所有产品均出口国际市场。第一批丝绸运至南洋，售价低于日绸，质量超出其上，订单函电纷至沓来。遗憾的是，美亚十厂毁于1937年八一三的日军侵华炮火中。

蔡声白的美亚丝绸南洋市场发展战略是成功的。据统计，在1924—1927年间，美亚丝绸在南洋销售额为461万元，到1928—1931年间增至645万元，成效显著。在保税厂建立后，数额更是翻番。美亚丝绸在南洋不仅获得巨额利润，更是重新树立了中国丝绸的光辉形象。

1937年，抗日战争全面爆发，蔡声白以"西进南迁"的战略，将江浙厂迁往西南，并在香港设立办事处，改总部制为分区制，在上海、香港、汉口、重庆分设华东、华南、华西、华中等四个管理处，授予职权，分散经营。在战火中，蔡声白放眼大局，平衡风险，使美亚公司不仅能生存，且有所发展。

抗战胜利后，蔡声白拟重振美亚，后又改变初衷，于1946年去香港，同年9月、10月，分别在纽约、曼谷成立分公司和发行所，1948年，在阿根廷设立利亚实业公司，同年在香港成立美亚织绸厂股份有限公司总管理处分处。1953年，蔡声白以病辞职，留居香港，1977年4月5日病逝。

周志俊

周志俊（1898—1990年），名明焯，字志俊，以字行，号市隐，又号艮轩主人，安徽至德（今东至县）人，20世纪20至40年代上海"三信"（信和纱厂、信义机器厂、信孚印染厂）和"三新"（新安电机厂、新成电表厂、新业制酸厂）的创办人。1951年1月，信和纱厂成为普陀区第一个实行公私合营的私营企业。周志俊是中国民主建国会成员，曾任第五、六届全国政协委员。改革开放后，曾担任中国国际信托投资公司董事职务。

诚惠桑梓　实业报国
——信和纱厂创办人周志俊

周志俊出生显达，世代书香，家学渊源，是实打实的"企二代""富二代"。其父周学熙是民国初期财政总长。他幼年随祖父和父亲寓居青岛，1915年随父迁往北京。周志俊幼年体弱多病，家里曾送他到崂山疗养。深山的云树、大海的波涛陶冶着周志俊这个少年敝屣富贵的情操，也锻炼了他百折不挠的性格。

有一段时间，周志俊对文学和哲学发生浓厚兴趣，期望有朝一日跻身于文人学者之列而不屑于成为豪商巨贾。但是，当他看到祖国当时的贫穷落后、内忧外患，想起"国家兴亡，匹夫有责"的古训，产生了继承父业发展生产、实现"实业救国"的愿望。周志俊积极追随家中兄弟，进入新式学校，攻读现代科学技术，学会企业管理知识，为实现"救国"志向做好准备。

父亲特意为周志俊请了一位英语家庭教师。他掌握了英语，并涉猎多种书籍，还参加了美国亚力山大汉顿商学函授学校，学习资本主义经济学，侧重钻研现代企业管理专业。1918年，父亲筹办公司第二家纱厂——青岛华新纱厂时，为与美国美兴公司洽商订购设备，就让儿子周志俊担任翻译。从此，周志俊走上了经营民族工商业的道路，与父亲共同经营青岛华新纱厂。

周志俊一生的事业以经营青岛华新纱厂为开端。他既有成功的经验，又有失败的教训；既享受了胜利的喜悦，也饱尝了挫折的痛苦。但无论客观环境如何变化，周志俊从未改变"实业救国"的初衷。

周志俊曾效仿父亲周学熙的东瀛之行，于1933年西行考察了美、德、法、英、荷、比、丹、瑞、意等国家。在8个月的行程中，他重点考察棉纱业，特别是在美国参观了产棉区和纺织印染厂、纺织机械厂近百处，还参观了芝加哥百年博览会，开阔了眼界，接触了新技术。

全面抗战之前，青岛华新纱厂在周家父子的苦心经营下，拥有4.4万纱锭、8 000线绽、500台布机的规模，成为纺织印染全能厂。全面抗战爆发后，周志俊把青岛华新纱厂的机械设备移到上海，择址莫干山路60号，购地建厂，以英商名义向香港政府注册，次年4月正式开工生产，挂牌"英商信和纱厂"。至1939年初，有纱绽3 000枚、织机200台，资本250万元。之后为整修装配信和纺织机器而创办了信义机器厂，规模不大，资本亦不过10余万元。信孚印染厂初期资本为15万元，厂地只有10亩，1937年投产后，生产

信和纱厂老厂房

业务进行顺利，又增资40万元。

1941年，太平洋战争爆发，信和因系英商，被日寇接管，之后几经交涉，经过一年多，才与中纺、统益、崇信三厂在最后一批发还，但库存棉花、原料、产品以及机电设备被敌寇掠夺一空，无法恢复生产。为了解决留厂人员的生活问题，周志俊又创办了孚昌染织厂及几个小型纱厂，维持数年之久。

抗战胜利后，"三信"开始恢复生产，并适当扩充。如信孚为增加印花布品种，增加快安装印花机，增设雕刻间，购买印花铜滚筒，增设锅炉等，到1948年资本已达1.2亿元。但总的来看，由于美货的倾销、官僚资本的压迫，以及国民党反动政府滥发纸币、通货急剧膨胀的影响，"三信"始终在破产的边缘挣扎，一直到1949年新中国成立才获得新生。1951年1月，信和纱厂成为普陀第一个实行公私合营的私营企业。之后，信和厂在人民政府的大力扶持下，有很大的发展。1961年转为毛纺织厂，为当时上海最大的毛纺厂之一。信孚厂合营时间也较早（1954年），1961年试制成粘胶纤维，转产改为信孚浆粕厂，以后又合并于上海第二化学纤维厂，为我国早期开拓化纤领域的生产贡献了力量。信义厂在新中国成立后维持了一段时间，在企业调整时，机械设备及人员分散到各单位，建制取消。

"三信"和相继创办的"三新"工厂昭示着周志俊等一批民族企业家复兴中华的雄心壮志。

如果说周志俊在前半生继承父志的生涯中突出的是以"实业救国"为个人奋斗目标，而其后半生的政治生涯则表明了他还继承了先辈爱国爱乡的思想和行为。

新中国成立前夕，在民族资产阶级究竟何去何从的大是大非面

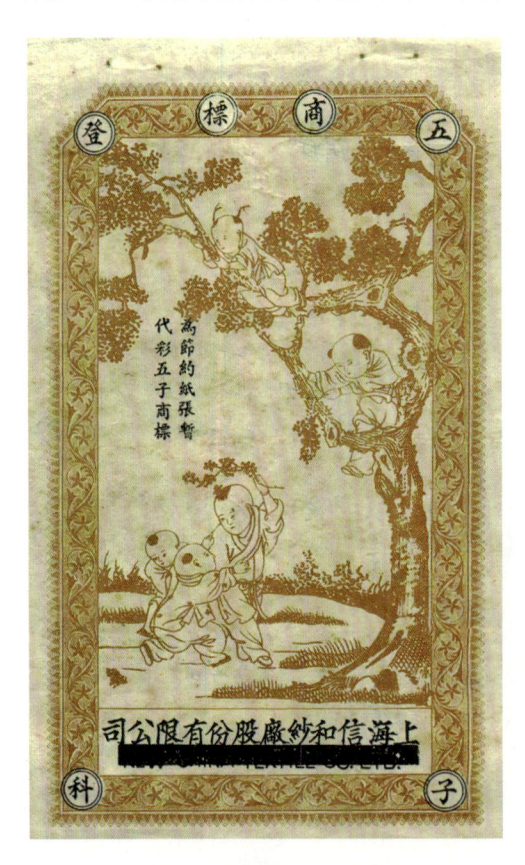

信和纱厂"五子登科"商标

前，周志俊一度有过南迁的彷徨。他曾携家去香港，调去了一部分资金，有留居该地的打算。后来天津解放，共产党对民族资产阶级的方针、政策的有关消息不断传来，加上一些进步人士的动员和堂兄周叔弢已留在天津，使周志俊思想陡转，终于在1949年初，在信和纱厂董事长颜惠庆的电召下，毅然返回上海，迎接解放，参加新中国的建设事业。

周志俊曾经在归国途中赋诗一首："吾道不行浮海去，一年作客感秋来；长风万里吹华发，驿路千程志异材。故国经猷空自许，邮亭身世漫相催；箧中留得兴齐策，击楫高歌亦快哉！"抒发当时的情感和自己的抱负。

周志俊有强烈的爱国主义精神。抗战期间，周志俊在香港、仰光、昆明经营运输业，给抗日大后方运送物资。他还用200辆卡车运送自产纱布和战略物资支援抗日战争。1950年，周志俊做出惊人之举，向正在朝鲜前线英勇抗敌的志愿军捐献飞机，集团中较大企业如华新、信和、信孚等厂都捐献飞机一架，在同行中属于前列。1954年社会主义改造时期，周志俊将自己名下的华新、信孚、新业、新安等主要工厂全部实现了公私合营。1956年，周志俊主动提出放弃领取定息，支援祖国建设。1984年，周志俊将自己应在青岛、上海、南通、无锡等地10多个单位领取的95万元定息全部上交了国库。周志俊还为家乡办学校、建医院，倾情解囊相助，惠济乡民，体现了高尚的慈善救助情怀。

周志俊在新中国成立后加入了中国民主建国会，曾任第五、六届全国政协委员。改革开放后，他担任中国国际信托投资公司董事职务。周志俊关心祖国统一大业，曾赋诗遥寄在台湾的故旧，寄语海外亲友，希望能共同努力，为实现祖国统一大业贡献力量。1988年1月，他离职休养，1990年6月18日，因病在济南逝世。

"三信"的"老大"信和纱厂位于莫干山路60号（后调整为50号），公私合营后更名为上海第十二毛纺厂，改革开放后又更名为春明粗纺厂。1999年，春明粗纺厂转型。

2000年起，经业态调整，引进以视觉艺术和创意设计为主体的艺术家工作室、画廊、文化艺术机构和设计企业，历经沧桑的老厂以上海创意产业发源地的面貌获得了新生。2005年4月，该厂被命名为"上海M50创意园"。M50创意园曾先后获得"上海市首批创意产业集聚区""上海十大优秀创意产业集聚区""全国工业旅游示范点""上海首批文化产业园区""AAA级旅游景点""上海名牌""上海市著名商标"和上海创意产业示范园区等称号。

文化才俊篇

卢嵩高（1875—1961年），回族，河南周口人，心意六合拳第八代传人，并自创"卢氏心意拳"。他为生计，曾走南闯北，光绪二十九年（1903年）定居樱华里（今普陀区境内），以授拳为业。"卢氏心意拳"成形于普陀，盛行于上海，遍及于全国，还走出了国门，成为上海最具代表性的武术之一，先后入选普陀区、上海市、国家级非物质文化遗产。卢嵩高曾任第一、二、三届普陀区政协委员、上海市武术协会副主席。

卢嵩高

沪上传奇　拳家巨子
——卢氏心意拳创始者卢嵩高

卢嵩高，自幼酷爱武术。清光绪十七年（1891年），他拜心意拳第七代传人、同乡袁凤仪为师，专心习练心意六合拳，深得其拳法精义，终成拳家巨子，为心意六合拳第八代传人。

心意六合拳是我国著名的拳术之一，相传为岳飞首创，集成于明末山西人姬龙峰。姬龙峰膝下从学者众，唯有河南洛阳马学礼（回族）独得此拳精髓。马学礼艺成回河南，传拳授艺。后经买壮图（1829—1892年，回族）下传周口袁凤仪，其四大弟子尚学礼、杨殿卿、卢嵩高、宋国宾学艺都精，后分别在外地传授，从而形成河南派心意六合拳一大支系。

心意六合拳注重心意融贯，强调内外结合、心动意随、气力俱生。运用心与

文化才俊篇

意合、意与气合、气与力合（内三合）及肩与胯合、肘与膝合、手与脚合（外三合）这内外三合即六合作为拳技的核心原则，故为心意六合拳。以龙、虎、熊、马、猴、蛇、鹰、鹞、鸡、燕十种动物在追杀捕食搏斗时的动作之形，领会其意而形成（象形取意）。其八字诀为勇、猛、短、毒、疾、狠、快、利。锻炼鸡步趟腿、鸡步掂腿是锻炼基本步法和身形的主要方法。

卢氏心意拳象形取意十种动物，分别为鸡、鹞、燕、鹰、虎、马、熊、蛇、猴、龙
（余江供图）

卢嵩高与同乡尚学礼、杨殿卿同堂学艺，都练成一身非凡武功，故在河南武林有周口三杰之称。卢嵩高是师弟，但其拳术以手法多变且毒辣著称。20世纪30年代，意形八卦名师张兆东曾这样评价其武功："在大江南北罕有匹敌，其打人十个把式（动作名称）而不同样，千变万化仍是一个单把式，令人防不胜防。"意形八卦大师张占魁也有类似评价。

拳术学成后，卢嵩高曾以保镖为业，走遍大江南北。先在老师袁凤仪经营的周口得胜镖局当镖师，后辗转于京汉之间谋生。光绪二十六年（1900年），他在蚌埠与师弟宋国宾共理蚌埠镖局业务。他曾在武汉附近与当地回族铁氏父子三人打败绿林数十人。因此，卢嵩高在绿林道上人头熟，受尊重，部分人干脆拜他为师，学习拳术。

光绪二十九年（1903年），卢嵩高由蚌埠至上海定居，住樱华里（即新华北里，又名樱花里，位于长寿路北、常德路东西两侧，现为普陀区长寿路街道辖区），以授拳为业。从此，周口心意六合拳传入上海。卢嵩高白天在上海福新面粉厂和阜丰面粉厂做保卫，晚上在厂里传授拳术，很快就聚集了300多人练拳。后来，他在上海有10多处练功场，长期学习爱好者1 000多人。卢嵩高授拳有"三不教"原则：恃技寻斗者不教，恃技为歹者不教，炫技逞勇者不教。他传授心意六合拳十大正宗把式：龙行格横、虎蹲山、鹰捉、熊出洞、踩鸡步、鹞子入林、猴缩蹲、夜马奔槽、燕子抄水、蛇拨草。所采十形内寓六合，故称十大真形六合拳，上海人称"十大形"。

卢氏心意拳在中华人民共和国成立前称"卢嵩高心意六合拳"，中华人民共和国成立后至20世纪六七十年代称上海"十大形"，后改叫"上海心意拳"或"海派心意拳"。2003年，王书文想纪念师父卢嵩高，拟将拳名称为"卢氏心意拳"。他由徒弟余江陪同，找到卢嵩高之子卢少君，卢嵩高弟子张兆元、白恒祥，四位老人一起确定拳名为"卢氏心意拳"。2005年10月1日，在清真京城饭店（现碧真饭店前身）召开卢氏心意拳第一次研讨会，后又成立卢氏心意拳研究会。

卢氏心意拳的基本内容是：以心意为轴，以六合为规，以健身为用，以千遍为会、万遍为熟、千万遍为精、万万遍为神作为实践方法，以武术、武意、武艺为表现，见"术、意、艺"功夫。其动作分8个大杂拳72小手，基础动作有40多个；器械有4件，每件有5—7个套路。传授、练习以《卢氏心意拳入门》《卢氏心意拳开拳》《卢氏心意拳传习录》为课件，内容有一气二仪，三节四梢，五行六合等。其主要特征：一是实用性强，讲究攻防，适于军训；二是技术明确，以实用、简单、易上手为特征；三是系统性强。训练分六个阶段：肌肉、筋骨、血气、静养、气养、天真，强调动作规范，随意变换。其重要功能和价值在于受袭防卫、强身健体、培养强者、健全心智。

自20世纪以来，卢氏心意拳在上海的发展经历了三个阶段：20—30年代，展示拳技，卢嵩高被尊为拳王；40—70年代末，心意拳爱好者占武术爱好者近半，影响广泛；80年代至今，心意拳练习者活跃在专业散打队伍中，推广至全国，传播至海外，出版专著，举办比赛，完善传承人培养方式，编制教材，改进教学，升级体系，在全国心意拳流派中有示范性。

卢氏心意拳现已传承五代，历经百年，经久不衰。卢嵩高深受上海武术界尊重,曾任上海武术协会副主席。他对革命事业有贡献,被荐为第一、二、三届普陀区政协委员。他在沪生活近60年,传拳时间久,弟子众多,颇有影响的高徒就有10多位,如曾任第一至四届普陀区政协副主席的马义方,又如长期战斗在敌人心脏的两名中共地下党员解兴邦、于化龙。

卢氏心意拳的传播区域,以今普陀区为中心,虹口区、徐汇区、静安区、杨浦区次之,其他区也有众多爱好者,并辐射到浙江(绍兴、金华、余姚)、江苏(南京、常州、苏州)、江西(南昌、九江)、安徽(合肥、黄山)及山东、福建、新疆、内蒙古等省区,在台湾地区及日本、韩国、美国、法国、新西兰、加拿大等国也有传承人和爱好者。2017年10月,挖掘整理出卢氏心意拳有明确传承纪录(在册)的传承人1 290余人,支系24个。

卢氏心意拳进校园(余江供图)

卢氏心意拳经世代传习,成为上海最具代表性的武术之一,也成为上海著名的传统体育项目之一,是优秀的都市武术文化,于2013年入选第三批普陀区非物质文化遗产,2015年入选第五批上海市非物质文化遗产,2021年6月入选第五批国家级非物质文化遗产,现在国内已有余江"非遗社区传播点"(上海市普陀区)、余江"卢氏心意拳传承传习工作室"(上海市长宁区)等6个传习馆,并有《卢氏心意拳入门》等公开出版物和教学片。

卢嵩高被称为拳王,尊为一代宗师。1985年上海市武术协会出版的《上海市武术挖掘整理专辑》(第一辑)评价他:"专攻此艺数十载,至老不衰,造诣精湛,广授学生,卓然成为一代名家。"卢氏心意拳传承百年武术,终成非遗文化。

王伯群（1885—1944年），贵州兴义人，中国同盟会先驱、近代民主革命先驱、政治家和教育家，在护国、护法，尤其在国家交通和教育建设等方面献策良多。1924年8月，他出资筹办大夏大学（华东师范大学前身），任校董，自1928年至1944年担任大夏大学校长达17年之久，对大夏大学的建设与发展作出了巨大贡献。全面抗战期间，他带领大夏大学师生三次迁校，在迁校过程中心力交瘁、积劳成疾，因患胃溃疡病逝于重庆陆军医院，终年60岁。

王伯群

乱世清流　忠国护校
——大夏大学首任董事长王伯群

王伯群于1885年生于贵州兴义。在往后60年中，无论是时代还是他个人的经历，都极其跌宕、传奇和斑斓。从韶华到花甲，他是同盟会元老、近代民主革命先驱、政治家、教育家。

王伯群天资聪慧，18岁考入兴义笔山书院（今兴义民族师范学院），一手漂亮的书法、满腹锦绣文章和对中国传统书画艺术的痴迷均为他日后致力于教育打下了基础。

1905年，王伯群在兴义笔山书院毕业，由兴义县（今兴义市）以公费选派日本留学，先后在宏文学院政治经济科、中央大学、中央研究院深造。适逢孙中山在日本倡导革命，他便加入孙中山领导的同盟会。

1912年，辛亥革命后，王伯群从日本回国，在上海加入章太炎、程德全组织的"中华民国联合会"，发展革命势力，并应章太炎之邀，出任《大共和日报》经理，宣传孙中山的革命思想。

1914年，王伯群在北京参与制定《中华民国约法》。这时，袁世凯解散参、众两院，派人将议会中占多数席位的国民党领导人宋教仁杀害，镇压国民党人发动的"二次革命"。王伯群目睹袁世凯的倒行逆施，回到贵州协助其舅父刘显世主政，担任护军使署参赞职。后来，王伯群参与发动护国运动，任广州军政府交通部长等职；又追随孙中山回广东恢复军政府，在广州任大总统府参议兼军政府交通部长。

大夏大学是由厦门大学的部分师生在上海发起建立的一所大学。"大夏"即"厦大"之颠倒，取"光大华夏"之意定名。1924年，厦门大学的部分学生为争取民主办校，向校方提出改革校务的意见，但学校当局处理不当，激情满怀的学生便集体离校北赴上海，立志筹建一所既能实现理想抱负又能光大华夏的新型大学。当离校师生请求王伯群支持办学的时候，他慷慨捐资创办大夏大学，并任董事长和校长。自此，除参与政治活动之外，王伯群的后半生全力投入大夏大学的建设、发展和繁荣上。

1929年，王伯群自资白银六七万两，贷款30多万元，扩建学校。他致力教育，担任校长17年，把大夏大学发展成为民国时期著名的私立综合性大学，其

大夏大学鸟瞰

文化才俊篇

美丽的校园和优良的师资尤其为人称道，被誉为"东方哥伦比亚大学"。

作为一位著名的大学校长，王伯群的教育思想和理念都十分先进。王伯群既是大夏大学的创建者，也是大夏的坚定擘画者和精神引领者。借鉴牛津、剑桥大学的管理经验，王伯群在大夏大学提出实施导师制来培养学生。在导师制教学模式下，导师首先是关注学生的心智训练和培养，其次是关注学生对知识的理解，培养他们的探索和创新精神。此外，大夏大学还实施通识教育，如文科生普通必修课程中，除了国文、英文、历史，还涵盖化学、物理、生物等自然科学，而理科生则要涉及英文及演说学、政治学、社会学等，让学生"文理兼修"。

1930年，王伯群从交通部部长、招商局监督的岗位上弃政从教，从追随中山先生加入同盟会的革命家转型为爱国教育家，投身国家的科学教育事业，致力于私立大学的人才培养和发展建设。

大夏大学创办时，中国新建的大学如雨后春笋般涌现。在众多大学中，唯有大夏大学在王伯群的领导下，坚持"自强不息"的校训，秉承"服务国家，曰公曰诚"的精神，提出民族教育复兴发展纲要，坚持"复兴民族""教育强国"的发展理念，倡导"教师苦教，职员苦干，学生苦学"的"三苦"精神和"师生合作"的办学理念。

私人创办大学并非一件易事，财力、物力和师资聘请等都颇费周章。在办理创校事务中，王伯群本着教育家与人为善、以人为德的精神，一方面自掏腰包，捐资办学；另一方面向军政首长、各方财阀和地方名人劝善捐资，用他们的财力办利国利民之事业。到1932年底，学校募得捐款总额达38万元，其中王伯群一人就捐款17万元，他还向杜月笙、贺敬之等人募得办学款项，向荣宗敬募得包含丽娃河的66.9亩地基。

教职员聘任是校长的重要工作，王伯群先后聘请田汉、郭沫若、李石芩、姚雪垠等著名教授，为社会培养了大批优秀人才。他热忱关心学生，无论是生活、思想还是学习以及日后找工作，都积极帮助学生。

当代教育提倡的服务地方与社会的理念，其实王伯群那时早已实行。自1937年内迁入贵州到1946年返回上海，大夏大学在贵州办学八年，使大夏大学得到了长足的发展，对贵州文化发展，尤其是教育事业的发展产生了深远的影响。

当时，大夏大学设5个学院及3个专修科，包括文学院、理学院、教育学院、商学院、法学院及师范专修科、体育专修科、盐务专修科。

在1936年秋季始业式上，王伯群向全校师生呼吁："我大夏数千众之智识阶级健全分子，果能本立校精神，每人领导一万民众团结一致，自强不息，勇猛奋斗，必不难挽救国难，复兴民族，愿我全体同事同学共勉之。"

1938年6月，王伯群主持增设大夏附中（后改为伯群中学），开辟了学校生源，也为大夏大学教育等学科的学生提供实习机会。大夏大学回迁上海后，这所中学仍留在贵阳，后来并入贵阳一中。

当大夏内迁西南穷僻之乡，艰难维持之际，王伯群高瞻远瞩，提出大夏要因地制宜，加强民族学、社会学的研究，同时用多层次教育为大幅度提升大西南地区文化建设服务。大夏大学在民族存亡时期的治校思想、办学理念，王伯群校长表现出的鲜明教育理想和教育立场，即便到今天，依然有着深刻的现实意义。

在王伯群的执掌下，大夏拥有沪校、黔校，并短暂开设香港分校，同时开办上海大夏附中、贵阳附中、南宁附中和重庆附中。大夏共培养了2万余名学生，为国家和社会发展作出了极大的贡献。

1944年，日军窜扰黔南，王伯群带领大夏大学师生第三次迁校，在领导迁校的过程中，心力交瘁，积劳成疾；1944年12月20日，因胃溃疡与十二指肠出血过多医治无效，与世长辞，享年60岁。不久，国民政府发表褒扬令，"性行端谨，学识宏通，殚心教育，为国储才"是对王伯群的高度评价。

1946年，大夏大学迁回上海旧址，恰逢22周年校庆，学校镌刻"大夏大学迁校纪念碑"立于赤水校内，并举行盛大的校庆活动和迁校纪念碑揭幕仪式。文学院陈湛铨教授撰写了《迁校纪念碑》，其中写道："我故校长王公伯群，忠国护校，敌忾弥深。"并将学校新建的大礼堂命名为"思群堂"，刻《思群堂记》碑以志纪念。

1951年10月，大夏大学在原校址与光华大学合并后成立华东师范大学，成为新中国创办的第一所师范大学。

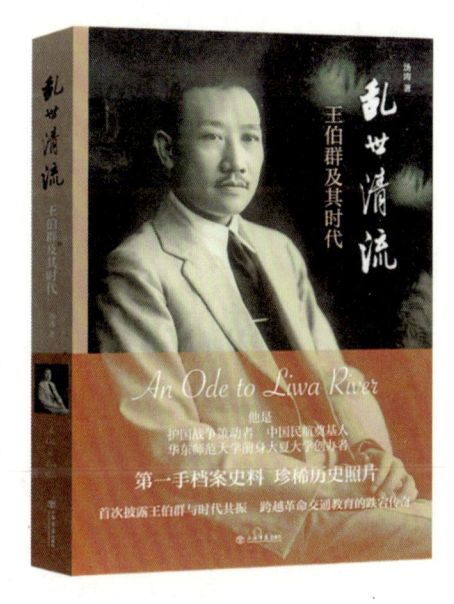

王伯群传记
《乱世清流——王伯群及其时代》

陆费逵（1886—1941年），复姓陆费，名逵，字伯鸿，号少沧，浙江桐乡人，生于陕西汉中。陆费逵创办并主持中华书局30年，是中国近代著名教育家、出版家，热情为新教育、新文化开道，积极出版新书，同时努力续往圣先贤之绝学，潜心出版古籍，他也是学制改革、职业教育的倡导者，中小学分轨及师范教育独立的首创者。他在沪西澳门路建有印刷厂，并在此印刷首版《辞海》。

陆费逵

返本开新　改良学务
——中国近代教育家、出版家陆费逵

说起中华书局，广大读者都很熟悉。中华书局一贯以优质的出版质量闻名，而中华书局的诞生和发扬光大则离不开其创始人陆费逵的悉心筹划。

陆费逵家学渊源深厚，曾祖陆费墀在乾隆年间为翰林院编修，曾任《四库全书》总校官，母亲是李鸿章的侄女。陆费逵一直引以为豪的是，他没有受过系统的教育，学成基本靠自学。他曾在《我的青年时代》一文中自述："我幼时母教五年，父教一年，师教一年半，我一生只付过十二元的学费。"他十三岁时随父亲移居南昌，入南昌熊氏英语学塾附属日文专修科学习，但对他来说更为有益的是经常去南昌阅书报社看书的经历。他早上9点过去，下午5点才出来，中午就靠自己带的大饼馒头充饥。如此三年，他学问大为精进，在17岁时就开始了教书生涯。

1904年，陆费逵在武昌横街开办了新学界书店，自任经理，出售《革命军》《警世钟》《猛回头》等革命书籍，并于1905年春参加革命党人的日知会组织，参与革命活动，任评议员，后加入同盟会。1905年秋，陆费逵辞去新学界书店经理，任汉口《楚报》主笔。同年底，因抨击时政及揭露粤汉铁路借款密约，《楚报》主笔张汉杰被捕，陆费逵遭到通缉，报社《楚报》遭湖广总督张之洞查封。陆费逵逃至上海，受聘为武汉昌明书店上海分店经理兼编辑。

1908年秋，陆费逵进入商务印书馆，任国文部编辑；次年春，升任出版部长兼《教育杂志》主编、讲义部主任。他在《教育杂志》上连续撰文，宣传教育救国论，主张国民教育、人才教育、职业教育三者并重。陆费逵教育思想新颖，富有创新精神，在上海轰动一时。1909年1月，他在《教育杂志》创刊号上发表《缩短在学年限》一文，主张减少课时，注重实利教育，这是中国主张新学制之始。同时，他还发表《普通教育应当采用俗体字》，这是历史上第一次公开提倡使用简体字。

陆费逵在商务印书馆工作三年多，积累了丰富的经办图书的经验，也积攒了一定的钱财。他认为商务印书馆在教科书上墨守成规，便与友人一起利用业余时

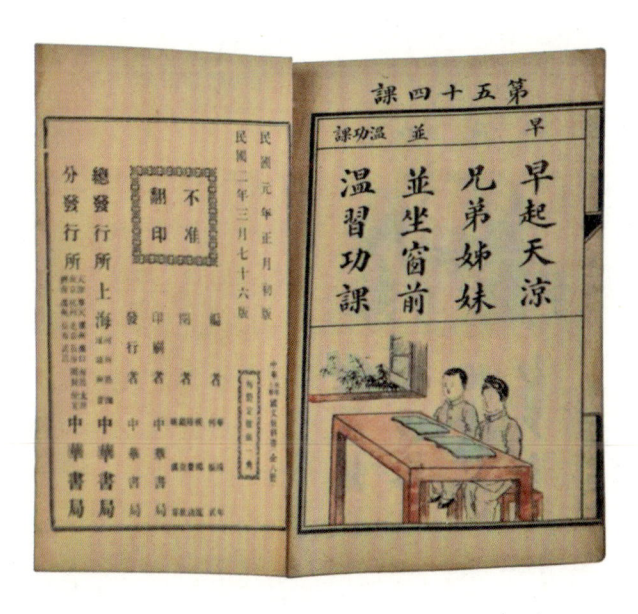

在陆费逵主持下，中华书局教科书伴随着中华书局的诞生问世

间编纂新式教科书,同时筹办新书局。1912年元旦,陆费逵和戴克敦、沈知方等人集资银圆2.5万元在上海创办中华书局,自任局长。陆费逵还起草发表《中华书局宣言书》,刊于《申报》上,阐明书局宗旨:"国立根本,在乎教育,教育根本,实在教科书;教育不革命,国基终无由巩固;教科书不革命,教育目的终不能达到也。"不久,陆费逵以"教科书革命"为口号,在1912年春季学期开学时,出版发行了民国历史上首套中小学教科书"中华教科书"。这套"中华教科书"完全颠覆了清政府时期的教科书模板,一经问世,便广受教育界欢迎,几个月时间内便已风靡全国,占领了当时中国教科书市场的主体份额,为中华书局的进一步发展奠定了基础。

中华书局初创时,资本弱,人员少,仅在福州路东首租下三间门面作为办公场所。1934年4月,陆费逵将中华书局改组为股份制有限公司,下设编辑、事务、营业和印刷四所,股本也增加到银圆100万元。1916年,又在静安寺路购置了一块40亩的地皮,建成了中华书局印刷总厂。1916年夏天,中华书局在福州路棋盘街中心的黄金地段投资建成一栋高5层、有100多间办公室的发行所大楼,同时陆费逵将股本增加到银圆160万元,规模进一步扩大。1917年,中华书局因为流动资金断裂,面临破产危险,后经常州资本家吴镜渊投资相助,才渡过难关。1919年,中华书局又改组为总经理负责制,总经理下设四大职能部门:总务处、编辑所、印刷所和发行所,陆费逵任总经理兼编辑所长。此后,中华书局在陆费逵的悉心经营下,走上了快速发展的道路。20世纪20年代后期开始,中华书局先后在全国各地共设立了40多个分局,员工人数更是由1916年的1 000余人增加到1937年的6 000多人,资本额也由1916年的银圆160万元增加到1937年的法币400多万元,其印刷业务一直稳居全国第二,彩色印刷业务更是跃

《辞海》的广告

居全国第一，发展实力达到了民国时期的顶峰。

在坚持以教科书为主的经营方针的同时，陆费逵还扩展图书业务，创办了各种类型的期刊，如他创刊的《教育杂志》是中国最早一批教育专业刊物，发表了许多教育改革和文字改革的文章，为中国教育事业的近代化作出了很大贡献。

陆费逵还将辞书和古籍也作为中华书局出版业务的重点，在他的主持下，先后出版了数学、理化和地名等多种专用辞典，更是在1936年出版了大型综合辞典《辞海》。陆费逵认为，以往的中国字典皆属陈旧之籍。1915年始，陆费逵主持编纂《辞海》，历时20多年的艰辛，于1936年出版发行。《辞海》的面世是中国出版史的一大创举，在收词范围、释文要求和编纂体例等方面都为后世辞书编纂提供了范式；该版也是《辞海》的开基立业之作，为以后各版的修订编纂奠定了基础。

《辞海》的诞生之处就在今普陀区澳门路477号的中华书局上海印刷厂。陆费逵一直十分重视印刷业务，在上海静安寺路、香港等处都建有印刷厂。1935年，陆费逵在沪西澳门路建造新厂，厂区占地面积7 814平方米，总建筑面积2.73万平方米，由泰利建筑有限公司设计、施工，为现代派风格建筑。当时在新厂特地辟出一个车间，专门作为排装《辞海》的工场。如今，该印刷厂旧址已改造成为"中华1912创意园"。

随着书局的日益发展，陆费逵声誉益增，成为全国出版界的巨擘。他被推选为上海书业同业公会主席，并任中华工业总联合会委员等职。全面抗战开始，他还连任国民参政会第一、二届参政员。1937年11月，日本侵略者在上海图谋杀害著名爱国人士，陆费逵获悉，即离开上海前往香港。他在香港主持中华书局香港分局工作多年，积极赶印书籍，供应抗战后方。1941年是艰难的抗战时期，7月9日，陆费逵突患脑溢血，病逝于香港中华书局，终年56岁。

可成法师（1889—1932年），法名大枭，俗姓王，江苏镇江人。民国六年（1917年）秋，任上海玉佛禅寺住持，成为该寺第四任方丈。可成法师在槟榔路（今安远路玉佛寺地址），募化得地基十余亩，集资建新寺，前后历十余年。民国十七年（1928年）建成"蔚为巨刹，甲于海上"的玉佛禅寺，为弘扬佛教禅宗提供健全的寺院，逐渐成为上海"四大丛林"之一。

可成法师

禅脉中兴　玉佛流馨

——海上名刹玉佛禅寺中兴者可成法师

可成法师，幼敏慧，清光绪二十七年（1901年）刚12岁时即瞒着家里，投乡间鹤林寺要求出家，父母极力劝回，他仍一再坚持，父母遂准其于本乡灵鹫寺披剃。光绪三十一年（1905年），他在句容宝华山受具足戒，此后努力诵读佛教经论，严守戒律仪规，勤于实践修行，民国元年（1912年）春，赴镇江金山江天寺参学，前后五年，历任寺内各种要职，后到南京香林寺受法，深得济南法师、弥修法师器重。民国六年（1917年）秋，玉佛寺宏法法师圆寂，在常州天宁寺冶开法师和济南法师推荐下，可成任上海玉佛寺住持，成为该寺第四任方丈。

玉佛寺因玉佛得名，因玉佛而建寺。清光绪八年（1882年），普陀山僧人慧根法师在当地华人的帮助下，从缅甸请回大小玉佛五尊，迎奉回国，路过上海。慧根本拟将佛像全部运回普陀山，但担心缺乏起重设备，佛像无法在普陀山上岸。上海知名实业家盛宣怀之父盛旭人、叔父盛朴人兄弟得知，提议把佛像留在上海，建茅蓬以供信徒瞻仰礼拜。这一提议得到管理淞沪铁路的庄录资助，玉佛遂供于张华滨八角亭。光绪二十六年（1900年），慧根法师复得庄录资助，在江湾建寺，供奉玉佛，即名玉佛寺。江湾的玉佛寺寺基三亩，殿堂房舍七十二间，颇为壮观，慧根是第一任住持。寺成未久，慧根法师逝世，由本照和尚继任住持。本照和尚曾到北京请得《乾隆版大藏经》一部，至此玉佛寺佛法僧三宝俱足，略具佛界丛林规模。

宣统三年（1911年），辛亥武昌起义爆发，未几上海响应，兴建不久的玉佛寺毁于战火，幸两尊玉佛无恙，被移置公园内保存。后本照和尚在上海麦根路赁屋为寺（一说是盛宣怀舍其别墅为寺），将玉佛迁入供奉，仍名玉佛寺。未久，本照和尚逝世，由宏法和尚继任。常州天宁寺冶开法师曾在玉佛寺内创立居士念佛会，手书偈语，悬壁开示，一时善信云集，法门称盛。

可成法师继任住持后，认为赁屋为寺总不是长久之计。出于弘法的需要，可成法师与冶开法师、济南法师商议，另辟新的寺址，乃在槟榔路（今安远路玉佛禅寺地址）募化得地基十余亩（一说为盛宣怀所捐助），继而多方募捐，集资重

刚搬至新址的玉佛寺

文化才俊篇

建新寺。建寺工程于民国七年（1918年）开始，边募边建。可成法师砥柱狂澜，呕心沥血，躬营奋筑，前后共花约10年时间，终于在民国十七年（1928年）建成新寺。十年间，可成法师"募财雇工，绘图鸠役，凡单椽片瓦，罔不心筹目邃"，极为敬业，最终将玉佛禅寺建成"丹艧觚绫，崇闳壮丽，蔚为巨刹，甲于海上"。

可成法师在新建成的玉佛寺的照片上慷慨写道："玉佛寺由江湾迁沪，赁麦根路房为中院，于壬戌年（1922年）在戈登路槟榔路口兴工建筑，越六载余，至戊辰年（1928年）始告竣，摄影以纪念。"因寺院贡奉玉佛，可成法师继承禅宗临济宗，为临济法系第四十六世，修习禅法，这一新建的寺院就改称为"玉佛禅寺"。其时，可成还兼主南京香林寺和杭州护国寺。

可成法师兴建新寺，尽心力，被誉为玉佛禅寺的中兴者。

玉佛寺依照镇江金山寺规模，仿宋建筑。其主体有三进：第一进为天王殿，供四大天王、慈氏弥勒菩萨和韦陀尊者；第二进为大雄宝殿，供三尊金身大佛、诸天及海南观音像；第三进是玉佛楼，楼上供高190厘米玉佛坐像，系以整块缅甸白玉雕刻而成，玉色晶莹洁净，造形美观，栩栩如生。其头部和身上以金带装饰，金带上镶着各色宝石、玛瑙、翡翠等，光彩耀目。两侧靠壁是藏经橱，藏着本照和尚由北京请来的《乾隆版大藏经》。寺内两庑的建筑，东西配建有卧佛堂、弥陀堂、观音堂、禅堂、功德堂及僧寮等，全寺殿堂楼宇共二百余间，具备十方丛林规模。

玉佛禅寺建成是该寺中兴的重要标志。在可成住持期间，早晚领众上殿，禅堂平时坐香，仪规严肃；举行禅七、参话头、讲开示，法缘盛极一时。其间，可成法师曾请四明山观宗寺的谛闲老法师到玉佛寺讲经说法，善信听讲者云集。玉佛禅寺正式成为传承和发扬禅宗思想的道场，不但得到许多居士信众的赞助，而且还得到中外官吏的宏护，使寺院得以援引西方教会的成例，免除地警等捐税。

除寺内的佛事外，可成法师还积极参与上海市的佛教活动，如参与中国佛教会、上海佛教会的筹组成立。民国十六年（1927年）以后，国民革命军北伐期间，各地兴起寺产兴学之风，寺院受扰者不胜枚举，危及佛教生存。上海佛教僧侣圆瑛、太虚、兴慈、可成，及名流居士王一亭、狄楚青、谢铸陈等，联合江浙佛教缁素，于民国十八年（1929年）4月12日在上海觉园举行中国佛教会成立大会，可成法师被选为执行委员。6月在静安寺成立上海佛教会，可成法师被选为常委。玉佛禅寺声誉鹊起，逐渐成为上海"四大丛林"之一。

民国二十一年（1932年）6月，可成法师因病辞世。僧侣信徒们敬称其为"佛门之龙象，比丘中之善知识"，给予了很高的评价。

可成法师的继任者震华法师、苇舫法师、真禅法师等住持都致力于弘扬佛教文化、振兴玉佛禅寺。1945年，玉佛禅寺举行盛大公祭活动，纪念昆明一二·一惨案殉难烈士，主祭团由宋庆龄、柳亚子、马叙伦、郑振铎、许广平、沙千里、金仲华七位名人组成，公祭后举行游行，社会影响甚大。

新中国成立后，上海市人民政府拨款修缮玉佛禅寺。玉佛禅寺修缮一新后越发兴盛，举办了"祝愿世界和平法会"等知名活动，还接待过第十世班禅、七国僧侣代表团等国际友人。1963年1月8日，周恩来总理陪同锡兰（今斯里兰卡）总理班达拉奈克夫人来玉佛寺，为其丈夫、已故总理班达拉奈克诞辰64周年纪念，延僧64人诵经超荐。

从光绪年间的一座茅蓬到现在的沪上名刹，玉佛禅寺走过了百余年的风雨历程。1983年4月，玉佛禅寺由国务院批准为汉族地区佛教重点寺院；1994年3月18日，玉佛禅寺由上海市人民政府公布为市级建筑保护单位。

玉佛禅寺现貌

许德珩（1890—1990年），字楚生，又作楚僧，江西九江人。1919年在北大读书时为五四运动学生领袖之一，1920年初赴法勤工俭学，1927年归国任中山大学教授、黄埔军校政治教官等职。大革命失败后，他先后任暨南大学、北京大学和北平大学教授，并从事马克思主义著作的翻译工作。九一八事变后，他投身抗日救亡运动。抗战胜利后，他创建"九三学社"，并任北京大学教授。新中国成立后，他历任政务院法制委员会副主任委员、水产部部长，第四、五届全国政协副主席，第四、五、六届全国人大常委会副委员长，第一至七届九三学社中央主席，第八届中央名誉主席，著译有《社会学讲座》《哲学的贫困》等。

许德珩

肝胆炽情　永载暨南

——九三学社创始人、暨南大学教授许德珩

我国著名的社会活动家许德珩，一生经历了新旧两个社会、三个时代的沧桑巨变，深感没有共产党就没有新中国。大革命时期，许德珩就曾经要求加入共产党，因时局变化未能如愿。1932年底，许德珩又提出入党申请。党组织鉴于他在社会上的影响力，认为他留在党外为党做工作比入党好。耄耋之年，他再度申

苏河星灿——普陀区历代志士贤达撷英

请，在全国政协主席邓颖超和全国人大常委会副委员长乌兰夫的介绍下，许德珩终于在89岁实现夙愿，光荣加入中国共产党。1979年4月8日，中共中央统战部正式举行他的入党仪式。"国事萦怀心志随，年将九十我知非。满树梨花春欲晚，逐群孤雁向前飞。""豪杰捐躯志已酬，史册光辉旧辈流。越过人间六十载，誓将白首再从头。"（"六十载"指五四以来60年）许德珩赋诗两首，抒发了喜悦与壮志。他在自己的回忆录最后写道："我能在垂暮之年，由一个爱国的民主主义者转变为共产主义者，感到无限光荣。我要永远为党工作，为共产主义事业奋斗终生，死而后已。"

许德珩出生于饱经忧患、灾难深重的清朝末年。从青少年起，许德珩就立志匡扶社稷，加入了中国同盟会，参加辛亥革命和讨袁运动，踏上了反抗黑暗的征程。在北大读书时，许德珩结识了李大钊、陈独秀等人，在他们的影响下积极投身五四新文化运动，组织了"学生救国会"，出版《国民》杂志。他还和邓中夏等人发起成立北京大学平民教育讲演团，走上街头，向工人农民宣讲革命道理。许德珩是五四运动著名的学生领袖之一，曾起草《五四宣言》。游行当天，他因领头游行被北洋军阀政府逮捕。许德珩在狱中作诗云："痛殴卖国贼，火烧赵家楼。锄奸不惜死，爱国亦千秋。"展现了崇高的民族气节。

1920年，许德珩赴法国勤工俭学，1927年回国后立即投身如火如荼的大革命浪潮，先后任中山大学教授、黄埔军校第五期政治教官、武汉中央政治学校政

真如时期的暨南大学

治教官、国民革命军总政治部秘书长兼代主任。

大革命失败后,许德珩离粤赴沪,接受陈中凡院长的聘请,来到当时位于真如的暨南大学,担任历史社会学系主任。许德珩在自传中写到:"1929年底,我的北大同学陈中凡在上海暨南大学任文学院院长,他劝我出来教书,以免生活动荡不定。他约我作暨大历史社会系主任。我提出三个条件:一、聘李达、邓初民、马哲民等为教授;二、我虽担任系主任,但不出席学校的会议;三、社会科学院的全部学生,暨南大学一律接受为正式学生。陈中凡对这三项条件全部应允,于是我遂来暨大任教。我在暨大教了一年半的书;讲的是唯物辩证法和历史唯物论,学生非常欢迎,但蒋政权的教育部高教司长孙某告我在暨大宣传共产主义,暨大当局无可奈何,只好将我解聘。"

值得指出的是,许德珩在暨南大学课余时间的这些译著,在当时马克思主义传播的潮流中占有十分重要的地位。如布哈林的《唯物史观社会学》,解放前中译本有四五种之多,而以许德珩(楚生)的译本为其中最早,也是业界公认最好的译本,至1932年再版达7次(1929年12月北平东亚书局首版),流传之广可见一斑。许德珩的翻译使布哈林的著作为许多马克思主义学者所接受并加以传播。再以马克思的《哲学的贫困——答蒲鲁东先生的〈贫困的哲学〉》一书为例。该书在马克思主义发展史上具有里程碑意义,是马克思和恩格斯"有决定意义的论点"的第一次公开阐发。而许德珩翻译的《哲学之贫乏》是当时国人所能读到的最为完善的译本(1932年北平东亚书局出版)。

九一八事变后,许德珩投身抗日救亡运动,被捕入狱,后由宋庆龄等人营救出狱。1935年,许德珩根据共产党地下组织的要求,积极支持、推动学生发起一二·九运动。抗战期间,许德珩以社会知名人士身份担任历届国民参政会参政员,利用这一合法讲坛,与汪精卫等投降派、国民党反动派进行了不懈的斗争。

许德珩(楚生)翻译的《唯物史观社会学》

1944年，许德珩在重庆发起成立"民主科学座谈会"，主张团结民主，抗战到底，发扬五四反帝反封建的精神，为实现人民民主与发展人民科学而奋斗。1945年9月3日，他主持将民主科学座谈会改为"九三座谈会"。在毛泽东的关怀鼓励下，1946年5月4日，许德珩等人把民主科学座谈会改建为九三学社，许德珩被推选为理事，主持社务活动。从此，九三学社作为一支重要的政治力量，汇入了中国共产党领导的新民主主义革命洪流中。

1949年1月，由许德珩起草，九三学社在北平《新民报》发表《拥护中共"五一"号召暨毛泽东八项主张的宣言》。同年9月，许德珩出席第一届全国政协全体会议。新中国成立后，他任政务院法制委员会副主任委员，水产部部长，第四、五届全国政协副主席，第四、五、六届全国人大常委会副委员长，第一至七届九三学社中央主席，第八届中央名誉主席。

许德珩的译著堪称当时马克思主义传播中的力作，马克思主义社会学也因此越来越受到当时中国社会的欢迎，它同当时史学界、经济学界、哲学界、文艺界兴起的马克思主义潮流一起，汇合成一股强大的力量，影响了一代进步青年，推动他们积极地投身于汹涌澎湃的革命大潮，投身于中华民族的解放事业。

许德珩与共产党人历来有很深的交往。毛泽东在重庆谈判的间隙，曾宴请许德珩夫妇。毛泽东谈起他初到延安时曾获得北平进步文化教育界朋友送来的十分珍贵的布鞋、怀表与火腿等物品。说到此处，许德珩道："不知毛先生是否了解，这些东西是谁送的？"并指着夫人劳君展："都是她的功劳哟！"

那是1936年深秋的一天，中共地下工作者徐冰、张晓梅造访许德珩夫妇，其间谈及延安物资供应十分困难，吃的用的十分匮乏，没有布鞋，只得穿草鞋，领导人连只怀表都没有。许德珩夫妇当即决定用自己积蓄的300元钱，由张晓梅陪同劳君展到东安市场买了12块怀表、30多双布鞋，包装妥后交给徐冰夫妇带去延安。记得当时张晓梅还问要不要打个收条，许德珩夫妇连声说："不要，不要！"许德珩道出九年前这桩往事，毛泽东深受感动，随即风趣地对作陪的周恩来说："现在补张收条吧！"顿时，席间一阵欢笑。

1983年，中共中央文献研究室在档案馆找到了毛泽东于1936年11月2日亲笔写的感谢信，原文如下："衷心感谢，不胜荣幸。我们与你们之间，精神上完全是一致的，为驱逐日本帝国主义而奋斗，为中华民主共和国而奋斗，这是全国人民的旗帜，也是我们与你们共同的旗帜。"

郑逸梅（1895—1992年），祖籍安徽歙县，生于上海，本姓鞠，幼年失怙，依靠外祖父生活，改姓郑，因喜爱梅花，取笔名"逸梅"，早在辛亥革命初期即以文章闻名于世。他毕生从事教育工作，曾先后在14所中学、4所大学任教，尤其是长期在普陀区晋元中学任教，担任副校长，直至退休。他豁达开朗，幽默风趣，朋友遍天下；他驰骋文坛八十载，著作等身，其著述广摭博采，蔚为大观；他是"纸帐铜瓶室"的斋主，是20世纪40年代上海滩名噪一时的报刊"补白大王"。

郑逸梅

人淡如菊　品逸于梅
——中国当代著名文史掌故作家郑逸梅

郑逸梅，20世纪40年代上海滩名噪一时的报刊"补白大王"，他是跨越晚清、民国、新中国三个时代的世纪老人，是中国当代著名的文史掌故作家。

郑逸梅从小喜欢上国文课，尤其擅长写作，他的作文在班里经常荣获第一，这也为他后来的写作打下了基础。中学时代的郑逸梅对阅读如饥似渴。胡石予先生画梅花闻名遐迩，曾为郑逸梅画了两枝墨梅；袁希洛校长对这个嗜书如命的学生非常赏识，知道他爱梅，特地给他题了一个"纸帐铜瓶室"的斋名。有了胡先生的梅画和袁校长的题匾，郑逸梅俨然成了"纸帐铜瓶室"的斋主。

从草桥学舍毕业后，郑逸梅曾入江南高等学堂求学，但令他终生难忘的依然是草桥学舍，因为他的写作生涯就是从那里开始的。当时《申报》创办《自由谈》，《新闻报》开办《快活林》，《时报》创办《小时报》，郑逸梅别具一格的小品短文很快引起各大报刊的注意。从中学开始，他始终是这三大报刊的特约撰稿人，与那些出版巨头、写作名家交情极深。郑逸梅是真正的"八卦大师"，为报纸副刊写了一辈子的随笔、趣闻，字数超过1 000万。

由于博闻强记，勤于笔耕，郑逸梅的文章一向内容广泛，文史掌故、

早年郑逸梅

艺界逸闻、名人逸事、民国旧闻、时事新闻、文物古董等无所不包，而且文字生动形象，能随时为各报刊救急。从几十字到几百上千字，郑逸梅信手拈来，倚马立就。许多报刊临时缺稿、换稿，首先想到的就是郑逸梅。他则有求必应，不负众望，行之有效地解了各家燃眉之急，上海滩报界很快出现了"无白不郑补"的流行语。

虽然是"补白"短文，虽然内容繁杂，但是郑逸梅从不敷衍。他对"补白"有着自己的标准与追求。他写文章往往很短，多则数百上千言，少则十几字。写人物，他不写其全人，而只描画其举手投足、一颦一笑，使人从中感悟人物的鲜明特点；记事件，他不写来龙去脉，只择其涉笔成趣的部分加以渲染；抒情怀，他不作长篇抒情文稿，而只是以格言点缀其间，三言两语，含蓄浓缩。这样的文章，与那些鸿篇巨制不同，它小巧、玲珑，镶嵌于其他长文的尾末，补了版面的"白"。久而久之，人们就将郑逸梅的文章称为"补白体"，"郑补白"的名字就不胫而走了。

郑逸梅的小品文之所以能在上海滩产生深远的影响，与他的文章和署名在短时间内的曝光率有很大关系。人们打开报刊，"郑逸梅"三字几乎随处可见。有

时，一份报纸、一份杂志上会连续出现好几个"郑逸梅"，这样，大家对郑逸梅就耳熟能详了，而且每每将"郑逸梅"与补白画上了等号。随着补白越来越多，郑逸梅"补白大王"的雅号也就慢慢传开了。

一般人会很自然地把郑逸梅划入职业报人或作家的行列，其实他真正的职业是教师。郑逸梅曾诙谐地说："在我的一生中，值得我记述的，一是写作，二是教书。我是个作家，同时，我还是个教书先生，从这个意义说，我是'两栖'的。写作和教书都是我的'正业'。我没有一天离开过写作，也没有一天离开过教书。"

郑逸梅酷爱读书，认为大凡读书有两种方法，即"里打进"式和"外打进"式，他属于后一种。他说："前人看重基本功，所以家长和老师相互督促弟子们阅读经典著作，诵千古名篇，务使含英咀华。在这时期，不容许阅读所谓'闲书'，以免分散注意力，直至文理通达，才能涉猎稗史小说，有所遣兴。这种读书属于'里打进'。而'外打进'式读书法，则由浅入深、循序渐进，先从饶有趣味性的稗史小说和时代气息很浓厚的散文开始，然后读清文及晚明小品、更上溯元曲、宋词、唐诗、汉文章，及《左传》《离骚》《诗经》《尚书》也得钻研一番。"

郑逸梅的文史掌故和各种补白小品文，堪称一部富有参考价值的文化史料。

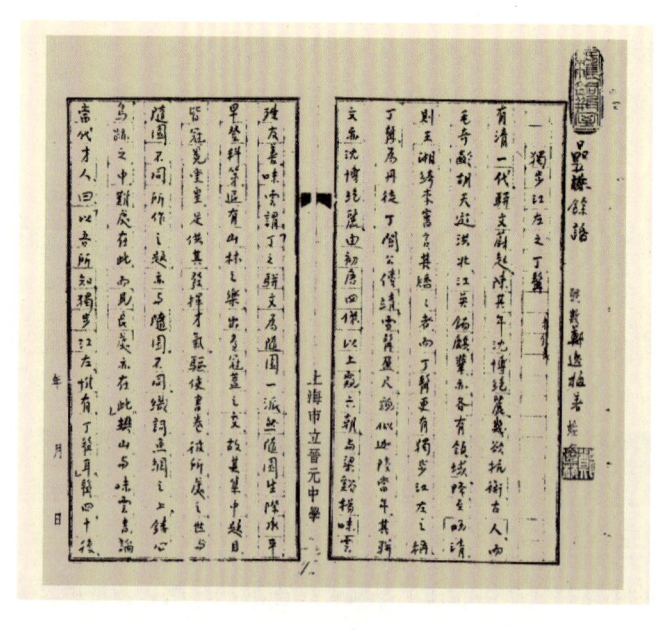

郑逸梅手稿档案

他擅长古典文学,被誉为"活字典"。他的古文教学深入浅出,引经据典,文史掌故得心应手,极能激发学生学习古典文学的兴趣。他指导学生写作独具特色,常常亲自"下水",如撰写《登黄山》游记作为范文供学生赏读。他的作文命题贴近学生生活,既有针对性,又形式多样,大大提高了学生的写作热情。曾有学生问他:"作文究竟长的好,还是短的好?"他回答:"长的文章,读了不觉得长,短的文章,读了不觉得短,都是好文章。总之,长的须层次清,短的须曲折多,这是一个规律。"令学生受益匪浅。

1966年,郑逸梅从陕北中学(今晋元中学)退休。他不仅是位好老师,更是当代写作时间最长的文史掌故作家,耕耘文坛80个春秋,在国内出版著作43种,海外翻印、摘印郑的著作有8种。

从1982年至1992年十年间,即郑逸梅88岁至98岁期间,是他写作出版的一个鼎盛时期。从54万言纪念辛亥革命七十周年的《南社丛谈》始,到1991年5月出版200万言的《郑逸梅选集》,以及1992年1月上海文汇出版社出版的《我与文史掌故》,共有27本专著,1 000多万文字,还不包括为报纸杂志撰文。如此高龄,有这样的创作业绩,在文坛实属罕见。

耄耋之年的郑逸梅仍笔耕不辍,曾获全国首届"老有所为"精英奖。他早年作品多用文言,简练含蓄,饶有风致;晚年炉火纯青之作,则白话与文言相间,笔墨卷舒之中,人情练达之处,皆能融合知识性与趣味性,广摭博采,蔚为大观,成为了解近现代文艺界情形的宝贵资料。他还应约给港澳及海外报刊写作大量文史掌故,举凡近代历史人物和史实,无不应答如流,被港澳媒体称为"电脑"。

中华书局出版了郑逸梅《艺林散叶》《艺林散叶续编》《书报话旧》《文苑花絮》等著作。前两本书以笔记文体琐记近现代文史掌故,内容短小精悍,叙述亲切生动,兼具史料性和趣味性;《书报话旧》以通俗平实的文字琐谈清末民国出版界、报界旧闻逸事,勾勒出了一部富有参考价值的文化史料,有很强的可读性。

在上海文史研究馆为他举办"纪念郑逸梅先生诞辰125周年文献艺术展"时,好友南社诗人高吹万老先生赠送他一副对联:"人淡如菊,品逸于梅","菊"字与他的姓"鞠"字谐音,下联则嵌入他的笔名。用这副对联来概括郑逸梅的一生,最恰当不过了。

郑逸梅胸襟旷达、淡泊名利,不巴结钻营、钻谋求托,知足常乐、自得其乐，是一位霭然长者。在百年的沧桑生涯中，他致力于笔耕的就有80余年，堪称20世纪文坛写作史最长的一位。他的作品中，或为师立传，或为友记事，或为文史补阙，或为冤屈者鸣不平，以忆往怀旧的笔调描述清末民初的轶事，是一代掌故大师，是名副其实的"补白大王"，是清末民初的历史见证人。

周子美(1896—1998年),浙江南浔人,华东师范大学古籍研究所教授,我国著名版本目录学家,南社社员,中华全国图书馆协会第一届会员,湖州市及南浔镇方志办顾问,江苏南社研究会顾问。周子美长期生活在普陀,执教于华东师范大学,一生教书育人,桃李满天下,辛勤耕耘,撰有著作20余种,编辑校印书籍70余种,为弘扬祖国优秀传统文化作出了重大贡献。

周子美

博学多闻　著作等身
——古籍研究专家、103岁教授周子美

浙江湖州的南浔镇,地处江浙两省交界处,明清时期为江南蚕丝和湖笔的名镇。清末以来,南浔镇名满神州,是一个人文资源充足、中西建筑合璧的江南水乡。清光绪二十二年正月十八日(1896年3月1日),周子美出生于南浔镇的书香门第。他从小受到良好的教育,6岁始学,熟读经书,旁涉史籍、诗词、书画、佛经,写得一手好文章,是方圆百里内妇孺皆知的"江南才子"。

周子美的中学生活在南浔度过,其间在恩师蒋文勋先生的悉心指导下,将二十四史全部圈点了一遍,从而打下了扎实的旧学基础。1911年春,他考入私立浙江法政学校政治经济科,校中名师余绍宋先生精通法律、方志,学贯中西,成果斐然,对周子美影响甚大。1913年冬毕业回乡,先后任小学、中学教员。1917年,经沈志儒和郑之藩介绍,周子美加入了柳亚子等创办的南社。

1924年，受南浔四大富豪之一的同乡刘承干之邀，周子美任嘉业堂藏书楼编目部主任，长达8年之久。其间，他将60万卷古籍全部翻阅一遍，编成《嘉业堂藏书目录》《嘉业堂明刊善本书目》《嘉业堂抄校本目录》等十几种书目，成就显著，遂成大家。1924年，他因学术名声鹊起，被吸收为中华图书馆协会第一届会员。1932年，他发表《慈云楼藏书志考》，行家们均给予高度评价。周子美成为我国著名的版本目录学家，主要是得益于嘉业堂藏书楼的工作实践。

1932年秋，周子美任教于沪上圣约翰大学（今华东政法大学前身），兼任震旦大学文学院、中法国立工学院教授，直至1942年辍业；1944年，复任教于圣约翰大学，受业者有著名人士荣毅仁、贝聿铭、丁光训、孔令侃、蒋维康、瞿希贤等。他先后撰写了《庄氏史案考》《周子美游记》《洛阳伽蓝记注》《施北研年谱》《翰墨因缘》《南浔镇志稿》共6部著作；编辑校印了《南林丛刊》初集5种及次集7种、《万洁斋丛刊》7种、《邀园丛书》26种、《颦隐庐丛书》21种、《浔溪词征》《蓬山两寓贤诗抄》《永乐大典本金刚经》《聊斋志异拾遗》《礼耕堂诗集》《花矶随笔》等72种。

1952年，周子美先后在华东师范大学中文系、教育系任教；1954年撰写《中国教育史纲要》；1957年为扬州女词人丁宁校印所著《还轩词存》并作跋；1958年，他编辑罗振常《善本书所见录》；1961年，参与孟宪承校长主编的《中国古代教育史资料》，此书为部颁参考资料，沿用至今。继而，他调入校图书馆任参考阅览部主任，编纂《华东师范大学目录之目录》《华东师范大学善本目录》《华东师大馆藏参考工具书目录》《华东师大图书馆藏金石碑拓分类目录》；1971年调入廿四史标点组（古籍研究所前身），参加《新唐书》《文献通考·经籍考》《新五代史》的点校工作。

1978年恢复高考后，古籍研究所是第一批招收硕士生的单位。应教学之急需，周子美夜以继日地编写出《文献学要略》（在圣约翰大学时与王欣夫共同撰成草稿）一书，引起学界注意。1981年，他将珍藏多年的南社著名女诗人、女词人徐自华撰《听竹楼诗稿》（抄本）献出，1990年，中华书局出版《徐自华诗文集》。1982年，他将《南浔镇志》手稿四卷捐赠给华东师范大学图书馆。这部花了他二十几年功夫撰写完成的地方史志对普遍开展地方史志的调研和撰写具有很大的参考价值。1986年，《嘉业堂抄校本目录》和《天一阁藏书经见录》的出版完成了他的宿愿。1987年，他将珍藏50年的颦隐庐石印本《洹洛访古游记》（罗振常撰）献出，由河南人民出版社出版，使这一行将泯灭的珍贵文献重新流传。同年，他将继配罗氏夫人所刻之印编为《初日楼印谱》一卷，以资纪念。

1987年，周子美退休以后仍发挥余热，先后任湖州市方志办、南浔镇志办、江苏省南社研究会顾问。他在家中接待来自澳门图书馆、日本《五四老人访谈录》采访组、国际南社学会、徐州师院等国内外友人，力所能及地介绍当年南社的情况，为发扬祖国优秀文化遗产继续作出奉献。1990年，他为《南社三刘遗集》作序，1993年，此书由华东师范大学出版社转请中华印刷厂印刷出版。

《嘉业堂钞校本目录》

周子美健康长寿，且生活质量颇高，其道有三。

一是运动健身。他酷爱旅游，曾邀友共登泰山、黄山，平时坚持步行上下班和散步，每天走路超过1小时，古稀之年还参加华东师范大学运动会的步行比赛，获老年组冠军，年逾百岁时仍能轻捷地上楼、下楼，外出散步不必别人搀扶，也不拄拐杖。

二是寡欲清心。他不吸烟，不喝酒，不下馆子，吃得最多的菜是瘦肉蒸鸡蛋、蛋饺、粉丝汤、咸菜炒肉丝、熏鱼。每餐二两主食，从不过饱，但水果则四季不断，90岁以后开始喝鲜牛奶。他最大的爱好是看书读报，由于高度近视，平时极少看电视。每天早睡早起，午休很有规律，从不更改。

三是淡泊名利。台湾某书店出版了他的著作《庄氏史案考》，有人发现后劝他写信去索要稿费，他说："无此必要，这是学术交流。"

周子美在普陀区这片热土上辛勤耕耘了66载，呕心沥血、鞠躬尽瘁，终于功成名就，成为我国古籍研究的一代宗师，这是普陀的骄傲。他长期居住在普陀区长风新村街道，1987年退休后积极参加社区各项公益活动。1998年特大洪水肆虐，他人在病床，心系灾区，于9月1日慷慨解囊，捐款献爱心，并衷心祝愿灾区孩子早日恢复上学。10月27日，因病逝世，享年103岁。

邰爽秋（1897—1976年），字石农，江苏东台人，中国民主同盟盟员，中国近现代教育家，中国民生教育的主要代表。他先后任职于南京中学及中央大学、暨南大学、大夏大学等高校，20世纪三四十年代在上海、重庆等地农村开展民生本位教育实验达十余年之久，为我国现代教育理论的构建作出重要贡献。邰爽秋最早提出设立教师节，最早以电化教育方式来讲授"民生本位教育"课程，其《教育经费问题》代表了民国时期中国教育经济学研究的最高水平。

邰爽秋

民生教育　中华先驱

——沪西民生教育实验区创始人邰爽秋

　　邰爽秋出身于清贫的书香门第，曾就读于江苏省立第五师范学堂，1923年毕业于南京高等师范学校（今东南大学），同年赴美留学，1924年获芝加哥大学教育硕士学位，1927年获哥伦比亚大学教育博士学位。

　　1928年，邰爽秋回国，被任命为省立南京中学校长兼中央大学教授。当时，江苏省中小学缺乏校舍，邰爽秋第一个提出"废庙兴学"的主张，付诸实践后，江苏的基础教育情况大有改善。邰爽秋在1928年写了《庙产兴学运动——一个教育经费政策的建议》一文，次年又编著《庙产兴学问题》一书，阐发自己的观点。邰爽秋认为，发动庙产兴学运动的目的是"划拨过剩庙产，创办教育"。

1929年，邰爽秋在南京召开的全国教育会议上大胆倡议"庙产兴学运动"，提出"解放俗众，划拨庙产，创办教育"，赢得与会者赞同，但遭太虚、圆瑛等佛教界领袖的强烈反对。这些佛教领袖爱国爱教，德高望重，在江苏、上海等地有广泛的影响，深受广大市民和佛教徒的拥护爱戴。运动未果，1930年，邰爽秋离开南京，经香港辗转赴上海，就任大夏大学教育学院院长。

邰爽秋在大夏大学任教期间，主要课程有"教育行政""教育调查""教育行政概论"，同时也开始民生教育理论的研究和实践。同年，邰爽秋自费到河南等地的农村深入调查研究，目睹了农村和城镇经济的衰败，农民生活的贫困落后，提出以救国救民为宗旨的"民生本位教育"主张，即"以发展人民生计的经济活动为骨干，来改造民众的生活——从而达到民族复兴的教育"。同时，他认为发展民众教育必须提高教师的政治地位、社会地位以及生活水平。

1931年6月，他与教育家程其保等人共同倡议6月6日为教师节。6日当天，邰爽秋等人在中央大学举行第一次庆祝集会，发表"改善教师待遇，保障教师工作和增进教师修养"的宣言，议定6月6日为教师节。南京、上海260余名教育界同行参加，盛况一时。1932年5月，该倡议由南京市教育局局长递交教育部，要求规定6月6日休业一天，遭拒绝，但允许教师自行组织纪念活动。以后数年，南京、上海、杭州、南昌、重庆、广州、香港等地都举行教师节集会。活动当天，各学校都放假或停课半天或一天，报纸发行纪念特刊，有的书局还实施教师购书优待。1951年5月1日的《人民日报》曾经评论，"六六"教师节是国民党统治时期教师自己争取订定的节日。

邰爽秋为实现西方教育的本土化进行了艰苦的探索。他主张"救国先救穷，教民先教富"，创立独具风格的"民生教育理论"。1933年，邰爽秋在大夏大学附近的真如镇金家巷成立中国民生建设实验学院，发起"提倡土货，抵制洋货倾销，发展国民经济"的"土布运动"，因发生于民国二十二年（1933年），故又称"念二运动"（"念二"是"廿二"的沪语）。邰爽秋带头穿土布衣裤，农民们亲切地称他为"布衣博士"。从那时起，他土布衣服一穿就是17年，直至1950年共产党安排他去华北大学学习，才改穿校方发的干部服。

在"念二运动"中，为了便于普及民众知识和生产技能，邰爽秋发明了一种普及教育车。车内载有各种实用书籍，既是流动书库，又是流动讲坛，以一人推挽、装置及讲说之劳，使街头巷尾的民众均有接受常识之机会。这种教育与民众生活相联系的方法受到民众极大欢迎。蔡元培听闻后大加赞赏,还专门写文章予以介绍。当时政府发布通令,要求各地积极采用普及教育车,于是各地争相购买。美国纽约大学教育学院梅戈登教授专程来华考察民生教育活动,并将此拍成电影回国,还著文《普及教育车和中国新教育》,刊登于美国《生活》杂志,文中盛赞民生教育与中国人民社会生活紧密联系,称邰爽秋是中国的"甘地"。

1933年冬,邰爽秋创设上海梵皇渡普及教育实验区。1934年春,他与大夏大学副校长欧元怀、前社会教育系主任马宗荣等人会商,在大夏大学附近创设大夏民众教育实验区。

1935年11月22日,中国民生教育学会在大夏大学召开筹备会,邰爽秋被选为筹备主任。之后,在上海梵皇渡普及教育实验区和大夏大学民众教育实验区的基础上,合并组建沪西民生教育实验区,继续由邰爽秋主持指导。此三个实验区均以实验民生教育为宗旨,沪西民生教育实验区的经费主要由上海市社会局与大夏大学资助,不敷之处则由邰爽秋创办的教育编译馆发行书刊、出售普及教育车之所得予以补贴。

该会成立后,工作重点放在实验与研究两个方面,大力推行民生教育,并

中国民生教育学会成立大会

创办了《民生教育》月刊和《教育与民生》周刊，开展对民生教育的实验与理论研究。同时，为发展民生本位教育，邰爽秋还在上海创办了教育编译馆和教育织造厂，所得皆用于补助各类实验教育事业和维持中国民生教育学会的开支。

1937年全面抗战爆发后，时任教育学院院长的邰爽秋随大夏大学内迁庐山。1938年，又将实验区迁至重庆，同时在巴县创办中国民生建设学院，附设化工、印刷、藤工、织布等工厂，收养和教育难民、难童，倡导民生教育。大夏大学转迁贵阳后，邰爽秋在教书之余，继续进行民生教育理论的研究与实践。大夏大学在贵阳创办花溪农村改造区，"期对区内民众教育生活，作切实之改进，以增进抗战建国之力量"。

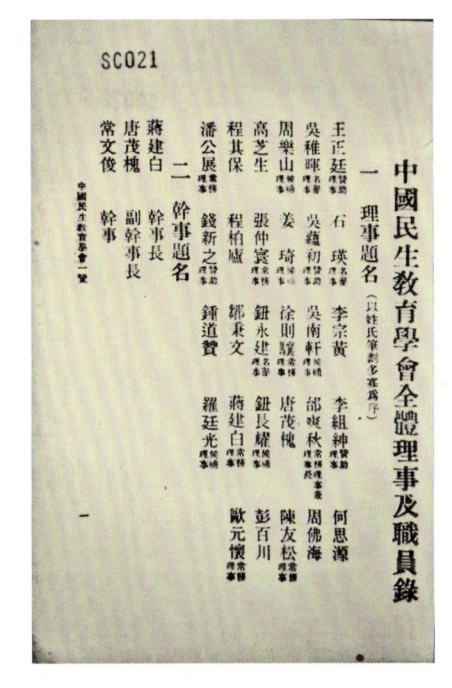

中国民生教育学会理事名单

抗战期间，邰爽秋主张土货抗战，认为提倡土货可以维持抗战资源，抵制经济封锁，进而增加后方生产，安定国计民生。以邰爽秋为理事长的中国民生教育学会还编制了《青年从军歌》，鼓励青年保卫山河、保卫家乡、誓扫倭奴不顾身。

抗战胜利后，邰爽秋回到上海，决定个人办一所平民教育性质的大学，取名"大众大学"，校址在他租借的上海多伦路1号一栋小洋楼里。邰爽秋在《自学运动》的小册子中宣传，学生可以不脱离职业，无须来校上课，只需自修完成必要课程，考试合格即颁发毕业证书。课程中有很多是民生实用技术和谋生求职的内容，体现了他的"民生教育"思想。1948年底，邰爽秋写出《发起创办大众大学暨大众中学告社会人士及青年大众书》，进一步阐述了他注重实际的办学思想。

邰爽秋还通过电化教育的方式，进行"民生教育"。大夏大学是中国最早开设电化教育课程的大学。当时，电化教育刚刚传入我国，政府和教育界呼吁尝试电化教育。邰爽秋、马宗荣、陈友松等人随即对电化教育展开理论研究，结合中国实际来进行电化教育的本土化探索。1935年，邰爽秋提出"教育学院今后需要确定目标,就目前中国社会需要,注重培养切合实用之人才",将电化教育作为社会教育的有力推进手段,注重电化教育的社会服务。次年11月20日,他率先在大夏大学教育播音第一期第一课开讲学术讲座"民生本位教育"。大夏大学1936年和1937年两期的教育播音均取得良好成效,甚得沪上社会人士的好评,也收获了宝贵的经验。

1947年,中国教育学会理监事会在苏州开会,邰爽秋在实践的基础上提出改革传统的教学方法,并建议"于各大都市普设广播站,并于国内各城市、乡镇设收音站,按时广播、转播"。当今广播电视教育、自学考试等教育模式可证其远见卓识。

新中国成立前夕,邰爽秋举家迁往北京。新中国成立后,他历任辅仁大学、北京师范大学教授,1976年在北京逝世,终年79岁。

邰爽秋的民生教育重视实验和研究一体化,重视教育的经济功能开发和后备人才的培养,重视教育与社会的紧密联系,强调教材的实用化通俗化。这些做法符合当时中国社会的经济文化和教育发展的实际状况,适应了广大农村劳苦大众的迫切需要,对今日各类教育的改革发展仍然具有重要的借鉴意义和理论参考价值。

邰爽秋在教育经济学发展史上贡献卓著,其《教育经费问题》和陈友松的《中国教育财政改造》代表了民国时期中国教育经济学研究的最高水平。邰爽秋的代表作有《民生教育》《教育经费问题》《教师节与教师幸福问题》《地方教育行政之理论与实际》《普及教育问题》《教育行政测量法》(英文)等。

郑振铎（1898—1958年），字西谛，笔名郭源新、落雪、"ct"等，原籍福建长乐，出生于浙江温州。他毕业于北京铁路管理传习所（现北京交通大学），曾在上海真如地区的暨南大学任教，是著名的社会活动家、作家、诗人、文学评论家、文史学家、翻译家、艺术史家、收藏家，历任全国文联福利部部长、全国文协研究部部长、全国政协文教组组长、中央文化部文物局局长、中国科学院考古研究所所长和文化部副部长。他也是民进创始人之一，任民进第一届理事会理事。1958年10月18日，因飞机失事遇难殉职，终年60岁。

郑振铎

锲而不舍　卓尔超群
——杰出的爱国主义者和社会活动家郑振铎

郑振铎是中国民主促进会的发起人和创始人之一，也是中国现代史上的著名作家、学者和社会活动家。从20世纪20年代中期至40年代初，他在复旦大学、中国公学、燕京大学、清华大学和暨南大学担任过教职，尤与暨南大学渊源较深。从1935年进入暨南大学至1941年日军占领上海租界，学校迁往福建建阳为止，他前后任教6年，就任暨大文学院院长兼中文系主任。郑振铎虽然不是一位职业教育家，但他具有杰出的教育管理才能和锲而不舍的教育革新精神，在中国现代高等教育史上有着重要的位置。

郑振铎对自己的读书要求很严格，曾说："读书毋草率，每读一书必一页一页读过，随有所见，即做札记。"他学养渊深，治学严谨，尽管身兼多职，工作繁忙，仍坚持在中文系授课，主讲中国文学史和敦煌俗文学等课程。他的渊博学识和口才使听讲者赞赏不已。

全面抗战爆发后，他以抗日救亡为己任，和暨大文学院周谷城、周予同等进步教授一起宣讲爱国主义。他在教授中国文学史课程时，着重讲解历史上坚持民族气节的爱国主义诗篇，如陆游的《示儿》、文天祥的《过零丁洋》等，借古喻今，激励人们舍身杀敌。

暨南大学课表，郑振铎教授历代文选课程

在上海租界所有专科以上的学校中，暨南大学是第一所被日军侵入并进行大规模搜查的学校。在散文《最后一课》中，郑振铎真实地记述了当侵略者将至时他和暨南大学的师生们仍然坚持上完最后一课的感人情景，体现出炽热的爱国情怀和在强敌面前勇敢无畏的精神，令读者震撼。

暨南大学迁往福建建阳后，郑振铎没有随同前往，而是留在沦陷区坚持完成未竟事业。从此,他永远离开了黑板、粉笔、讲台和可爱的学生。

在孤岛时期,作为当时全国著名的进步文化界的核心人物,郑振铎在社会上积极参与各种政治活动;在校内团结广大师生,抵制右翼势力,成为暨大进步力量的一面旗帜。在他的不懈努力下,胡愈之、周谷城、黄佐临、张天翼等著名学者相继到校任教,壮大了暨南大学的师资阵容。对一些知名度还不高但确有才华的青年学者,郑振铎也予以破格聘用。尽管当时物质条件艰苦,时局险恶,但教师们充满乐观主义精神,为祖国和民族哺育英才。郑振铎用自己的言行、学问和人品给教师们树立了典范,这种向心力和感召力是在无形中形成的。

他全力以赴整顿院校的学习风气并改良课程设置,力求各系之间在教学效率上有较大改进。他要求文学院重视教材建设,注重各类课程教学内容的充实,改进对学生基本写作技能的训练,同时增设南洋各地语言文字与历史地理学课程,充分注意其他能体现华侨高等教育的学科。他十分关注学程建设,使之日臻完善,这是他在暨南大学任教时始终坚持不渝的目标。

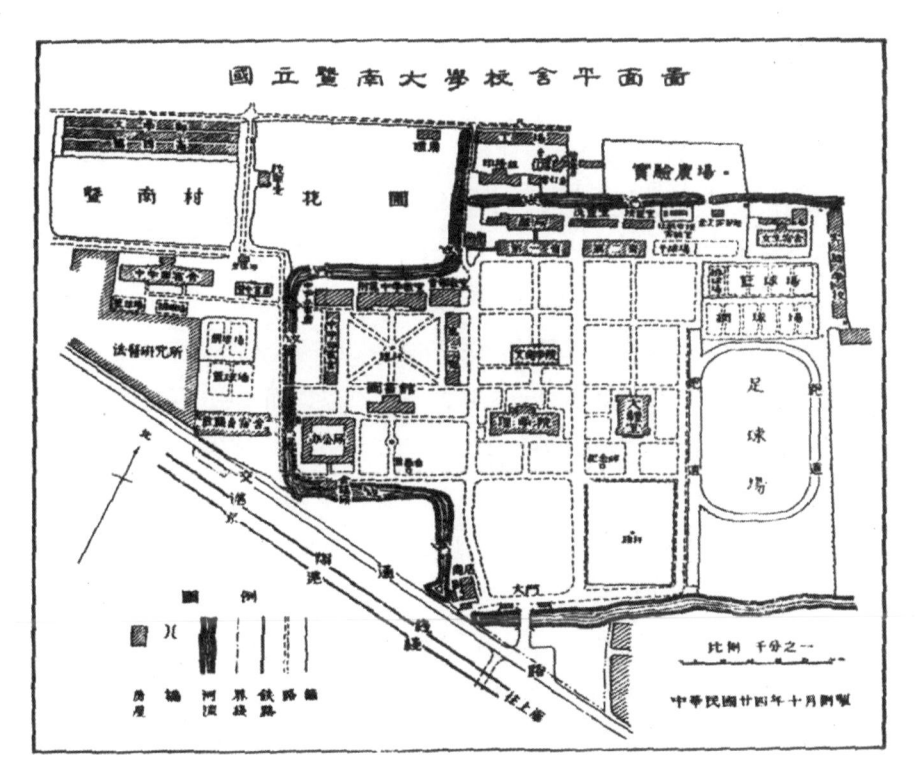

国立暨南大学校舍平面图

重视民族气节教育是郑振铎在暨南大学任教时的又一个鲜明特色。他要求学生安贫守志,保持身心清白,努力完成学业,将来成为国家建设的柱石。他果断开除了暨大的特务学生,积极参与救亡活动,展现了炽热的爱国情怀。

他积极鼓励教师开展学术研究,为此创办并主编了全校性的《暨南学报》和《暨南大学图书馆馆报》,成为教师提供发表研究成果的园地。在孤岛时期,暨大学生创办了讴歌爱国主义思想的《译丛周报》《杂文丛刊》等四种文学刊物,他们的文学活动都受到郑振铎的影响与指导。

郑振铎对中国的文化学术事业作出了多方面的杰出贡献。

在文学理论方面,他是文学革命初期"为人生"文学的重要倡导者之一。1921年,他进一步提出需要"血和泪的文学"的口号,要求进步作家创作出"带着血泪的红色作品"。他一生坚持革命的现实主义文学理论,强调文学在社会改革中的功能,提倡文学为人民服务。

在文学研究方面,他于20世纪20年代初就提倡和从事中外古今文学综合的比较研究,提出并着手用新的观点、方法来整理和研究中国文学史,特别重视民间文学、小说、戏曲的资料收集和研究,做了很多开拓性的工作。

郑振铎一生为后人留下了大量著述。

1931年,郑振铎前往北平任燕京大学和清华大学两校中文系教授,他的《插图本中国文学史》《中国文学论集》《佝偻集》等文集先后出版。

去欧洲避难和游学时,他遍读有关中国古代小说、戏曲、变文等的书籍,并研究了希腊罗马文学,译著了《民俗学概论》《民俗学浅说》《近百年古城古墓发掘史》等专著,创作了短篇小说集《家庭的故事》中的大部分作品。

在暨大任教期间,他也撰写了大量的学术著作,如《中国俗文学史》,是一部迄今仍未被超越的广义的民间文学史。学术专著《中国版画史》、诗集《战号》、小说《桂公塘》等均在这一时期出版。他认为,只有诗的形式最足以表现其情感,寄托其悲愤、热情与希望。对他来说,笔是他不可缺少的重要武器,他的爱与憎,往往都通过他的笔表现出来。

从八一三事变到太平洋战争爆发前,郑振铎看到一些纸商以重价搜罗旧书作造纸原料,无数珍籍善本被英、美、日、德等外国人士买走,流落异邦。他经常打扮成儒商去福州路各书店,目及心伤,竭力抢救,继续他的搜救和研究工作。

1940年,郑振铎与张元济、张寿镛、何炳松、张凤举等人成立了文献保存同志会。此后不到两年时间,他共收集善本古籍多达3 800余种,其中宋元刊本300余种,守护中华文脉,功莫大焉。

"狂胪文献耗中年,埋首残丛理断编。文物未随劫火尽,长留功绩在人间。"是当时郑振铎抢救民族文献的真实写照。他嗜书如命,每见可欲,百方营求,以期必得。为了研究需要,为了抢救民族文化,他倾尽全部积蓄收购古籍,搜罗古今中外的珍贵书籍和文物,以实现其"保存一代文献"的心愿。

郑振铎"以面包就白开水,或是以几个烘山芋凑合一顿",宁饿肚皮,也要抢救古书的行动,为祖国保存了大量珍贵的文献典籍,留下了一座文化宝库。用他自己的话来说,这叫"书生报国"。

1958年,郑振铎奉命率中国文化代表团出国访问。10月18日,飞机在苏联上空爆炸,郑振铎遇难殉职。60岁正是做学问的黄金岁月,虚负凌云万丈才,一生襟抱未曾开,一代英才就此陨落。

去世后,遵其遗愿,夫人高君箴将他的遗书17 224种,计94 441册全部捐献给国家,其中有宋元珍本陶集、杜诗、佛经等数种,682种古小说中有明刊44种,现在北京图书馆设专藏。

郑振铎的一生是纯真高尚的一生、艰苦奋斗的一生、以书为友的一生,是爱其所爱、恨其所恨的一生。他以一生作为及其高尚品格,为我们后人树立了优秀楷模。中共暨大支部书记周一萍校友曾赋诗思念恩师:"奋笔耕耘抒壮志,疾风劲草识良师。凛然正气浑难忘,最是寒凝大地时。"

周谷城（1898—1996年），湖南益阳人，中国著名史学家、教育家、政治活动家，曾任全国人大常委会副委员长、中国农工民主党副主席、主席。他一生著述甚丰，有专著十多部，论文近300篇，尤以一人书两史（《中国通史》《世界通史》）成为中国现代史学史上"独一人"。他和普陀区结缘甚深，20世纪20年代末至40年代初先后在位于真如的暨南大学附中和暨南大学任教长达十多年。

周谷城

执教暨南　史学泰斗
——中国著名史学家、教育家周谷城

周谷城出生于湖南省益阳县上湖乡的一个农民家庭，幼年由亲友资助在"周氏族学"读书8年；1913年考入湖南长沙省立第一中学，师从符定一、杨昌济、袁吉六，这三位老师也教过毛泽东；1917年考入北京高等师范学校英语部，在此阅读《新青年》，学习新文化，追随新学说，接受了"五四"洗礼。

1921年，周谷城回湖南长沙，在第一师范执教英语、伦理课，与时任一师附小主事的毛泽东结成好友。应毛泽东之邀，他执教过湖南自修大学（1921年由毛泽东、何叔衡在长沙创办）和船山学社（1922年底，何叔衡任船山学社社长）的心理学。其间，他研读英文版、德文版《资本论》原著。1927—1930年，他在上海暨南大学附中等校兼课。1930—1932年，他受聘任广州中山大学社会系主

半个多世纪后，周谷城返回母校参加校友会成立大会

任，讲授"中国社会发展史""社会科学名著"课程。1932年秋至1942年初，他受聘任暨南大学史地系主任，讲授中国通史。1942年春，周谷城经陈望道、张志让介绍，受聘于迁址重庆的复旦大学任历史系教授，1945年春任复旦历史系主任，1946年随复旦迁回上海并任史地系主任。

1949年7月，周谷城被陈毅、粟裕任命为华东军政委教委委员兼复旦大学教务长。受郭沫若等人委托，他创办上海市历史学会，并长期任会长。1978年后，他继续学术研究并著述，先后发表《秦汉帝国的统一运动》《继往开来的史学工作》《关于艺术创作的地位》《看重统一整体，反对欧洲中心论》等论文，还出版了《史学与美学》一书。他以八十高龄登坛亲授，为国家培养了改革开放后的第一批硕士生和博士生，撰写了《中外历史的比较研究》等多篇专著。1984年，他年近九旬，主持创办《中国文化研究集丛》并主编多部丛书。1988年11月22日，他出席第五次全国文代会，邓小平同志与他亲切握手。

周谷城自1921年执教后，长期坚持教书育人，与学术研究相伴而行。1923年，他25岁时出版第一本译作《实用主义伦理学》。1924年，他出版构建自己学术思想体系且终身不弃的《生活系统》一书，融心理学与哲学于一体，这是其研究哲学的开始。他一生著述数百万字，专著十多部，论文近300篇，如《生活系统》（1924）、《农村社会新论》（1927）、《中国社会史论》三卷（1931）、《中国通史》两卷（1939）、《中国政治史》（1940）、《中国史学之进化》（1947）、《世界通史》三卷（1949）、《黑格尔逻辑大纲》（1951年译）、《古史零证》（1956）、《形式逻辑与辩证法》（1959）、《史学与美学》（1980）、《诗词小集》（1985）等，并出版史学论文汇编《周谷城史学论文选集》（1983）。

对于周谷城的代表作《中国通史》《世界通史》，有评论说：中国当代史学名家不少，但一人撰写两部通史，在中国史学界至今没有第二人；也有人说，他这是"一笔两史"。《中国通史》运用史论结合法，站在世界高度，研究中国历史变迁，用对比法纵论中外历史，让人对历史规律有系统认识。《世界通史》1—3册叙述从古代到近代的世界历史，批评欧洲中心论，自成一家之言，打破以欧洲为中心的世界史旧体系，起了拨正方向的作用。他曾计划续写第4册，叙述工业革命以来的历史。

1968年11月，毛泽东主席让他续写《中国通史》，但因种种原因，最终未能如愿。1980年，他重新修订《中国通史》，至20世纪80年代，共印50次以上，达150万册，影响到香港、澳门、台湾地区和新加坡、日本、美国。1982年，两部通史均被列为全国高等院校文科教材，影响了中国几十年。

周谷城是享誉海内外的著名学者，对史学、政治学、哲学、社会学、美学、教育学等众多学科都有深刻而独到的见解，为学界所尊敬。晚年，他提出环太平洋地区将是21世纪人类文明发展的重要区域，并主持创立了"中国太平洋历史学会"，亲任会长，关注中国文化史和世界文化史研究，力主推进中西文化交流。

周谷城也是杰出的爱国民主战士，早年投身五四爱国运动，大革命时期参加农民运动，抗日战争时期因积极宣传爱国思想而遭日伪拘禁37天后被保释。解放战争时期，他反对国民党独裁统治，再次被捕，至上海解放才获自由。

他是中国共产党的亲密战友，数十年与中共领导人密切交往、忠诚合作，尤其与毛泽东交往至深，多次被毛泽东接见，共论学术，为党和国家的大政方针建

周谷城著《中国通史》

言献策。

他是中国农工民主党的卓越领导人，著名的政治活动家，历任中国农工民主党上海市委主委，中央委员会副主席、主席、名誉主席，为农工民主党的建设作出重大贡献。他与同仁带领本党各级组织和成员，坚持和完善中共领导的多党合作和政治协商制度，贯彻长期共存、互相监督、肝胆相照、荣辱与共的方针，积极参政议政。

他关心祖国和平统一大业，筹建中华炎黄文化研究会，担任第一任会长，还任中华诗词学会会长，为弘扬中华文化，振奋民族精神，促进祖国建设和统一大业而不懈努力。

他曾经在上海市人大工作，为上海的法治建设和社会发展提出许多意见，受到有关方面重视。在任全国人大领导职务期间，为推进国家法制建设，在科教文卫领域的立法方面积极提出意见和建议。

周谷城与普陀区缘分颇深。1927年夏，为躲避国民党反动势力迫害，他离开武汉到达上海，在这里住了三年多。为谋生，他在位于真如（现属普陀区）的暨南大学附中等校兼课，同时替《民铎》《教育杂志》《东方杂志》等报刊写稿、译书。他还和许德珩、陈翰笙、章申府等朋友一起组织了社会科学研究会，相约著书立说。1928年，他翻译了尼林的《文化之出彩》、亚诺得的《战后世界政治之关键》《苏联的新教育》《苏联外交及其邻国》等书；1929年，出版了《农村社会新论》《中国教育小史》两本著作；还发表多篇分析中国历史、教育的文章，如《孔子的政治学说及演化》《今日中国的教育》《教育新论》《教育与占有欲》《教育界之党派观》《中国教育之历史使命》《中国建设中之教育改革》《官场式的教育界》《论殖民地的教育》等，强调教育与社会密切相关，教育与经济相互联系，揭露当时教育界的各种乱象和腐败。1930年8月，他在上海参与发起成立以邓演达为总干事的中国国民党临时行动委员会（中国农工民主党前身），反抗蒋介石的反动统治。这些都得罪了当局，以至于他后来无处发表文章。或许，这就是他1930年秋经人介绍前往广州受聘于中山大学任教授兼社会学系主任的原因。

1932年秋，周谷城受暨南大学校长郑洪年之邀，再到上海，任该校教授兼史地系主任，讲授"比较逻辑""社会学名著选读"课程，后主讲"中国通史"课程。不久，郑洪年校长被反动派赶走，新校长因周谷城支持进步学生，反对所谓"本位文化"，撤了其系主任职务。时因暨南大学文法学院中国通史课课多教师少,他就边讲授"中国通史",边搜集资料,在原有《中国社会史论》基础上编写《中国通史》。1939年,《中国通史》上下两册80万字,由开明书局出版。他力图以历史唯物主义论述中国历史,但遭到国民党当局查禁,校方也借口该书有马克思主义嫌疑,不再让他开设"中国通史"课程,而要他改教"世界史""世界史学史"课程。从此,他跨入了世界史领域。

1940年,周谷城新著《中国政治史》由中华书局出版,这是中国政治学的又一奠基之作,也是较早客观评价洋务运动的代表作之一。1941年12月,太平洋战争爆发,周谷城的处境十分危险,在从事中共地下党工作的岳父母卢志英、张育民的协助下,他潜赴大后方,途经杭州时被日伪逮捕,拘禁37天后获保释,辗转到达重庆,结束了在暨大的教学,也别离了真如。

42年后的1983年4月4日,时任全国人大常委会副委员长、上海市人大常委会副主任、上海市历史学会会长的周谷城,视察普陀区真如寺,在寺内见到一古银杏树。这位85岁高龄的老人十分高兴,当即口占七绝一首,为这棵古银杏树题词:"叶茂根深五百年,而今屹立在人间。只缘自力更生好,岁岁繁荣自在天。"此后,上海市园林管理局将该树定为市级古树名木,初始编号为0062,后统一编号为0069。

郭大力（1905—1976年），江西南康人，是我国著名的马克思主义经济学家、教育家，是《资本论》中文全译本的首译者之一。1923年起，他先后就读于厦门大学、大夏大学。20世纪三四十年代，他全情投入翻译《资本论》。他在大夏中学任教时住在真如车站附近，并完成了《资本论》第一卷的翻译，后又辗转老家和上海，完成第二、三卷的翻译。1949年后在中共中央马列学院高级党校任教，曾任中国科学院哲学社会科学部委员，1957年加入中国共产党，历任第二、三、四届全国政协委员。1976年4月9日，因心脏病发作，在北京逝世，终年71岁。

郭大力

锲而不舍　精益求精
——《资本论》的首译者郭大力

《资本论》是马克思用毕生心血和智慧写成的科学巨著，是他一生科学研究的成果，是马克思主义最厚重、最丰富的著作，是人类思想宝库中的瑰宝。但这部被誉为"工人阶级的圣经"的经典著作自1867年问世以来一直没有中译全本，经过71年后才由大夏大学的郭大力领衔翻译出版，为马克思主义在中华大地的传播以及马克思主义普遍真理与中国革命实践的结合，发挥了巨大的作用。

1905年，郭大力出生于江西南康三江乡斜角村，原名郭秀勍。后来他把

"秀"字去掉,把"勃"字拆开,改名为"郭大力"。他7岁时随父就读于南康县立高等小学,小学毕业后考取江西省立第三中学,1923年以优异成绩考入厦门大学化学系,后转学上海大夏大学攻读哲学。在这段时间,他开始广泛涉猎社会科学著作,接触马克思主义,并决心深入研究马克思主义的经济理论,为后来翻译《资本论》打下了扎实的基础。

郭大力翻译《资本论》是从1928年开始的。那时,蒋介石叛变革命,第一次国内革命战争失败,白色恐怖笼罩中国大地。虽然郭大力清楚,要把《资本论》翻译出来并非易事,但他深深感到,当时的中国太需要马克思主义的指导了,于是选定自己的学术奋斗目标,要把《资本论》译介给中国人民。

其实,在郭大力决定翻译《资本论》的时候,中国已有好几位先行者尝试翻译,但都由于种种原因没能坚持下来。一是《资本论》博大精深,内容深奥,难以翻译;二是语言准备不足。马克思写资本论时用的是德语,要理解原生态的《资本论》,就必须读懂德文。但我国早期《资本论》翻译者中很少有精通德语的,于是翻译工作举步维艰。

郭大力和王亚南联手翻译《资本论》第一卷时也碰到了类似的问题。囿于郭大力大学所学的专业是化学和哲学,经济学素养不够,他看到马克思著作中提到众多西方古典经济学代表人物,觉得要翻译好《资本论》,必须熟悉西方古典政治经济学理论。于是,他们先从翻译西方古典政治经济学的代表作入手。

除了在理论知识上为翻译《资本论》做好充足准备,郭大力在语言储备上也下足了功夫。他在上海大夏中学任教时,业余时间全用来自修德语,不仅恶补了德语底子薄弱的缺陷,还深入了解了马克思的文风,甚至熟悉、掌握了马克思行文的句子结构。这是先前《资本论》翻译的先行者们都未能企及的。

1936年初,上海读书生活出版社决定出版《资本论》,郭大力、王亚南与出版社签订了翻译出版合同,商定用两年时间译完《资本论》。

1937年8月,日本侵略军大肆进攻上海,上海沦陷,使翻译工作无法进行。郭大力只得将已经完成的第一卷译稿交给出版社,然后举家返回江西,继续进行《资本论》后两卷的译稿工作。

南康的工作环境远不如上海,居住条件十分简陋,但郭大力毫不在意,每天坚持翻译上万字。除了必要的外出,如去附近乡邮政所收取、邮寄稿件,他杜绝一切约请,甚至在春节期间谢绝了所有亲友、绅士赴宴的邀请,婉拒了重庆三青团中央团校教官的职务，推辞了赣南行政督察专员蒋经国之经济顾问一职，辞谢了赣州中华正气出版社编辑一职，拒绝了南康豪绅卢桂山在唐江创办的私立岭北中学的教务一职，回绝了父亲要他去谋求一任县长的要求。他不求名、不求利，与世隔绝，封闭自己，只为能心无旁骛地从事翻译工作。

郭大力同王亚南吸取前人翻译西方著作的教训，字字斟酌，句句推敲；发现问题，两人反复认真地商榷；译成初稿，两人交换审查。他们的译本用词丰富、语言通俗，句段短小精悍，句意表达清晰明了，令读者阅读的难度相对减小。

1938年初，郭大力正在翻译《资本论》第三卷时接到出版社电报，要他速去上海，协商排印出版等事宜。当时，上海大部分地区已被日军控制，很不安全，但为了尽早完成翻译工作，他毅然踏上了险途。他工作的地方只有一张桌子、一把椅子和一张行军床，饮食条件也很恶劣，经常靠啃干粮充饥。但就在这样艰难困苦的环境中，经过几个月的高强度工作和夜以继日、废寝忘食的努力，郭大力终于完成了赶译第三卷、审校排印的清样、校订全书的译文、设计封面装帧等一系列工作。

郭大力对《资本论》的翻译工作始终坚持两条原则：一是准确无误，二是原汁原味。在此基础上，尽量做到语言流畅，通俗易懂。他觉得，要向广大读者传播马克思的经典理论，必须使译文切合经典原意，精确地表达出原著的含义。

翻译《资本论》的过程充满艰辛和苦难，郭大力和王亚南面对过反动势力的压迫，忍受过贫困和疾病的折磨，经历过整卷译稿在日寇炮火中被焚毁的危险，遇到过翻译工作中不计其数的难关。终于，他们在1938年完成了这部厚达2000多页、近300万字的《资本论》三卷中译本。

《资本论》出版后，郭大力又独自对照原文，对译文进行逐字逐句的校对，把错译、误排的地方用红笔写在译本的天头地脚或行段之间，然后把校正的文字一一抄录下来，按照页码、行数的顺序，编制了一个长达33页的勘误表，更正了1700多处谬误。光这项工作，他就花了整整一年的时间。

尽管已十分严谨，郭大力依然感到1938年出版的这个中译本《资本论》受当时条件的限制，还不够准确和通俗，还不能适应中国广大读者的学习需要。新中国成立后，他调入中央马列主义学院，除了担负教学工作外，把全部精力都投入到译文的修改和重译中。1953—1954年，经他重新修订后的《资本论》中译本相继出版。然而，追求尽善尽美的郭大力对这个译本仍然不甚满意，决定再做

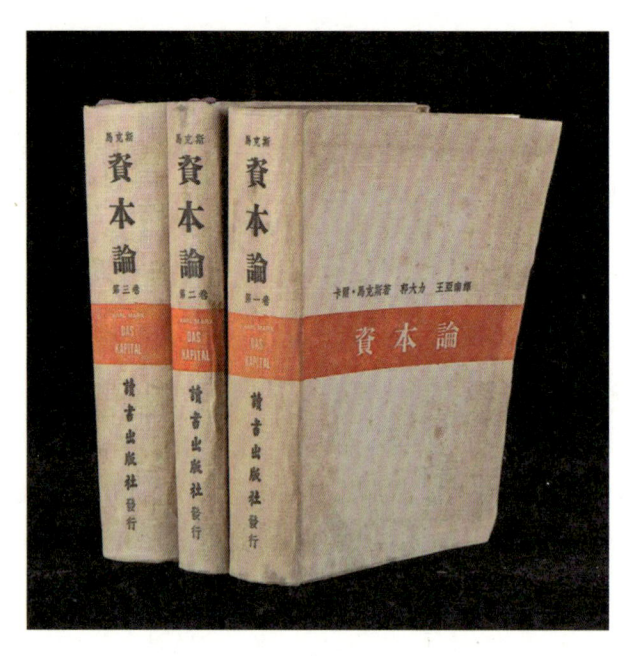

郭大力、王亚南合译的《资本论》

一次全面的修改。繁重而又紧张的工作使郭大力的身体越来越差,严重的高血压病和脑血栓后遗症使他行动困难。在身心交瘁的情况下,他以顽强的毅力坚持工作。经过六年奋战,再次修订《资本论》译本的艰巨任务终于完成。

郭大力一生都在兢兢业业地从事马克思主义经典著作的翻译。他认为脱离实际的研究方法是不可取的;他主张站在中国人的立场上来研究政治经济学,要把马克思主义经济理论具体运用到本国的社会经济实际中去,建立有中国特色的马克思主义政治经济学。他在为中共中央高级党校研究班讲解《资本论》时,对《资本论》中每一处难以理解的地方,都用浅显的语言作了十分明晰的解释。

从开始翻译《资本论》到重译《剩余价值学说史》的完成,郭大力花了48年时间,其间经历过多少艰难曲折,无法尽言!遗憾的是,1976年4月9日,郭大力突然心脏病发作,来不及送往医院就与世长辞了,稿子上的句号和人生的句号重叠在了一起。郭大力把用毕生心血和智慧凝结成的宝贵财富留给了中国革命事业,留给了子孙后代。

陈吉余

陈吉余（1921—2017年），江苏灌云人，中共党员，九三学社社员，中国工程院院士，国际欧亚科学院院士。他是国内外著名的河口海岸学家、河口海岸教育学家，我国河口海岸学科的奠基人、河口海岸理论应用于工程实践的主要开拓者。历任浙江大学助教、讲师；华东师范大学讲师、副教授、河口海岸研究所教授、博士生导师、所长、名誉所长。1985年荣获全国五一劳动奖章和全国先进教育工作者称号。

科星光赫　河海情深
——中国工程院院士、河口海岸学先驱陈吉余

在上海普陀长风社区一次重大的庆典活动上，街道党工委与办事处的领导及机关干部集体登上舞台，表演了一个激情洋溢的诗朗诵，名为《长风破浪正此时》。其中有这样一段诗句："长风浩荡的碧空，翩舞着雄鹰的翅膀；长风漫卷的大地，挺立着不屈的脊梁。奋斗在这片热土上的共产党人，忠实践行着崇高的理想。工程院院士陈吉余，将十五年的梦想，在青草沙写成华章；让世界最大的河口江心水库，矗立在长江。"

陈吉余，这位长风社区师大二村居民、华东师大教授、中国工程院院士，不仅是长风及普陀人的光荣与骄傲，更是长风及普陀人坚守初心、砥砺奋进的楷模。

文化才俊篇

陈吉余出生于书香门第，其祖父陈百川是清末举人，后又留学日本接受新式教育，对家中后辈的教养非常严格，尤其注重历史、地理等方面知识的灌输。陈吉余深受祖父影响，5岁启蒙读书学习，八九岁就基本熟悉历史上的各个朝代。他床头挂着祖父珍藏的中国地图，当时全国2 000个县的县名他都了然于胸。鉴于自己丰富的地理知识储备及优越的学习能力，在报考大学时他选择了拥有史地学系的浙江大学。张其昀、叶良辅、谭其骧等学术大家都曾在浙江大学任教，这段学习经历对陈吉余的帮助很大。在这些名师的影响下，他开始研究杭州地貌，1946年撰写《杭州湾地形述要》，由此走上了河口海岸研究之路。

1947年，陈吉余从浙江大学毕业后选择留校担任助教，其间撰写发表《杭州之地文》《冰川置疑》等文章，对李四光提出的杭州地形为第四季冰川地貌等论断提出质疑，他的观点得到李四光的认可。他还带着学生去黄坛口水电站考察，参加中科院、铁道部组织的西南铁道调查、勘测，不断拓展自身知识面和实践经验，在学术道路上持续前行、日渐成熟。

1951年华东师范大学成立，次年，浙江大学地理系并入华东师范大学，于是，陈吉余来到了上海，他的研究视角也延伸至长江河口及长江三角洲。1956年，国家提出向科学进军的口号，华东师大召开第一次学术论文报告会，陈吉余就其第一篇长江河口文章《长江江口段地形发育》作了报告，使得河口研究这一新兴领域受到各界瞩目。

当时，竺可桢顾问、苏联河口学博士萨莫伊洛夫高度评价了陈吉余的研究成果，并向中科院建议，中国有大量河口资源，应该开展河口研究。1957年起，陈吉余作为中科院河口研究小组组长，带领学员到长江口、钱塘江口进行调查、考察。同年，陈吉余在华东师大牵头组建河口研究室并任研究室主任。他在《论部门地貌学的发展途径——以河口、海岸地貌为例》报告中率先提出动力地貌的概念，在其中融入沉积学相关内容，与河口化学、生态环境等方面相关联，创建动力、沉积、地貌系统结合的河口海岸学科体系，填补了中国河口海岸学科研究的空白。在河口海岸学发展的过程中，陈吉余注重吸收不同学科的人才，增加了泥沙运动、海洋遥感等近10个新的研究方向。在他的努力下，华东师大河口室不断发展壮大，河口海岸学理论也不断得到丰富。

陈吉余在20世纪70年代提出了长江河口发育模式及自适应和人工控制理论，为长江口深水航道选槽和河口治理提供了科学依据。此外，他还向国务院建议开展全国海岸带和海涂资源综合调查，并获得国务院批示。这两件事对中国地学界影响深远。

1986年，由陈吉余主持的全国海岸带和海涂资源综合调查取得重要成果。这一历时7年多的多学科、大系统的综合性调查，在理论上、方法上都有重大创新调查研究，查清了全国海岸带的自然环境特征和社会经济条件，查清了资源的数量、质量、空间分布和时间变化，为合理开发海岸带和海涂资源，保护海岸带环境提供了坚实可靠的系统资料，为沿海地区的国土规划和海岸工程开发提供了科学依据，荣获"国家科技进步一等奖"。

陈吉余说过，"搞研究就是为了解决国家实际问题"。他在65年的科研生涯中，始终身体力行，解决了许多工程建设中的实际问题。

其一，长江口深水航道治理思想。在总结长江河口发育模式的基础上，陈吉余提出"稳定三个分流口、围垦明沙、固定阴沙、减少活动沙"的治理思想和"整治、疏浚与围垦相结合"的治理原则，为长江通海航道选槽和深水航道治理方案提供了理论依据。

其二，开创杭州湾建港先例。1973年，陈吉余承担了上海金山石油化工总厂原油码头的选址决策任务，在实地调查和总结涨潮冲刷槽演变规律的基础上，提出在乍浦陈山建造深水码头的方案，开创了强潮海湾建港的先例，为金山石化的基地建设和持续发展奠定了基础。

1982年陈吉余登船开展海岸带调查（华东师范大学供图）

其三，围海造陆，为浦东国际机场的建设献策。为促进上海国际空港建设，陈吉余在总结长江口滩涂发展趋势的基础上，先后两次向上海市领导提出利用潮滩土地资源建设浦东国际机场的建议。该项工程的实施减少可耕地征用面积499.2公顷，为国家节省基建投资3.6亿元，并结合九段沙生态工程的研究与实践，开创了大型工程建设与生态工程同步建设的先例。该项研究成果荣获1999年上海市科技进步一等奖。

其四，开辟上海第二水源地。为解决上海供水问题，陈吉余对黄浦江水源现状进行了系统研究，并向上海市领导提出长江引水、建设青草沙江心水库的建议。该项工程为上海超过1千万的人口解决了饮用优质水问题。

其五，合理选址杭州湾排污口。根据杭州湾动力地貌理论和水沙运动基本规律，陈吉余为星火工业区排污口的合理选址进行了科学论证，当年节省基建投资2 000万元。

其六，提出河口盐水入侵防治对策。基于南水北调对上海影响的对策研究，陈吉余提出结合越江通道建设，在长江口北支上口建造挡咸闸，闸桥结合，从而减少盐水入侵对长江口淡水资源的影响。

其七，制定钱塘江河口治理方针。在总结钱塘江河口演变历史过程与现代过程的基础上，陈吉余提出"围垦边滩、稳定江槽"的治理方针，为制定钱塘江与杭州湾衔接方案及大面积围垦造地（7.33万公顷）提供了决策依据。

其八，提出淤泥质海岸"浅水深用"理论。陈吉余先后对全国20余个港口开展研究、咨询和论证，在总结淤泥质海岸剖面塑造理论的基础上提出"浅水深用"的建港方案，为改变我国港口面貌作出了重要贡献。

其九，参与大型水利工程建设决策。从20世纪50年代以来，陈吉余对水利建设和洪涝灾害防治做了大量的调查研究，比较有影响的项目有三峡工程及南水北调对长江河口生态环境影响研究与对策以及在淮河流域防洪、防污治理规划中提出"上蓄、中疏、下导"的治理方针。

陈吉余的人生格言是"求是、求实、求新、求成。为学之道，贵在坚持，贵在创新"。他一生以"求是、求实、求新、求成"之精神，严谨治学、勤勉敬业、成绩斐然、硕果累累：他承担并出色完成国家多项重大科研任务和生产建设项目，完成研究报告60余种，发表论著180余篇（部）；他先后培养一大批硕士、博士研究生，带出了一批在全国有影响的学术骨干队伍和学科带头人，建立起了一支高水平的学术梯队，为国家河口海岸事业的持续发展提供了有力的科技和人才支撑。

陈吉余先后获国家科技进步一等奖1项，省部级科技进步一、二等奖23项，1978年获全国科学大会集体奖，1985年获评全国五一劳动奖章和全国先进教育工作者，1996年当选国际欧亚科学院院士，1999年当选中国工程院院士。

2017年11月28日，一代科星陈吉余院士去世，享年96岁。

蒋锡夔（1926—2017年），江苏南京人，回族，中共党员，中国科学院院士，全国劳动模范，第六、七、八届上海市政协委员。他是世界著名的物理有机化学家和有机氟化学家，我国物理有机化学和有机氟化学的奠基人之一。曾就读于华童公学（今上海市晋元高级中学）、上海圣约翰大学，后赴美留学。1955年底回国，1978年成立中国科学院第一个物理有机化学研究室。1992年，他的论文被国际权威性期刊评价为"自由基化学研究的一个里程碑"。2002年获国家自然科学奖一等奖，2011年获中国化学会物理有机化学终身成就奖。

蒋锡夔

化学巨擘　科技楷模

——中国著名物理有机化学家蒋锡夔

晋元高级中学是沪上一所历史悠久的学府，创办已有119年之久，前身为华童公学。该校底蕴深厚，人才辈出，胡适、李怀霜、丁关根、张承宗、余秋雨等历史名人都曾在校任教或就读。晋元校园共走出了五位共和国院士，蒋锡夔就是其中一位。

蒋锡夔1926年出生于上海。蒋家曾是南京城里的大家族，晚清末年迁居上海，主要从事房地产业。蒋锡夔含着"金钥匙"出生，整个童年无忧无虑。蒋家对他的教育是"中西合璧"的：父亲蒋国榜作为国学家和诗人，以孔子思想和传统的道德观念言传身教；而母亲冯乌孝曾是非常出色的教育工作者，善于科学思考，为儿子精心挑选了当时具有先进教育理念的特色学校。蒋锡夔的小学是工部局新闸路小学，十分重视学生的全面发展；初中则是华童公学，是当时十分有名的中英双语学府；高中为圣约翰大学附属中学。这些学校的课程既有中国传统教育思想中最重要的部分，又引进了大量的西方科学文化知识，中西教育理念兼备，大大拓宽了蒋锡夔的眼界和思路。儿时起，蒋锡夔就开始广泛阅读，小学通读了《三国》《西游记》《岳飞传》《水浒传》等小说，进入高中后开始阅读《约翰·克利斯朵夫》《如何思想》《历史大纲》《生命的科学》等外文小说和理论书籍。少年蒋锡夔还显示出了极强的自我意识和敢闯敢试的个性。就读于华童公学时，蒋锡夔对化学产生兴趣，便在家中设置小实验室，尝试复现杂志上刊登的实验方法，用一份氧气和两份氢气生产水，在水出现的同时，实验玻璃瓶意外发生了爆炸，幸亏事先用毛巾包裹了瓶子，他才没有受伤。

心有所信，方能远行。青年时期的蒋锡夔借用德沃夏克《新世界交响曲》的旋律填下歌词："在那遥远的天边有一颗明亮的星，它是我的理想，它永远照着我的命运。"进入圣约翰大学后，蒋锡夔开始写日记，并立下数则目标："一为自省，一记已往……所思所得之思想、信仰及人生观。一则立力行之决心。"寥寥数语，可见其心灵和精神世界。这时，蒋锡夔的阅读面已涵盖文学、历史、哲学、心理学等领域，为确立个人思想与信念奠定了基础。青年时代的蒋锡夔充满了理想和抱负，并在成长中逐渐树立起自己的人生信念：追求真、善、美，报效祖国。在20岁的一篇日记中，蒋锡夔以诗句作为结语："这儿，燃着神圣之火，莫用虚伪来亵渎；一切魔鬼到此，个个化为飞灰！"

1947年夏，蒋锡夔毕业于圣约翰大学化学系

这种理想与抱负除家庭和学校的熏陶外，与蒋锡夔的经历也有关。卢沟桥事变后的那个夏天，蒋锡夔与姐姐、表兄妹们在西湖小舟上天天高唱《义勇军进行曲》。大学期间，恰逢解放战争，国民党破坏和平，发动内战，到处通货膨胀，民不聊生。与之形成鲜明对比的是，中国共产党通过不断推进战场上的胜利，打击反动派，为人们勾勒出充满希望的未来画面，使社会各界和校园的青年学子看到中国的希望。蒋锡夔由此升腾起强烈的爱国思想，渴望祖国能强大起来，并且确立留学归国后报效祖国的志向，将个人献身给祖国建设事业。蒋锡夔曾在日记中坚定地表达："在历史前进的步伐里，我是不容自己落后的。"

1948年7月，已被圣约翰大学授予特等荣誉学士学位并留校做助教的蒋锡夔，收到美国华盛顿大学提供奖学金的信函。同年9月，他几经辗转到达美国西雅图，开始了华盛顿大学化学系四年的博士研究生学习生涯。蒋锡夔师从知名物理有机化学家道本（H. J. Dauben, Jr.）教授，攻读博士研究生，学习和研究重点集中在二环辛四烯及其衍生物的合成与性质。蒋锡夔下定决心，"在国外一定要为中国人争气，学习成绩也一定要超过美国学生"。功夫不负有心人，仅通过3年多时间的学习和研究，蒋锡夔就完成了博士论文。道本教授高度评价蒋锡夔，对美国学生感慨道："看看，一个中国学生竟可以写出如此优秀的论文！"

蒋锡夔成绩优异，但在毕业前夕，美国政府颁布了扣留中国理工农医科留学生归国的公文，他无奈之下，选择进入美国凯劳格公司（The M. W. Kellog Company）研究化工。因为他认为在公司上班是学习和实践的机会，只要一有回国的机会，就可以马上辞职，去报效祖国。在公司工作期间，蒋锡夔发明了在水中加入少量水溶性添加剂用来代替甲醇作为溶剂的方法，既降低了工业生产成本，又减少了环境污染。

1953年，蒋锡夔对著名有机氟化学家米勒教授在公司作报告时提出的一个论断表示怀疑，并用实验证明自己观点的正确性。他的研究再一次获得美国专利，并于1965年正式获得授权。这项成果至今仍被广泛应用于工业生产中，成为基础理论研究推动科技发展的典型例子，并被豪本·韦尔（Houben Weyl）所著的著名权威性有机化学丛书《有机化学方法》（*Methodender Organischen Chemie*）所收录。

1955年12月，蒋锡夔终于等到了机会，和一批留美中国学生一起，冲破美国政府的层层阻挠，乘坐"威尔逊总统号"回到祖国。就如同他在日记中写的那样:"我懂得将来的中国是怎样的需要工业人才,然而也懂得自身气质是适合于怎样一种生活方式。无论如何,他日为祖国人民服务,是已下了决心了。"

归国后,蒋锡夔进入中国科学院化学研究所工作,负责氟化学研究小组。经过近一年的努力,蒋锡夔带领课题组研制出氟橡胶样品,这是"两弹一星"等军工产品必不可少的新型材料。在蒋锡夔、胡亚东等人的努力下,军工产品氟橡胶1号最终研制成功,为国庆十周年献上一份厚礼。在回国后的10年里,蒋锡夔主要致力于三种氟橡胶的实验室阶段研究工作,这些研究成果在国内具有较大影响力。1966年,蒋锡夔获得国家科委授予的发明证书。

1978年,蒋锡夔重返工作岗位,在上海有机化学研究所成立了中国科学院第一个物理有机化学研究室,主要开展有机化学的基础理论研究。这时的蒋锡夔依旧保持着旺盛的好奇心和科学敏锐性,他常常告诫学生,基础理论研究要撇开应用的束缚。1981年,蒋锡夔的研究生范伟强在做长链酯水解反应的实验过程中观察到一个不符合有机化学一般规律的实验现象。蒋锡夔敏锐地意识到隐藏在这一现象背后的是一片未知的研究领域,课题组由此开辟了一个全新的研究课题。在以后几十年中,此项研究取得了一系列重要科研成果,蒋锡夔等人也因此在2002年度获得国家自然科学奖一等奖。

蒋锡夔还在其研究生于崇曦的实验中发现,三氟苯乙烯可以高选择性地二聚形成四元环化合物。为此,师生二人共同进行了长达十多年的研究。1992年,他们将研究成果写成论文,发表在国际权威性期刊美国《有机化学杂志》上。这一研究成果解决了在自由基化学领域长期存在的两个重要问题,被《有机化学杂志》评审人评价为"自由基化学研究的一个里程碑"。

1982年,蒋锡夔等人关于有机氟化学和自由基化学的研究成果获得国家自然科学奖三等奖。此后,蒋锡夔和他的团队继续奋进在有机氟化学领域,1999年和2001年均获得中国科学院自然科学奖一等奖。2002年,在国家自然科学奖连续四年一等奖空缺之后,蒋锡夔课题组关于"物理有机前沿领域两个重要方面——有机分子簇集和自由基化学"的研究成果获得当年唯一一项国家自然科学奖一等奖。2011年,蒋锡夔获得中国化学会物理有机化学终身成就奖等一系列荣誉。

自少时起,蒋锡夔一直接受中西方两种思想文化影响下的教育,因此在他的科研工作中,逐渐形成了独特的科学思想和科学方法。蒋锡夔提出"有机整体、动态多因素分析"的思维方式,认为科研工作的关键是必须运用全部已知的正确的基本概念和信息，对某一个问题或事实进行客观的综合分析，而决不能主观地预先指定某一因素为"主要因素"，要有"动态的有机总体的概念"。蒋锡夔本人正是在一种整体的、动态的成长过程之中，形成了独特的个人风格与气质，建立了丰富的精神世界，团结和影响了整个研究团队。

  蒋锡夔十分重视基础研究。他说，一个方程、一个公式、一个细胞的剖析、一个神经信号的发现可能在很长时间内毫无"实际用处"，这是实验室的常态。但他坚信，最有用的发明和发现，至少有九成源自基础研究。他提出，科研工作要有坚持真理的决心，要有"三严"和"三敢"的科学方法，即"严肃的工作态度""严密的思想方法""严格的工作方法"和"敢想""敢做""敢于否定自己"的勇气。对于新发现的问题，不仅需要有质疑的态度，而且还需要寻找更多的旁证进行辨析。这些充满哲理的思想和方法也同样适用于处理解决当今各类问题。

  "如果我们把理想看做一个梦，那么，我的一生从幼到老，就是对这样一个梦的追求：热情追寻真理、美和高尚的品德，热烈地希望自己能为祖国的昌盛作出贡献。"蒋锡夔这样总结自己的人生。

何友声（1931—2018年），浙江宁波人，中共党员，中国工程院院士、欧洲科学院院士。他是水动力学与船舶流体力学著名专家、我国船舶原理研究的开拓者之一、高速水动力学研究的先驱、水翼及其兴波水动力设计奠基人。曾就读于上海小学、华童公学（今上海市晋元高级中学）、同济大学。曾任上海交通大学党委书记。

何友声

两道相济　皆得美誉
——中国船舶原理研究的开拓者何友声

2018年1月17日，中国共产党优秀党员，忠诚的共产主义战士，著名的力学家、教育家，我国船舶原理研究的开拓者和奠基人，高速水动力学和出入水研究的先驱，上海交通大学原党委书记何友声在上海中山医院逝世，享年87岁。一滴滴烛泪是亲友、学生对何老的无限眷恋与哀思。

"为人为学两道相济、育才治校皆得美誉。"何友声为新中国的科技与教育事业所作出的贡献是不可估量的，他崇高的学术追求和宝贵的品格操守是永恒的精神财富。

何友声从小就对海洋产生了浓厚的兴趣。1935年，他随母亲迁居上海，1943年定居沪西。13岁那年，他考入华童公学（今上海市晋元高级中学），因成绩优异，6年的中学课程只用了5年半时间就提前完成；1949年中学毕业，荣获"全市市立中学十奖"之一；同年参加大学招生考试，北大、同济、圣约翰等学校的考试都顺利通过。当时，唯独同济大学设有造船专业，对大海深深的喜爱使他最终接受了同济大学抛来的橄榄枝。

何友声品学兼优，在中学期间就参加进步活动，于大学期间加入共青团，始终处于最佳学术成就之列。1952年，他毕业于同济大学造船系流体力学专业，即赴大连工学院造船专业任教；1953年，加入中国共产党。1955年，他随院系调整来到上海交通大学，1956年就第一批被晋升为讲师，开始讲授"船舶推进""船舶概论""船舶阻力"等课程，同时兼任"船舶静力学""船舶摇摆""船舶振动""流体力学"等课程辅导。1957年，何友声被派往清华大学工程力学研究班进修并兼任辅导老师和党总支书记，在钱学森、郭永怀、钱伟长等著名学者的指导下学习流体力学。

何友声工作照（来源：上海交通大学新闻学术网）

何友声是我国船舶原理研究的开拓者、高速水动力学、飞行力学和出入水理论研究的先驱。他听从时代的召唤，勇立时代潮头，无论是船舶或是火箭，只要国家需要，他必定跟着国家的号召向前冲。为了国家科技不断发展，他不忘初心使命，精益求精，刻苦钻研。

20世纪50年代，他首次提出"辛氏法端点修正"的方法。修正方法简单、明了、易学、精确，被船舶设计手册和教科书收录。

1958年，何友声担任上海市研制探空火箭总负责人，率领上百名技术人员进行资料收集、初步设计和委托加工工作，建成了火箭发动机试验台和管路试验装置。随后，他又协助筹建上海机电设计院（探空火箭设计研究院前身），在上海交大创建工程力学系，并在全市举办力学短训班服务国防工业。这些创举无不反映了他的远见卓识。1958年11月，上海宝山高炮阵地成功发射了一枚200 cm直径的固体燃料小火箭，这一成果位居全国之首。在艰苦的创业过程中，何友声的才智得到极大的锻炼和发挥，渐渐开始在力学界崭露头角。

60年代，何友声开始重视水翼理论这一研究领域的发展，以此为基础所开发的水翼性能理论计算方法在中国水翼艇的设计中沿用至今；他开拓研究空泡流、出入水、空化机理等水动力课题，接连不断地与合作者共同发表高质量论文，为我国水翼艇设计奠定了重要基础。

70年代，何友声精准发现先机，大力提倡对螺旋桨激振力的研究，并凭借开阔的国际视野，开辟了螺旋桨激振力研究领域的新天地，使中国设计的船舶减振性足以站上国际舞台，使我国船舶的减振水平开始拥有国际竞争力。他还在空泡流、空泡脉动特性、物体出入水过程的数值模拟等方面获得新突破，对国防建设贡献良多。

他独辟蹊径，率领团队建立了河口水动力学的研究基地，只为更好地适应长江口水资源开发、航道建设需要，有效推动了上海地区经济的发展。由于在科学技术上的突出贡献，1995年，何友声当选为中国工程院院士，登上了中国工程界的最高殿堂。后来桂冠不断：2001年被评为全国模范教师，2002年入选为欧洲科学院院士，2016年荣获首届辛一心船舶与海洋工程终身成就奖。

何友声的学术造诣深厚，引领中国船舶与海洋工程事业登上新台阶，在高速水动力学、空泡流和水中兵器出入水的研究中取得斐然的成绩，有力地支持了有关型号的开发。他曾十多次荣获国家和省部级科技奖。他参与编著的《螺旋桨激振力》成为国内外第一本这方面的专著，供高层次研究和设计人员使用，荣获国内学者们的一致好评。

何友声工作十分繁忙，但坚持主持研究生的近代文献讨论课。他说："为国家培养新世纪的创业者、振兴中华的骨干，是我们高教工作者义不容辞的责任。""管理要严格，治学要严谨，研究要创新，品德要高尚"是他对于人才培养的独特见解。对于自己名下的研究生，他负责全面指导，规定学生定期汇报完成作业和学习生活情况。从收集参考资料到试验装置测量，他会亲自参与学生们撰写论文的每个环节，甚至还去试验现场检查。他认真对待每位研究生的论文，全面指导，字斟句酌地帮助学生修改直至定稿。

担任上海交大党委书记期间，何友声严格落实党的教育任务，坚持社会主义办学方向，弘扬民主精神，发挥领导班子作为智囊团的重要作用，推动学校各项事业健康发展。1992年，何友声从学校党委书记岗位退任后，仍身体力行，义无反顾地投入高强度的教学科研工作中。即使年事已高，体力不支，他还是研究生照带，科研照做，一丝不苟。

何友声躬耕教坛半个多世纪，坚持扎根教学第一线。他曾讲授过十多门课程，先后培养了30多名硕士生、10多名博士生和博士后，为中国教育事业做出了极大贡献。

他率先提倡面向本科生开设概论课程，面向研究生和教师开设文献阅读研讨课，同时注重学科梯队建设和青年教师培养。他说："高校教师最重要的任务是培养学生，不能脱离学生的生活。"他循循善诱、诲人不倦的教育方式赢得了学生们对他由衷的敬佩与爱戴。

如今的上海交大教师，许多都是何友声的学生与同事，现已是各门学科的中流砥柱。这位师者的一生都与学生在一起。他经常参加组课、文献讨论会，登上讲台给年轻的学生讲公式、聊情怀。学生都深深铭记他的教导："心里要装着国家的需要，为祖国奋斗的岁月最有价值。"

何友声的终身皆为船舶事业燃烧，着力于默默点燃学生的心灵之火，并一贯把国家和人民的利益作为根本出发点和落脚点。他乐观积极、从容不迫，一身正气，"正身律物，轻利重德，学贵致用，以勤补拙"是他的座右铭，更是成为他永恒的信念。

何友声将自己的毕生心血倾注于我国的科学研究事业，为"科教兴国"做出了杰出的贡献。他的优秀事迹将激励莘莘学子踏梦而行、深入钻研、滴水石穿！

革命志士篇

陶静轩（1890—1926年），湖北江陵人，中共党员。1924年进内外棉十五厂做工，在工人夜校接受先进思想文化教育，后加入中国共产党，积极从事沪西工人运动，参与创办沪西工友俱乐部，投入二月罢工和五卅运动，历任沪西工友俱乐部委员长、上海总工会执行委员、码头总工会副委员长等职。1926年10月24日，在"打倒军阀、除列强"的北伐战争进军号中，他在领导码头工人纠察队参加第一次上海工人武装起义时被捕，11月16日被军阀孙传芳部杀害，时年36岁。

陶静轩

挑战军阀　血溅浦江
——上海沪西工人运动领袖陶静轩

陶静轩，又名鑫元、静仙、经轩，1890年出生在一个贫困的农民家庭，7岁进私塾读书，后父母相继过世，被迫辍学挑起生活重担。1910年，陶静轩背井离乡，打零工谋生，后到荆郡陆军学堂读书。辛亥革命爆发后，陶静轩被编入北洋十六师炮兵营，目睹军阀混战，民不聊生，决计脱离部队，辗转到上海谋出路。

1923年4月，陶静轩经人介绍进入日商内外棉十五厂当揩车工，因手脚灵敏而被选为揩车工工头。他性格直爽、好客，故而交友广、人缘好，因出生湖北，湖北帮派头子竞相拉他入伙湖北帮会。陶静轩表明自己的想法："厂里主要是日本人欺压我们中国工人。不管你是哪个帮，只要是工人，都会受日本人欺侮。"不

革命志士篇

少工人在陶静轩的思想感化下,弱化了拉帮结派的观念,认识到工人团结起来才有出路。汇聚在陶静轩周围的人越来越多,他很快成为厂内有影响的人物。

1924年初,陶静轩路过劳勃生路(今长寿路)东京路(今昌化路)口,看见刚开办的沪西工人补习学校,经老师介绍产生兴趣,遂报名进校读书。经老师先进思想的启蒙教育,他很快接受了马克思主义的先进思想文化,尤其在嵇直和徐玮的带领下,很快成长为工人运动的积极分子,经来校的邓中夏、项英和徐梅坤的教育和考察,不久被批准加入中国共产党,成为沪西地区最早的工人党员之一。

1924年,沪西工友俱乐部创建,陶静轩积极参与,并担任交际委员。1925年2月2日,因日本资本家毒打女童工而引发的二月罢工爆发,陶静轩是罢工委员会的领导成员之一,他深入各厂,对沪西日商纱厂工人进行紧张的发动和组织工作。9日,罢工斗争开始进入关键时刻,内外棉各厂冲破阻力,陆续加入罢工行列。到11日,内外棉11个厂有10个厂参加了罢工,然而内外棉十五厂却被日本资本家严密监控,大门紧锁,无法实现罢工,厂内工人心急如焚。陶静轩获悉,立刻向罢委会请命:"十五厂工作由我去做,明天罢工一定要罢下来!"

内外棉十五厂原是陶静轩做工的工厂,他设法混入工厂,立刻与工人骨干讨论对策,并通过积极分子连夜分头走家串户做全厂工人工作。第二天,陶静轩和工人一起上班,工人们不带饭盒进厂,到了中午,闹着要到外吃饭,而日本资本家严密阻拦,就是不让工人出厂。就在双方争吵得不可开交之时,突然间,陶静轩站立在高处,振臂高呼:"工友们,冲啊!"一声令下,全厂工人似决口的潮水冲出大门,直奔潭子湾沪西工友俱乐部。至此,沪西所有的日商纱厂工人实现全体罢工。不久,沪东日商工厂也全部罢工,实现全上海的22家日商工厂、近4万工人联袂大罢工,其规模之大、人数之多、影响之深远,是中国共产党建党以来第一次,是即将席卷全国的五卅反帝革命风暴的前奏。

二月大罢工胜利后,上海日商纱厂工会诞生,刘华被选为委员长,陶静轩为委员。之后,他们一起出席在广州召开的第二次全国劳动大会。

1925年5月15日,日本资本家枪杀工人顾正红。中共中央发出32、33号通告,号召全国党员和工人声援上海沪西工人的斗争。陶静轩立刻投入战斗。5月17日,陶静轩和刘贯之代表上海工人向北洋政府交涉署递交了《为日人惨杀中国工人顾正红呈交涉使文》,义正辞严地控诉日本资本家的暴行,提出惩办凶手、承认工会等要求。5月22日,陶静轩代表工会到宜昌路文治大学举行记者招待会,诉说工潮原委,要求舆论伸张正义、援助工人。24日,潭子湾万人公祭顾正红,陶静轩与全场人士一起高呼:"打倒帝国主义!""为顾正红烈士报仇!"公祭大会成为全上海爱国人士反帝斗争宣誓大会。5月30日,上海各大、中学校及工人2 000余人到公共租界示威游行,到处演讲,遭到租界巡捕的血腥镇压,酿成震惊全国的五卅惨案。

上海总工会在五卅风暴中诞生,继而又在上海工业集中的区设立上海总工会办事处,其中小沙渡设置的上海总工会第四办事处,由刘华任主任、陶静轩任副主任。上海总工会第四办事处在原潭子湾沪西工友俱乐部基础上建立,阵容强大,战斗力强,在刘华和陶静轩的领导下,以更加昂扬的战斗姿态与日本帝国主义斗争。

1925年12月17日,陶静轩的亲密战友、沪西工运领袖刘华被帝国主义和军阀秘密杀害。陶静轩悲痛万分,誓与帝国主义和军阀血战到底。上海总工会发出战斗号召,中国工人团结起来,"踏着我们领袖的血,继续奋斗"。刘华牺牲后,陶静轩挑起了领导上海总工会第四办事处的重担,继任第四办事处主任,以完成刘华烈士未竟的事业。1926年5月28日,他代表上海总工会出席五卅烈士丧葬筹备委员会会议,会上被推举为五卅烈士公墓奠基礼四人主席团成员之一,并在奠基典礼演讲,号召"继烈士未竟之志,以谋国家之独立自由"。在5月30日举行的全市五卅周年大会中,陶静轩担任大会总指挥,举行示威游行,号召上海工人阶级沿着革命先烈的足迹,奋勇前进。

1926年7月,北伐战争在"打倒军阀,除列强"的雄壮口号中正式开始。北伐战争是推翻帝国主义支持的北洋军阀反动统治,实现中华民族独立、民主和统一的革命,是孙中山多年的愿望,也是全国人民的共同要求。是年9月,为迎接北伐军进军上海,准备建立由民众选举、由共产党人起骨干作用的上海市民政府。中共上海区委任命陶静轩兼任码头总工会副委员长,负责组织码头工

《向导》刊发文章悼念陶静轩

人纠察队,以配合北伐军的进军。陶静轩奉命组织码头工人纠察队,准备起义。上海第一次武装起义原是由中共上海区委与上海国民党市党部合作,决定共同在10月24日凌晨发动起义,但因国民党的接应部队失败而无法起义。中共上海区委获得消息,临时决定中止起义,但这个中止起义的命令没有传达到陶静轩的指挥部,陶静轩仍按原计划孤军进攻浦东吴家厅军阀三区警察署。由于国民党方面的泄密,军阀早有防备,陶静轩在浦东起义的指挥所和武装力量全部被敌人破获。敌人抓到陶静轩这条"大鱼",欣喜若狂,认为至少是个团长级干部,百般利诱,妄图迫使陶静轩投降,但敌人失算了;敌人继而又严刑拷打,又失败。11月16日,陶静轩被押赴刑场,他视死如归,昂首阔步走上刑场,说:"我在沪西参加革命,死也要面向沪西的工人兄弟。"就这样,陶静轩上别七旬老母、下抛八龄幼女,面西挺立,从容就义,时年36岁。

陶静轩牺牲后,中共上海区委在《追悼陶静轩同志》文中盛赞陶静轩是"上海无产阶级的领导者之一","五卅运动的工人领袖,有肝胆,有煽动与领导工人群众的能力,实在是一个很好而难得的工人领袖"。11月20日,全市很多工厂工人响应上海总工会号召,下午1时半关车静默3分钟,向陶静轩烈士致哀。

陶静轩家乡——中共湖北江陵县委、县人民政府于1986年10月修建了陶静轩烈士纪念馆。陶静轩烈士的生平事迹在他生前战斗过的地方——上海总工会沪西工人文化宫的沪西革命史陈列馆内有专栏展示。

湖北江陵陶静轩烈士纪念馆的陶静轩雕塑碑

邓中夏（1894—1933年），字仲澥，又名邓康，湖南宜章人，中共党员。他于1917年考入北京大学文学系，1919年投身五四运动，1920年10月加入北京共产主义小组，成为中国共产党早期领导人、杰出的中国工人运动领袖。1923年4月，任上海大学校务长，中共上海区委执行委员会委员长，创建沪西工友俱乐部，领导发动二月大罢工。大革命失败后，他先后任江苏、广东省委书记，红军军团政委等职务。1933年5月，他被国民党当局逮捕，9月21日在南京雨花台英勇就义，时年39岁。

邓中夏

星星之火　燎原申城
——杰出的中国工人运动领袖邓中夏

邓中夏是我党早期杰出的革命活动家、中国工人运动领袖。1924年，他奉中共中央之命，到沪西小沙渡创办沪西工友俱乐部，发动和领导二月大罢工，成为席卷全国五卅风暴的前奏，开创了沪西工人运动新篇章，其不可磨灭的功勋永垂中国革命史册。

邓中夏，湖南宜章人，出身官僚地主家庭，自幼刻苦好学，同情劳动人民疾苦，1917年考入北京大学文学系，1919年5月4日参与领导发动五四反帝爱国运动。1920年，在北京大学李大钊的启蒙教育下，邓中夏参与组织马克思学说研究

革命志士篇

会，加入北京共产主义小组，在长辛店创建劳动补习学校，即是彪炳中国革命史册的工人夜校。1921年7月，中国共产党第一次代表大会在上海召开，邓中夏担任建党后的中国劳动组合书记部北方分部主任，负责领导北方工人运动，先后参与发动了长辛店铁路工人、开滦五矿工人和京汉铁路工人大罢工，并在中共二大时与陈独秀等五人一起被选为中共中央执行委员会委员。

1923年3月，邓中夏由北京秘密转移到上海，在国共合作的上海大学任校务长两年。自此，上大成为中国反帝爱国运动的堡垒。是年7月，邓中夏兼任中共上海地方兼区委执行委员会委员长。其间，邓中夏在青年团上海地委委员长张秋人和任弼时的带领下，到小沙渡劳勃生路（今长寿路）考察嵇直和徐玮主办的两个工人补习班，针对两个班规模小、入学人数不稳定的状况，决定合并两班成立"沪西工人补习学校"。

1924年5月10日至15日，中共中央在上海召开第一次扩大执行委员会会议，就国共合作以来的形势与任务进行了分析。中共上海地方执行委员会向大会提交了《上海地方报告》，向中央提出请求："上海是最受帝国主义压迫的地方，而工人群众又是这样庞大复杂。我们希望中央能在别处多调几个有经验的同志来，或者特别训练一般同志出来做这上海工人运动，这是我们上海地方急切要求。"中共中央认同上海地委的请求，通过了《党内组织及宣传教育问题议决案》等文件，指出："在大产业的工人里扩大我们的党，是现时的根本任务之一。""纺织业工人的组织不能再缓了。这是数量最多的一种产业工人，尤其集中在上海，我们的党在纺织工人里曾经进行组织失败了。"

不久，邓中夏走马上任，被任命为中央农工部的中央工会运动委员会书记，工作重心转向上海工人运动。他与李立三、项英组成三驾马车式的核心领导力量，到上海纺织工业最集中的沪西小沙渡活动，揭开了沪西工人运动的新篇章。

1924年盛夏，邓中夏、李立三和项英三人紧锣密鼓地筹划落实党中央交办的任务，他们决定以过去创建长辛店和安源工人俱乐部的经验，以现有的沪西工人补习学校为基础，创办一个全新的沪西工友俱乐部。他们集体草拟了一份《沪西工友俱乐部草章》，内容涉及总纲、部员、会议、规约、部务、经费和附则，计有8章共21条。经过综合调查，决定选址在周边有众多日商纱厂的小沙渡核心地段槟榔路（今安远路）小沙渡路（今西康路）拐角的德昌里成立工友俱乐部。

1924年9月1日下午，沪西工友俱乐部在人们的期盼中诞生。项英主持开幕演讲。项英是湖南人，以其特有的湖南腔，开门见山地讲述成立沪西工友俱乐部的意义。他特别详细地介绍了俱乐部"联络感情，交流知识，互相扶助，共谋幸福"的十六字宗旨，并且极其慎重地将十六字写成两个条幅，贴在墙上。成立大会上，大家选举工人孙良惠为俱乐部委员长，同时进行募捐活动。事后，嵇直写了一篇通讯报道，发表在《民国日报》的"觉悟"专栏。这个影响今后中国工运走向的沪西工友俱乐部正式成立。

新中国成立初期拍摄的沪西工友俱乐部旧址

沪西工友俱乐部名为俱乐部，实为启蒙教育、培育人才、传播马克思主义思想和理论的大课堂。邓中夏十分呵护这棵幼苗。他身兼上海大学校务长，便充分利用上海大学丰厚的教学资源优势，让革命师生纷纷到沪西来上课，蔡和森、恽代英、瞿秋白、杨之华、李硕勋、李立三、项英、向警予都来俱乐部上过课，甚至刚到上海不久的毛泽东夫人杨开慧也被诚邀到俱乐部给工人上课。

沪西工友俱乐部成立后，在邓中夏的指导下，一度低落的上海工人运动又开始活跃起来。不到半年，沪西地区19家中外纱厂秘密建立俱乐部（工会），会员人数激增，多达近1 000人。沪西工友俱乐部的发展和工人觉悟的提升为二月罢工和五卅运动的兴起奠定了良好的基础。

1925年1月，邓中夏出席中共四大。为进一步加强党对全国职工运动的领导，会议决定成立中央职工运动委员会，邓中夏被任命为委员会秘书长。此刻，邓中夏和李立三决定将沪西工友俱乐部由苏州河南岸租界地段的德昌里搬迁到苏州河北岸华人管辖的潭子湾三德里，以避开租界当局的直接干扰，便于大刀阔斧地开展沪西工人运动。

1925年2月2日，沪西内外棉八厂发生12岁女童工被日本资本家毒打事件，

邓中夏在群众大会演讲

激起全厂工人抗议风暴。中共中央和上海地委获悉,决定成立由邓中夏、李立三为负责人的声援罢工委员会,号召上海全体共产党人起来支援沪西日商纱厂工人的斗争。邓中夏和李立三领导和发动全市22家日商纱厂、近4万工人参加了二月大罢工。这是中国共产党成立以来第一次对日本帝国主义进行坚决的斗争。

二月罢工中,邓中夏始终战斗在最前线,然而不幸被捕。但是,二月罢工的战火已被邓中夏点燃,中国工人阶级愈战愈勇,不惧敌人的兵舰和大炮,硬是把日商在沪经济拖垮,使日商不得不请求上海总商会调停,答应工人部分要求、承认工会、释放被捕工人。二月罢工终于胜利了,邓中夏也在沪西工人阶级的营救下走出了监狱,与沪西工人在潭子湾共庆胜利。

邓中夏对二月罢工有高度评价,在《中国工人》杂志发文指出:"上海日本纱厂四万多工人的大罢工,是'二七大罢工'以后的一次伟大运动。这次罢工的胜利,在中国工人运动史上开辟了一个新纪元,为我国民族解放运动史增添了新的光辉。"

1925年5月,正在广州出席全国第二次劳动大会的邓中夏获悉五卅运动爆发,立刻领导发动有25万工人参与的省港大罢工,声援上海五卅斗争。省港大罢工长达16个月,其声势、规模震惊全国、震撼全球。邓中夏无愧为中国伟大的无产阶级革命家、活动家、政治家。

1927年4月,中国大革命失败后,邓中夏继续坚持斗争,参加中共中央八七会议,走上了武装革命道路。但不幸的是,在1933年5月15日晚,他被法租界巡捕逮捕,又被引渡到上海国民党特务机关。由于叛徒出卖,他暴露了真实身份,受到敌人无以复加的酷刑。邓中夏面对死亡,视死如归,坚毅地对敌人说:"我邓中夏就是烧成灰,也是共产党人!"不久,国民党当局将邓中夏作为"特大重犯"解押到南京宪兵司令部,妄图劝降。邓中夏威武不屈,痛斥国民党叛变革命的无道。蒋介石只能电令"即行枪决"。9月21日,邓中夏在南京雨花台英勇牺牲,时年39岁。

邓中夏与李启汉是亲密战友。1945年3月1日，毛泽东写信给邓中夏遗孀，亦即李启汉妹妹李惠馨（夏明），深情地说，"我们要继续为党工作，以继启汉、中夏之遗志"。毛泽东该信墨宝影印件在沪西革命史陈列馆、沪西工人半日学校史料馆内展示。

佘立亚（1897—1927年），化名王炎夏，湖南长沙人，中共党员。1919年赴法勤工俭学，在巴黎与周恩来等18人创建中国少年共产党（旅欧中国共产主义青年团），1924年在莫斯科东方大学转为中国共产党员，1925年初回国，相继在中华全国铁路总工会、郑州地方党团任职。1926年9月，他到沪西任中共小沙渡部委书记、中共沪西部委书记，担任上海工人三次武装起义沪西地区总指挥。大革命失败后，佘立亚在兼任上海总工会沪西工会联合会主任期间被捕，英勇牺牲，时年30岁。

佘立亚

威震沪西　血染龙华
——上海工人武装起义沪西总指挥佘立亚

佘立亚出生于湖南长沙一个富裕的地主家庭，从小就有强烈的爱国情怀。中学毕业后，他痛感中国政治腐败、国破民穷，立志寻找科学救国道路。1919年，他被毛泽东发起赴法勤工俭学的倡议深深吸引，决心自费前往法国留学，但遭到全家反对，尤其是父母需要他继承家业，传宗接代。但此时的佘立亚，出国留学的决心已定，最后还是忍痛告别双亲，登上法国邮轮，万里迢迢，抵达法国马赛，加入中国青年赴法勤工俭学的洪流。

佘立亚到了法国，很快感受到西方资本主义国家对工人的残酷压迫与剥削。

他到工厂做工，亲身体验了工人阶级的悲惨命运。法国并不是他原来想象中"平等、博爱、自由"的故乡。初到法国，社会上各种流行的社会思潮向他袭来，影响最大的是无政府主义。后来，佘立亚与周恩来等一批革命青年相识，结成挚友，他们在共同的学习和生活中认识到，无政府主义是有害的社会思潮，无助于人民的解放，只有马克思主义才是人类的救星。1922年6月18日，佘立亚与志同道合的周恩来、赵世炎等18个青年一起在法国巴黎郊区布罗尼森林创建"中国少年共产党"，不久，邓小平也加入中国少年共产党。从此，佘立亚和邓小平等都先后走上了革命道路。1923年春，在法国生活战斗了近四年的佘立亚被中共旅欧总支部选送到苏联莫斯科东方大学学习。次年，经中共旅莫斯科支部书记罗亦农介绍，他由团员转为中国共产党正式党员。

经历了异乡他国六个春秋的革命洗礼，1925年初，佘立亚奉调回国，并立刻投入伟大的中国大革命洪流，先后担任中华全国铁路总工会书记、郑州地方党团书记、中共郑州地委职工部主任、中共豫陕区委委员、京汉路总工会郑州分会秘书长、河南省总工会委员。最后，他由党组织调配到上海工作，担任中共吴淞独立支部书记。吴淞是上海出海口的门户，是中国共产党开展工人运动的重要阵地。佘立亚大刀阔斧地推进了吴淞地区的工人运动，但也被敌人视为重要的危险人物。就在吴淞纪念五卅惨案一周年的活动中，他被英国武装警察逮捕，后经党组织大力营救方得出狱。

佘立亚出狱后已无法继续在吴淞开展革命活动，只能等待党组织重新分配工作。就在这时，上海发生陈阿堂事件。1926年8月13日，小贩陈阿堂到日轮"万

佘立亚（前排左5）与周恩来（第3排左10）一起在法国创建中国少年共产党

革命志士篇

佘立亚在法国勤工俭学时与同学合影，后排左二为佘立亚

里丸"上叫卖，被日本水手诬为小偷，毒打致死，并沉尸黄浦江。惨案传出，上海人民群起抗议。上海纱厂总工会发布罢工令，小沙渡日商纱厂举行同盟总罢工，由最初1万多人发展到2万余人，沉重打击了日本资本家的反动气焰。就在这关键时刻，中共上海区委决定派佘立亚到沪西任中共小沙渡部委书记，以进一步加强和推进小沙渡的工人运动。

1926年9月，佘立亚化名王炎夏，出任中共小沙渡部委书记。到任后，他发现日本资本家正在以重金收买工贼走狗，妄图从内部破坏工人斗争。佘立亚经上级领导批准，选拔了一些勇敢机智的工会会员，发给武器，组成一支"打狗队"，制裁那些劣迹昭著的工贼走狗。那些平时为虎作伥、欺压工人的工贼走狗闻风丧胆，都成了丧家之犬，惶惶不可终日。中共上海区委书记罗亦农充分肯定了"打狗队"的作用，在呈中共中央的一份报告中说："在小沙渡慑于'打狗队'威力而落荒而逃的走狗有30余名，保证了小沙渡工人斗争的顺利开展。""打狗队"的建制后来成为中央特科的雏形。

1926年北伐开始后，中共中央和以罗亦农为书记的中共上海区委分析形势，提出了与上海国民党党部合作的意向，并以实际行动迎接北伐军进上海，准备建立由民众选举、代表广大市民利益的、共产党起核心作用的上海市民政府。为达到这个目的，决定通过上海工人总罢工转武装起义，与北伐军汇合，打败军阀，实现上海的解放，而佘立亚则成为领导沪西工人武装起义的总指挥。

1926年10月24日凌晨，在中共上海区委领导下，举行了第一次工人武装起义。由于准备工作不充分、时机不成熟，起义很快失败。时任中共小沙渡部委书记的佘立亚领导了沪西工人的第一次起义，也没有成功。

1927年2月11日，中共江浙区委第一次代表大会秘密召开，佘立亚率领小沙渡5家纱厂工人6名代表出席，被大会选为中共江浙区委委员。会议期间，北伐军正在向浙江推进。18日，北伐军先遣队攻到嘉兴。中共江浙区委认为配合北伐军进攻上海的时机已成熟，决定发动第二次工人武装起义。上海总工会于19日发布总罢工命令，要求在罢工中配合北伐军，武装夺取上海。全市共有36万工人总罢工，小沙渡共有25家工厂、1.5万工人罢工，沪西地区的学生也三五人一组，分散上街发传单和演讲，声援工人罢工。20日，中共中央决定把总同盟罢工转变为武装起义。但就在这个关键时刻，北伐军却中途乱阵和变卦，致使工人罢工遭到军阀血腥镇压。位于沪西的大夏大学的两位学生陈亮、陈骏在曹家渡宣传中被军阀刽子手砍杀。22日，中央决定停止当天的起义，由上海总工会发出复工命令。同时，中共中央组织特别委员会下设特别军事委员会和特别宣传委员会，

沪西工人文化宫内上海工人三次武装起义纪念雕塑

革命志士篇

准备发动第三次起义。

　　1927年3月7日，中共上海区委为从组织上加强对上海工人第三次武装起义的领导，决定将上海的8个部委作部分调整，其中小沙渡部委和曹家渡部委合并为沪西部委，佘立亚任中共沪西部委书记。佘立亚根据中共中央和上海区委的部署，组建武装工人纠察队，秘密开展军事训练，并在市民中开展政治宣传，配合起义军集中力量与军阀武装决战。3月20日，北伐军进抵龙华，21日，特别军事委员会下令发动上海工人举行总同盟罢工，随即罢工转为武装起义。沪西有30多家工厂、近10万工人参与总同盟罢工。沪西起义总指挥佘立亚按照中共上海区委原定的起义计划，将工人纠察队和武装人员分为两路战斗队。一路攻打目标是曹家渡的第六警察署，由部委书记佘立亚率领，包围警察署，大喊"缴枪不杀""打倒军阀"的口号，但还是有少数警察负隅顽抗，工人纠察队和武装人员发起冲锋，申新一厂工人纠察队在缴获沿途岗警枪支后赶来加入战斗，很快将60余名警察全部俘虏，缴获30多支枪。工人纠察队一鼓作气，渡过苏州河，迅速占领潭子湾口警察局。另一路目标是小沙渡第四警察署，由工人纠察队大队长鲍孝良、黄埔军校士官副队长曾瑞率领进攻。双方鏖战中，凯旋的佘立亚率部加入战斗，敌军溃败并举白旗投降，曾瑞不幸牺牲。沪西解放，佘立亚率部东进闸北火车站，会同闸北等区的纠察队，对据守在火车站的军阀部队发起总攻。在强大的攻势下，敌军终于土崩瓦解，缴械投降，上海工人第三次武装起义取得胜利。

1927年上海工人第三次武装起义时，佘立亚率领沪西工人纠察队攻占曹家渡警察局

上海工人第三次武装起义胜利不久,蒋介石发动四一二反革命政变,上海陷入一片白色恐怖,大批革命志士惨遭杀戮。佘立亚是敌人重点追捕的"共党要犯"。佘立亚并没有被敌人的屠刀吓破胆,而是以上海总工会沪西工会联合会主任的名义,继续顽强地领导沪西共产党人和工人转入地下,与敌人进行针锋相对的斗争。5月下旬的一天,沪西工会联合会及党的秘密机关所在地突然被特务包围,佘立亚和其他工会同志不幸被捕。面对敌人的屠刀,他们毫无畏惧,痛斥国民党蒋介石集团叛变革命的滔天罪行。佘立亚挺立在龙华监狱(又名陆军监狱)附近的枫林桥刑场上,被敌人腰斩杀害,时年30岁。

佘立亚在敌人的反革命政变中英勇牺牲了,但他的未竟事业已由他在法国"旅欧中国少年共产党"的战友周恩来、邓小平等同志完成,实现了中国革命的最终胜利。

何孟雄（1898—1931年），湖南酃县人，中共党员。1913年考入长沙岳云中学，1919年就读北京大学，投身五四运动，参与创办北大马克思主义学说研究会，加入北京共产主义小组，是全国最早的50余名党员之一，也是早期中国共产党的重要领导干部。大革命失败后，他相继在江苏等省委任领导工作，1927年9月出任中共沪西区委书记，对党组织进行整顿，恢复党的战斗力。1931年1月被捕，在龙华被秘密杀害，是龙华二十四烈士之一，时年33岁。

何孟雄

铁骨孟雄　气贯长虹
——整顿党组织的中共沪西区委书记何孟雄

上海市普陀区沪西工人文化宫沪西革命史陈列室展示了一幅落款为廖慕群的《沪西十月份工作大纲》遗稿影印件。廖慕群是中共沪西区委书记何孟雄的化名。这份文件诉说着1927年中国大革命失败后，在沪西地方党组织遭到敌人破坏的严峻形势下，何孟雄受命整顿沪西地下党组织的故事。

1919年3月，何孟雄在北京大学做旁听生期间，受《新青年》为代表的新思潮影响，积极投身五四爱国运动，成为北京大学学生运动的重要骨干。1920年3月，在李大钊的指导和帮助下，何孟雄加入了中国第一个马克思主义学说研究团体——北京大学马克思学说研究会，同年11月又加入北京社会主义青年团和北京共产党早期组织，成为中国共产党最早的五十多名党员之一。

中国共产党成立后，何孟雄为北方劳动组合书记部成员，任中共北京区委兼地委书记，是开创北方革命运动的重要领导者之一，先后领导和参加了长辛店、张家口、京绥路等铁路工人大罢工斗争。

1927年4月12日，国民党蒋介石集团发动四一二反革命政变。7月15日，汪精卫发动七一五反革命政变。全国陷入一片白色恐怖，大批革命志士和革命群众遭到屠杀和监禁。在敌人发布的通缉令中，何孟雄被列为190名通缉名单的第110名。

大革命失败后，中国共产党在上海处于完全"非法"的地位。1927年6月，中共江苏省委成立后，省委陈延年、郭伯和、赵世炎等领导人相继被捕、被枪杀，领导机构遭到破坏。为贯彻中央八七会议精神，是年8月，中共中央任命中共中央临时政治局候补委员邓中夏任中共江苏省委书记，以重新组建党、团和工会的组织，并将国内一批得力的干部充实到江苏省委和所属的各级领导机构中去。此刻，还在湖南的何孟雄接到党中央的通知，命他立刻赴上海，到江苏省委报到，接受新的工作安排。

1927年8月的一天，艳阳高照，何孟雄一行四人由家乡湖南抵达上海，在山海关路成都路租到一间房子住下后，迅即向中共江苏临时省委常委、代理书记王若飞报到，并被任命为中共沪东区委书记。8月中旬，邓中夏抵达上海，正式出任中共江苏省委书记，并根据中共中央批准的名单，组成新的中共江苏省委，常委5人，正式委员17人，候补委员11人。何孟雄为候补委员，何孟雄夫人缪伯英任妇女运动委员会秘书。此时的何孟雄化名刘元和，以韩昌书店店员的身份从事党的秘密活动。夫人缪伯英以华夏中学老师的身份，秘密从事中共江苏省委妇女运动委员会秘书工作，家中孩子重九则由妻家族兄缪卫云照管。

其时，昔日震撼上海的沪西工人运动被叛变革命的蒋介石集团血腥镇压，原有的沪西党团领

1921年秋，何孟雄与缪伯英
在北京结婚时的合影

革命志士篇

导干部和革命分子相继被捕和被杀害,幸存的共产党人和工人处于极端的困境。在严峻的白色恐怖环境下,有人彷徨,有人叛变。面对沪西的险恶形势,省委书记邓中夏决定派何孟雄到沪西,整顿困境中的沪西党组织,以恢复昔日沪西工运的雄风。

9月,何孟雄就任中共沪西区委书记。首先,他对区委领导班子重新分工,将原区委领导成员调离,任命原区委委员陈怀璞为宣传委员、高俊毅为组织委员、易国杞为职工委员,紧接着恢复和运转区委工作。中共江苏省委十分关注沪西区委党的工作,不时提醒沪西党务工作要注意的事项。省委发出的《江苏省委组织部十月工作计划》中指出:"沪西的群众素来是我们领导着做慷慨激昂的斗争,毫未注意经常的组织工作,我们党的现象也是在这种影响之下。""沪西群众最好的工作中(如内外棉、同兴等),而我们党反而不发展,据说过去是有坏领袖把持,这种现象应即刻改变。沪西的党只有从大大的发展中,才能推进一切工作,尤其要注意女工同志的发展,更能使沪西走入新的局面。"

为此,何孟雄化名"慕群",拟定《沪西十月份工作大纲》。首先强调要整顿党的基层组织,积极组织群众运动,"使群众认识到党的组织力量"。其次,要"积极估量那些可靠分子,重新训练他们"。《大纲》认为:"过去的斗争和工作使我们更了解沪西工作建筑在沙漠上,群众虽然很革命,可是我们拿不住群众,转变不了群众

沪西十月工作大纲原稿

何孟雄等龙华二十四烈士殉难地

的倾向和情绪,换句话说,我们以前领导他们都是乘机而动,机会过了,群众的热潮降下去了,我们的工作也跟着停止了,无论如何都活动不起来,老实说,以前的工作纯是机会主义者的工作。我们要改变以前工作的老方式,就是建立党的基础。十月份我们更具体的规定,造就下级干部:一、群众下级领袖;二、党的下级领袖。"

对此,《大纲》提出10月的工作计划:"(一)整顿支部(方法另开);(二)各厂成立工厂委员会及工厂支部(详见职工计划);(三)整理妇女工作;(四)建立五金部工作;(五)C.Y.[1]和党在下级的关系;(六)造就下级干部人才;(七)沪西工厂设支部的发展组织。"文件最后要求:"组织部按照以上七项做成具体工作计划,在这个月内能实行的(详组织报告)。"

《大纲》批评区委过去的"机会主义者工作",没有把握机会,这是指8月下旬罢工一事。当时,沪西内外棉五厂工人2 000多人举行罢工,要求恢复老工会,让被开除的工人复工和增加工资。党员在工人中散发反对蒋介石和国民党的小册子。邻近的内外棉七、八、九等工厂约4 000人陆续罢工,以支援五厂斗争。但由于罢工缺乏正确领导,各厂的罢工的要求未达成,遭到失败。这是上级党组织要调何孟雄到沪西整顿党组织的重要原因。

何孟雄是龙华二十四烈士之一

---

1 指共青团——编者注。

何孟雄大刀阔斧地整顿党组织的工作得到省委肯定。中共江苏省委在11月通过了《整顿组织决议案》，对沪西区委群众斗争的经验予以书面肯定，但同时又指出，沪西党组织还需要注意克服群众中的流氓习气，并发展面粉厂和纱厂的党组织工作。

1928年1月，何孟雄调离沪西，到淮安等地的农村组织农民暴动，提出党要以土地革命为中心，尤其以农民游击战争为主要决策，农村"联合起来包围城市，封锁城市，用广大农村革命势力以向城市进攻，必然可以得到胜利"。

1930年，何孟雄三次向中共中央递交政治意见书，反对李立三"左"倾冒险主义错误，被撤销领导职务。1931年初，在党的六届四中全会上，何孟雄再次受到"左"倾打击，继而因叛徒出卖，被敌人逮捕。2月7日，何孟雄等24位革命志士被枪杀于龙华古塔之旁。

何孟雄被捕后，敌人曾以何孟雄在党内被孤立的处境劝降，被何孟雄严词驳斥："这是我们党内的事，你们休想从中离间我与党的关系，我是坚定的马克思主义者。"何孟雄坚守自己的理想和主义，英勇捐躯。

如今，以"慕群"笔名书写的遗稿《沪西十月份工作大纲》，原件存档在中央档案馆，影印件在沪西革命史陈列馆展示。何孟雄曾佩戴的怀表，生前赠给亲属留念，现已由普陀区委党史研究室协助征集，转至龙华烈士纪念馆展出。

何孟雄进行革命活动时使用的怀表

张浩（1897—1942年），原名林育英，湖北黄冈人，中共党员。1924年秋赴莫斯科东方大学学习，1925年秋回国。1926年至1932年间三次到沪西从事工人运动。历任中共湖南、沪西、满洲里等地的领导职务。1933年赴莫斯科任中华全国总工会驻赤色职工国际代表和中国共产党驻共产国际代表团代表。1935年应共产国际之命，他回国寻找长征中的中共中央，传达共产国际建立广泛的反法西斯人民阵线诀议的精神。1937年9月任129师政委。1942年3月6日在延安病故，时年45岁。

张浩

三顾沪西　一生戎马
——中共沪西区委书记、工人运动领袖张浩

　　1942年3月9日上午，在延安中央党校门前的广场上举行了万人公祭张浩的活动。灵堂两侧挂着治丧委员会的挽联："工人先锋，战士楷模"和毛泽东题写的挽词"忠心为国，虽死尤荣"。中共中央书记处书记任弼时主祭，数位中央领导亲自为其执绋抬棺上山。这位张浩就是曾任中共沪西区委书记的林育英同志。
　　张浩出生在湖北黄冈林家染铺湾，五四运动期间，受恽代英和林育南的影响走上革命道路。1921年7月，他与恽代英、林育南、李求实等24人在浚新小学成立共产主义小组性质的"共存社"。1922年2月，由恽代英、林育南介绍，张

革命志士篇

浩在武昌加入中国共产党，成为我党最早的工人党员之一。入党后，他先后在大冶、汉阳、长沙、安远等地领导工人运动，党内主要用化名林仲丹，同时为便于在各种环境中工作，还经常变换身份，使用的化名，计有十多个，而张浩是1935年秘密从苏联回国时起的化名，一直沿用到病逝。

1924年秋，张浩赴莫斯科东方大学学习，同期学习的有邓小平、李富春、聂荣臻等人。1925年秋回国后，张浩到中共上海地委报到，旋即在改组的中共上海区委执行委员会（简称上海区委，又称江浙区委）的训练班负责训练各级党团组织和工会干部，继而任杨树浦部委书记。1926年2月，张浩被选为上海区委委员。从1926年到1932年，张浩前后有三次到沪西任职从事沪西工人运动。

第一次是1926年7月。7月30日，张浩被中共上海区委调任为中共曹家渡部委书记，是年9月，又调任中共小沙渡部委组织部兼宣传部主任，积极协助中共小沙渡部委书记佘立亚工作，负责内外棉七、八、九、十二、东五厂等各厂的党组织工作。是年10月，北伐军攻占武昌，嗣后，广州的国民政府迁至武汉，武汉成为全国革命中心。张浩于1927年1月被调任为国民政府军事委员会的副官兼特务队队长，负责维持治安、打击敌特。大革命失败后，张浩于1928年5月任中共湖南省委常委、职委书记，支持毛泽东井冈山革命根据地的斗争。

张浩第二次到沪西是1929年初。他在湖南省委任常委工作期间被敌人悬赏追捕，便化装成和尚，身披袈裟，手持佛珠，逃亡到上海。中共中央政治局决定，调任张浩为中共沪西区委书记。张浩到沪后，不仅叫妻子涂俊明到上海，还动员四弟林育农、内弟涂延林、堂妹林春芳到上海，一起参加上海的工人运动。堂妹积劳成疾病故，内弟涂延林、涂明山相继英勇牺牲。其堂弟林育南是杰出的中国工运领袖、上海龙华二十四烈士之一，另一堂弟林彪在张浩影响下参加革命，成为中共著名战将。

张浩重回熟悉的沪西，感慨万分。上次在沪西还是国共合作的大革命时期，如今却是国民党蒋介石发动反革命政变后的白色恐怖时期，共产党需要重新整顿，坚持在新的环境下战斗。张浩到沪西领导工人运动，上级党组织只能给他每月五六元的生活费，他还要经常接济生活更为困难的同志，家中常揭不开锅，时有饿晕的状况，但他没有气馁，坚持战斗。在张浩的领导下，以沪西产业支部为重点，加强对电气车四厂、五厂，同兴、振华、中新纱厂和绢丝厂的党员教育，发挥党组织在工厂的核心作用。对在大革命失败后离开党组织的老党员作了科学甄别，积极发展新党员，扩大党的队伍，妥善处理失业工人，争取黄色工会中的群众，孤立黄色工会的顽固分子，建立赤色工会……共产党组织逐渐恢复了生机。

1929年5月19日晚上，沪西星加坡路（今余姚路）英军兵营附近老虎灶主张学良遭英兵殴打致死，引起公愤。江苏省委指示各级党组织和赤色工会，抓住"张案"来扩大反帝斗争声势。张浩成立后援会援助张学良案，在邮局工会召开代表大会，百多个团体、近千人到会，议决30日公祭张学良并成立五卅四周年纪念筹备会。上海《申报》《时报》跟踪报道，掀起全市反帝浪潮，迫使驻沪英军司令部公开道歉，看管肇事者，答应出葬殓费、抚恤费，并下令把兵营迁到愚园路，不准英兵外出。这场斗争的胜利大大鼓舞了沪西人民的斗志。

张浩在沪西组织"张案后援会"相关史料

5月30日，为纪念五卅运动四周年，全市举行罢工、罢市、罢课。张浩组织沪西工人大示威，冲破反动军警的层层封锁，向预定的路线进发。游行队伍遭到军警武装镇压，许多群众被强行抓走，许多示威者被打得血流满地。张浩是游行总指挥，发现有两个妇女被打得头破血流，奋不顾身地上前救助，与敌人展开殊死搏斗。这两个妇女脱险了，张浩却被敌人死死揪住，打得遍体鳞伤，还被抓进监狱,受尽酷刑,身体遭到严重摧残。

张浩在4个月后出狱,党组织立刻让他担任中华全国海员工会特派员,负责领导香港、广州的海员工会。1930年4月起,他先后任满洲省委常委、工委书记、代理省委书记。9月,在中共六届三中全会上,他当选为中央候补委员。同年11月,他在沈阳被捕,再次受尽酷刑。

第三次到沪西是1932年初。张浩在沈阳被捕,经党组织营救,很快出狱,被任命为全总常委和全国海员工会党团书记。这期间,上海爆发一·二八淞沪抗战,十九路军在前线奋起抗战,粉碎了日军速战速决的作战计划,迫使日军三易主帅,折兵数千。此刻的沪西成了上海全民抗战的大后方,宋庆龄亲自到真如十九路军临时军部的范庄慰问,全市各界多路的抗日义勇军、救护队、宣传队涌向沪西,誓言要与十九路军并肩战斗。张浩及时赶到他熟悉的上海沪西,声援沪西工人的斗争。他与时任中共中央职工部部长刘少奇、沪西区委帅孟奇等人一起,通过沪西区罢委会和各日商纱厂罢委会,发动了声势浩大的沪西日商工人抗日大罢工,声援十九路军和全市人民的抗战。高涨的抗日氛围弥漫了整个沪西,使汉奸和国民党特务也不敢肆意干涉。沪西一时被上海人民称为"赤色沪西"。

张浩的主要工作在中华全国总工会。离开沪西后,他继续在总工会从事工人运动。1933年初,他奉中央之命赴莫斯科,担任中华全国总工会驻赤色职工国际代表和中国共产党驻共产国际代表团的代表。1934年10月红军长征后,共产国际与中共中央、中央红军失去联系,张浩受共产国际委托,回国寻找长征中的中共中央。张浩重任在肩,把共产国际"七大"会议精神、《八一宣言》及电台密码反复背诵,铭记脑海,接着就化装成商人,挑着货担,从莫斯科取道蒙古,穿过沙漠,于1935年11月中旬到达陕西革命根据地定边,与长征到达陕北的中共中央接上关系。

张浩向中共中央传达共产国际"七大"关于建立广泛的反法西斯人民阵线决议精神。1936年1月,他开始参与中共中央政治

红军时期的张浩

局工作，任中央东北军工作委员会副书记、中共中央工农部部长、白区工作委员会书记、援西军政委（刘伯承为援西军司令员）。1937年9月，他与刘伯承一起组建129师，刘伯承任师长，张浩任政委，率师出击战斗。张浩在长期的革命岁月中，身体受到严重损伤，常常头痛难忍，只能用冰块镇痛。中央考虑让他去莫斯科治疗，但他坚持留下战斗。随着疾病的加重，他无法上前线指挥战斗。1938年1月16日，中央决定让张浩退出129师，由邓小平接任政委。张浩退至后方延安，担任中共职工运动委员会副书记，仍然废寝忘食地工作。1942年3月6日，张浩不幸逝世，时年45岁。

建国后，中共湖北省委办公厅和全国总工会办公厅共同牵头拍摄大型电视片《张浩》。创作组和电视拍摄组到张浩曾经战斗工作过的沪西访谈调研，受到普陀区委党史研究室的热情接待，并被引领到苏州河、长寿路等地拍摄实景，提供《不灭的星》等资料。

张浩一生三顾沪西，他的传奇不仅是中共党史和中共军事史的传奇，也是沪西工人运动史的传奇。

李启汉（1898—1927年），又名李森，湖南江华人，中共党员。五四运动期间，他积极参加毛泽东发起的驱逐湖南督军张敬尧运动；1920年春，到上海参加革命活动，成为中国共产党上海发起组成员之一，创办全国第一所工人学校——沪西工人半日学校，筹建沪西纺织工会，领导上海英美烟厂工人大罢工；建党后，任中国劳动组合书记部干事、中华全国总工会执行委员兼组织部长，参与领导省港大罢工。在与帝国主义和反动军阀的斗争中，他被关押坐牢长达两年。在任全国总工会广州办事处主任、中共省港罢工委员会书记期间，于1927年4月下旬被敌人秘密杀害，时年29岁。

李启汉

播火使者　工运先驱

——沪西工人半日学校创办者李启汉

李启汉，又名李森，湖南江华人，出身于农民家庭，自幼爱学习、爱劳动。1915年，他考入湖南省立第三师范学校，受毛泽东的影响，在长沙参加驱逐军阀张敬尧运动，以湖南学生请愿代表团的代表身份，跟随毛泽东到北京参加请愿驱张活动；1920年春，在邓中夏的支持下，到上海参加革命活动，结识了陈独秀、李达等人；同年8月，加入社会主义青年团，继而成为中国共产党上海发起组成员。

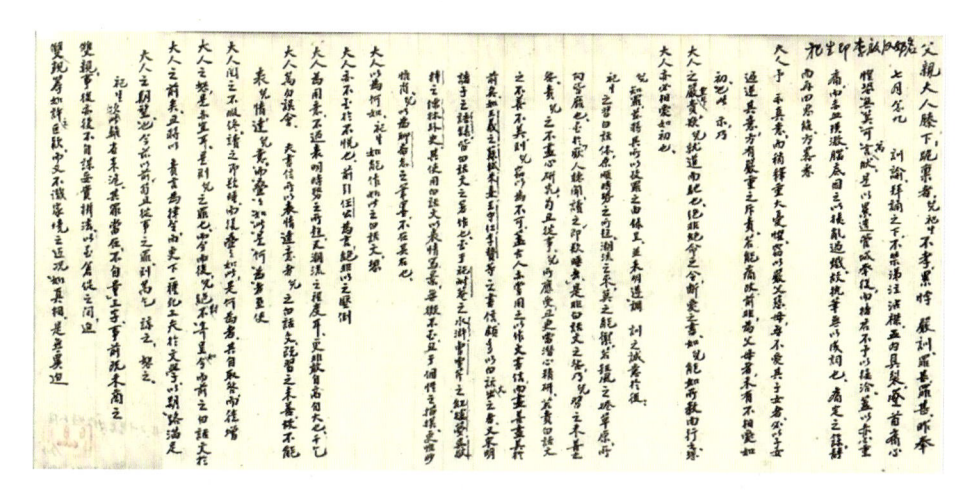

李启汉来上海后给父亲的家书（1920年）

中国共产党上海发起组坐落在法租界老渔阳里（今南昌路100弄）。发起组的重要任务是积极到工人群众中间去开展工人运动，实现马克思主义与中国工人运动相结合，为中国共产党正式建党夯实思想基础、阶级基础、组织基础。李启汉是发起组到工人群众中去宣传的重要成员。但是，茫茫的大上海，到哪里去与工人运动结合呢？这一难题困扰着发起组的每个成员。在这关键时刻，发起组获知小沙渡日商内外棉九厂在槟榔路（今安远路）锦绣里建造的简易工房要出租的消息，而锦绣里地处沪西大工业区，这是办工人夜校的绝佳之地。陈独秀当机立断，指派李启汉到锦绣里租下178—180号的工房，终于实现了在上海工人阶级最集中的地方创建工人学校的宿愿。

李启汉为创办沪西工人半日学校，废寝忘食，呕心沥血。锦绣里工房是泥砖结构，质地粗糙，李启汉煞费苦心，对租赁的六间屋子进行结构改造。他将

工人半日学校旧址（解放后拍摄）

革命志士篇

沪西工人半日学校史料馆

楼下三小间连成大间作教室，内放28套课桌板凳，在资金极其短缺的情况下，还配备了一盏煤油灯和一个留声机。楼上大小两间，为办公室兼卧室。学校开设日夜两班，门口张贴"工人半日学校"校名。学校终于在众人期盼中开学了，但是，开学初的入学人数没有达到预期目标。李启汉就转换思路，在校内开办游艺会，内容活泼多样，贴近工人的业余生活喜好，于是学员激增，最多时达400多人。半日学校是工友集聚的俱乐部，更是共产党人进行阶级启蒙教育的阵地。

沪西工人半日学校是中国共产党上海发起组进行马克思主义与工人运动结合的重要阵地。在李启汉主持下，新渔阳里外国语学社的几个学员相继到夜校授课。兼职教师陈为人拿着自己在《劳动界》发表的文章作教材，他讲课说："工人要有两种心，第一觉悟心，就是我们不要以为受苦是我们的命运，我们受苦，都是资本家陷害我们。我们做值一元的工，他只给我们一角，其余几角，他都得去了；第二奋斗心，我们觉悟了，就要去与资本家争斗。"陈望道在渔阳里给同仁讲解《共产党宣言》，还到锦绣里给工人群众宣传《共产党宣言》的原理。李启汉在创办工人游艺会开幕式上给工人做演讲，公开提出中国工人阶级要亮出进行社会革命的旗号："什么金钱万能，劳工无能，我们都要改革，打破！"

沪西工人半日学校是上海滩夜幕下的一盏明灯。革命的烽火由渔阳里传到锦绣里，教师以工人学员听得懂的语言讲解《共产党宣言》和马克思主义的基本原理，启蒙了工人学员的觉悟。不少学员挣脱了封建迷信和宿命论的束缚，由觉醒走向革命，提出要建立自己的工会。李启汉欣喜地看到革命的火种已经点燃，便及时在沪西工人半日学校的基础上创办沪西地区第一个工会——沪西纺织工会。自此，沪西小沙渡工业区有了自己的工人学校和工会，掀开了沪西工人运动的新篇章。

1921年，世界上许多国家的工人阶级要以各种形式纪念五一国际劳动节，上海共产党发起组认为这是团结工人战斗的好办法，决定于5月1日组织全市工人纪念五一劳动节，并责成李启汉秘密筹备这次活动。可是，筹备会议的内容被租界密探侦破，原计划举行全市五一国际劳动节庆祝大会的西门公共体育场被租界当局武装封锁。共产党发起组临时决定，庆祝大会分别改到杨树浦和小沙渡叉袋角举行。这天下午，李启汉集结沪西工人，沿莫干山路叉袋角一带举行五一节庆祝游行。这是沪西工人阶级诞生以来第一次在自己家门口举行五一国际劳动节庆祝活动，彰显了沪西工人运动的革命洪流正在蓬勃高涨。

1921年7月23日，中国共产党第一次全国代表大会召开。就在这时，李启汉领导和发动了上海英美烟厂工人大罢工，为正在召开的中共一大"鸣锣开道"。中共一大召开后，中国共产党立刻建立中国劳动组合书记部，李启汉任书记部干事，加强了对工会和工人运动的领导，并将沪西工人半日学校改名为上海第一工人补习学校，继续领导沪西工人运动，时间长达两年。

1922年1月，香港海员大罢工爆发，李启汉在上海成立香港海员罢工后援会，阻止工头为香港英国轮船公司招募新工人，以支持香港海员罢工。这个声援斗争遭到工头的阻挠和打压，他们勾结巡捕，以莫须有的罪名逮捕李启汉。经中国劳动组合书记部千方百计的营救，李启汉始得出狱，但他已经被租界当局和军阀列入"危险人物"名单，生命随时有危险，尽管如此，他却毫无顾忌地继续战斗。

李启汉出狱后，继续发动上海各界人士援助香港海员，帮助浦东日华纱厂工人建立工会，并领导日华纱厂和上海邮局工人罢工。1922年5月，李启汉作为中国劳动组合书记部的代表，到广州参加第一次全国劳动大会，他的提案《八小时工作制度》和《罢工援助案》均被大会通过成为决议案。大会结束回到上海后，他与林伟民等人筹建中华海员工业联合会上海支部，发动上海各工会支援浦东日华纱厂工人的第二次罢工。李启汉果敢的斗争使租界当局更为恼怒，便于是年6月以"煽动罢工，扰乱秩序"的罪名将他逮捕，中国劳动组合书记部被查封，上海第一工人补习学校被解散。李启汉被判刑三个月，刑满照例可释放，但租界当局以驱逐出境为名，又将他递解上海军阀护军使署，继续关押坐牢。党组织进行营救，但未成功。李启汉在龙华军事监狱和上海陆军监狱共坐牢两年零四个月。1924年10月，江浙军阀战争爆发，军阀头子何丰林下台，形势变化，李启汉得以释放。10月13日，邓中夏、李立三和刘少奇到陆军监狱门口，迎接李启汉出狱。此刻的李启汉瘦削憔悴，跌跌撞撞地从铁门出来，三人急忙上前搀扶。邓中夏感慨道："李启汉是我党坐牢最早最苦的同志。"

李启汉出狱后，稍作休整，又请缨到湖南水口山去开展工人运动。1925年1月，李启汉出席了中共四大后，奉命前往湖南工作。为躲避敌人监视，李启汉接受邓中夏建议，改名"李森"，以方便开展新的革命工作。4月，李启汉在第二次全国劳动大会上当选为中华全国总工会执行委员，并兼组织部长。6月19日，李启汉、邓中夏、苏兆征等人组织省港大罢工，以声援上海爆发的五卅运动。省港大罢工长达16个月，这是中国工运史、世界工运史上罕见的伟大罢工斗争，震撼全球。

1926年4月15日，香港总工会在广州成立，李启汉任香港总工会中共党团书记，并在第三次全国劳动大会上继续当选全总执行委员、组织部长。1927年4月，蒋介石集团在上海发动反革命政变，广州军阀集团也在15日发动反革命政变。不久，李启汉被捕，4月下旬被敌人秘密杀害，时年29岁。

李启汉是杰出的中国工人运动领袖，他不仅为沪西工人运动做出了卓著贡献，也为整个中国的工人运动立下不可磨灭的功勋。他一生三次被捕，深陷牢笼，但百折不回、矢志不移，为革命鞠躬尽瘁、死而后已。

孙良惠（1898—1930年），化名张忍斋，满族，江苏南京人，中共党员，沪西日商同兴纱厂工人。1920年进沪西工人半日学校学习，在共产党上海发起组成员李启汉的教育下茁壮成长，任沪西纺织工会负责人，1923年入团，1924年入党，历任沪西工友俱乐部主任、中共沪西党支部负责人、上海总工会宣传科主任、码头总工会委员长、运输总工会委员长。他在沪西参与领导二月罢工、五卅运动、上海工人三次武装起义。1930年任湖北省总工会主席期间，在武汉被捕牺牲，时年32岁。

孙良惠

工运先锋　名标青史

——沪西第一代杰出工人运动领袖孙良惠

孙良惠自幼随家人到上海谋生，在日商同兴纱厂做工，每天做工12小时，遭受欺凌和剥削，却难以维持全家生活。

1920年8月，中国共产党上海发起组成立后，委派李启汉到小沙渡锦绣里开办上海第一所工人补习学校性质的"沪西工人半日学校"。孙良惠闻讯后积极报名，在学校进行文化补习，接受先进文化思想教育，迅速提高了思想政治觉悟。他参与创办小沙渡地区第一个工会组织——沪西纺织工会，并被推选为工会负责人。1921年5月1日，他与李启汉一起组织数千工人在莫干山路叉袋角一带举行庆祝五一国际劳动节活动，这既是沪西地区工人第一次庆祝自己的劳动节，也是孙良惠革命生涯中的重要一步。

1922年夏，上海第一工人补习学校与中国劳动组合书记部一起被租界当局查封和关闭，孙良惠亦被日本资本家开除出厂。因生活困迫，他临时找到一份银行门警工作，但是念念不忘革命，抱着一颗赤诚之心，积极打听被捕的李启汉的消息。

同年秋，孙良惠听说在劳勃生路（今长寿路）正在开办一个工人补习班，便趁报名的机会打听李启汉的消息。这个工人补习班是社会主义青年团上海地委委派嵇直到小沙渡开办的。嵇直见来访者问起李启汉，心存疑惑。孙良惠急切地自我介绍，嵇直听后非常激动，紧紧握住孙良惠的双手，连声欢迎，并感慨道："启汉呀！你在小沙渡这块工人运动处女地播下的种子，正在生根发芽、茁壮成长了。"1923年11月，经由嵇直介绍，孙良惠加入社会主义青年团，不久转为共产党员，成为沪西地区最早加入中国共产党的工人党员。

1924年1月，在广州召开国民党第一次全国代表大会，国共合作正式拉开序幕。孙良惠根据党的指示，以个人身份加入国民党，并以共产党员和工人代表的身份参加国民党上海执行部工作。5月，国民党上海执行部成立职工运动委员会，孙良惠等15人被选为委员。同年末，孙良惠与恽代英、向警予、宣中华、俞秀松等人参加国共合作的国民会议促成会，反对段祺瑞执政府的"善后会议"。12月14日，上海国民会议促成会召开，孙良惠等21人被选为委员。

1924年夏，邓中夏、李立三、项英等根据中共中央指示，参照长辛店、安源煤矿工人俱乐部经验，在沪西工人补习学校的基础上创办沪西工友俱乐部，以加强推进沪西地区工人运动。是年9月1日，沪西工友俱乐部在槟榔路（今安远路）小沙渡路（今西康路）拐角的德昌里举行隆重的成立大会。大会由孙良惠主持，项英作主题演讲。会议一致通过俱乐部的章程，推举孙良惠为主任，嵇直为秘书，徐玮

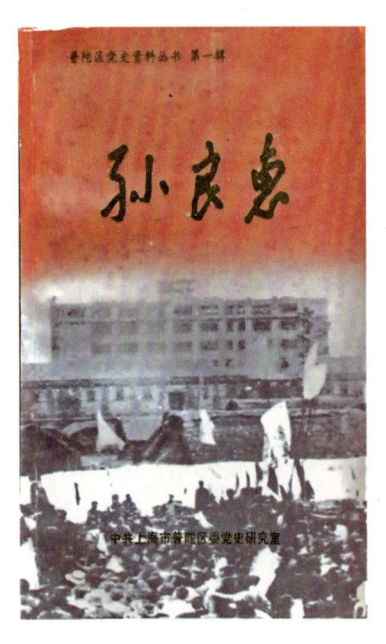

普陀区党史办编写的《孙良惠》

和刘贯之为干事。

沪西工友俱乐部名为俱乐部，实为启蒙教育、培育人才、传播马克思主义思想和理论的大课堂。孙良惠遵行党的指示，努力动员沪西更多工人来学习和活动。邓中夏则以上海大学校务长身份，组织庞大的上大革命师生队伍坐镇俱乐部，给工人们上课。通过工人扫盲学文化，知识分子思想革命化，孙良惠将俱乐部办得越来越红火，一度低落的上海工人运动又开始活跃起来。不到半年，沪西地区十九家中外纱厂秘密建立俱乐部（工会），会员人数激增，多达近千人。

沪西工友俱乐部遗址（今普陀区西康路与安远路九茂里）及纪念碑

1925年2月2日，沪西内外棉八厂发生12岁女童工被日本资本家毒打事件，引发了二月罢工。孙良惠既是指挥大罢工的领袖，又是冲锋陷阵的战士。在激烈的战斗中，孙良惠和邓中夏等50多人被军阀武装逮捕，罢工获得胜利后才出狱。

1925年5月1日，孙良惠代表沪西工友俱乐部到广州出席全国第二次劳动大会，被选为全国总工会第一届执行委员会委员。孙良惠回上海的当天，获知顾正红被枪杀的噩耗，不顾困顿疲劳，马不停蹄地投入领导沪西工人与日本帝国主义的斗争。5月24日下午，孙良惠在潭子湾主持顾正红烈士追悼大会，并宣读祭文。

5月30日，南京路上，英国租界巡捕刽子手开枪镇压声援沪西工人斗争的学生、工人，制造了惨绝人寰的五卅惨案。上海总工会在五卅风暴中诞生，孙良惠、李立三、刘华等被选为上海总工会第一届执行委员会委员，继而孙良惠又兼职上海总工会宣传科主任，肩负起更重要的革命担子，继续向黑暗反动势力进行拼搏斗争。在1926年上海第一次工人武装起义中，孙良惠参与领导浦东码头工

革命志士篇

人起义。

在上海工人第三次武装起义中,孙良惠担任南市起义副总指挥,带领工人纠察队冲进警察局,攻下制造局(现江南造船厂),占领南火车站。起义胜利后,他被选为浦东市民代表大会执行委员,3月27日在上海工人代表大会上被选为执行委员,6月在武汉召开的第四次全国劳动大会上被选为全国总工会第三届执行委员会候补委员。

1927年4月12日,国民党蒋介石集团发动四一二反革命政变,大批革命志士被杀戮。孙良惠潜伏地下,以武装反抗国民党蒋介石集团的反动统治。不幸的是,1930年10月上旬,孙良惠在任湖北省总工会主席期间因叛徒出卖而被捕牺牲,时年32岁。

孙良惠是土生土长的沪西工人运动领袖,是沪西地区最早的工人党员,是第一位中共沪西党组织支部书记,也是第一个工会组织——沪西纺织工会主任、沪西工友俱乐部负责人之一。他的足迹遍布沪西的大街小巷,他带领沪西工人阶级参加伟大的二月罢工、五卅运动、上海三次工人武装起义,与顾正红、刘华、陶静轩、佘立亚等沪西工运领袖同命运、共生死,铸就了普陀区中国共产党人彪炳千秋、薪火相传的"沪西魂"。

孙良惠英年陨命,但党和人民永远铭记他。1941年10月9日,周恩来复嵇直函,高度称赞"孙良惠是一个很好的同志"。普陀人民没有忘怀孙良惠,在沪西革命史陈列馆内陈列有孙良惠事迹专版,连同周恩来亲笔题赞的墨宝影印件,一并展出。

刘华（1899—1925年），原名刘炽荣，字剑华，四川宜宾人，中共党员。1920年初夏进中华书局印刷所当工人，继而在上海大学附中半工半读，先后入团、入党。1924年1月为中共上海地委兼区委党组织第一组组长，先后任沪西工友俱乐部秘书、主任，内外棉纱厂工会委员长，上海总工会第四（小沙渡）办事处主任，上海总工会副委员长，参与领导上海二月罢工和五卅运动。1925年12月17日被帝国主义和军阀秘密杀害，时年26岁。

刘华

热血洒遍　劳工神圣
——沪西及上海杰出的工人运动领袖刘华

刘华先后参与领导上海二月罢工和五卅运动，是沪西和上海杰出的工人运动领袖，他为中国工人运动奋战一生的光辉业绩永照人间。

刘华出生在四川宜宾的一户佃农家庭，他自幼"体健机敏而耿直，好读书，尤好劳动"。小学毕业后，家乡遭遇匪患，他跟随叔父出外谋生，流落他乡，其间，他做过茶馆跑堂，当过几个月的兵。1919年五四运动爆发，他接受新思想，开始觉醒为思想进步的青年学子。1920年初夏，刘华到上海进入中华书局绘图制版科当学徒，继而进上海大学附中半工半读。求学期间，在瞿秋白、邓中夏、恽代英等众多师长的教诲下，他很快成为一个出类拔萃的学生，在上海大学入团、入党，任上海大学学生会第一、第二届执行委员。1924年1月，中共上海地委兼区委在上海共有党员49人，共编4个组，刘华为中共上海第一组组长。

刘华在上海大学勤工俭学，收入低微，生活困难，邓中夏常以自己的薪水资助刘华。邓中夏在上海大学创办平民夜校，刘华为平民夜校执行委员，跟随邓中夏到小沙渡开展平民教育。1924年9月，刘华参与沪西工友俱乐部的创建，任秘书工作。在俱乐部核心成员嵇直调离后，刘华成为沪西工友俱乐部的核心领导之一，在沪西演绎了一部惊天地、泣鬼神的中国工运革命史诗。

在1925年发起的22家工厂、近4万工人参加的二月大罢工中，刘华是罢工总指挥之一。尤其在工运领袖邓中夏、孙良惠被捕后，他挑起了领导沪西工人大罢工的重担。罢工期间，他与工人同生活、共战斗。他住茅草屋、睡草地铺，大饼充饥，夜以继日地写标语、印传单、募集捐款、发放救济费，组织工人演讲宣传，并亲自鼓动演讲，指挥纠察队维持罢工秩序，以强大的革命气势压倒了日本资本家的反扑，二月罢工最终取得胜利。罢工胜利后，刘华被工人拥戴为上海日商纱厂工会委员长，并在第二次全国劳动大会上被推选为中华全国总工会执行委员。

在顾正红被枪杀后，刘华不顾自身疾病，忍着剧痛战斗在最前列。五卅惨案发生后，上海总工会成立，刘华任组织科主任，不久任上海总工会第四（小沙渡）办事处主任。

在异常激烈的斗争中，刘华病倒了，在李立三的催促下，他住进了宝隆医院。但是，病中的刘华仍惦念着沪西工友们的战斗，并对来慰问的工友说："无产阶级的解放事业，成了我血肉相连的生命，我是一刻也离不开。"就在这危急时刻，刘华又接到家乡大哥的急电，诉说全家遭难，弟弟被土

二月罢工的指挥部所在地大丰里

匪杀害,父亲被抓,母亲重伤,祖母病危,催促刘华赶快回家。接到急电后,刘华难以入眠。正在与敌人鏖战的沪西需要他指挥,家乡突发的剧变需要他去处理,真是取舍两难。刘华考虑再三,认为沪西工人阶级的革命事业更重要,最终强忍泪水回电说:"国家衰弱,强邻欺侮,神圣劳工,辄为鱼肉!我亦民族分子,我亦劳工分子,身负重任,何以家为?须知有国方有家也。"回电最后附诗"愿拼热血如春雨,洒遍劳工神圣花",表明自己的决心和志向。

9月18日,上海戒严司令奉系军阀秉承帝国主义旨意,封闭上海总工会,通缉李立三、刘华、刘少奇等工人领袖。11月29日,刘华在南市公共体育场参加群众大会的返回途中被租界巡捕抓获,并被引渡押到军阀军法处。刘华被捕,党组织设法营救,没有成功。12月9日,上海总工会召开工人代表大会,选举产生上海总工会新的执行委员会,刘华当选为副委员长,但此刻他仍在狱中。12月17日,刘华在中外反动集团的合谋下被秘密杀害,时年26岁。

刘华壮烈牺牲,全市工人无比悲痛,齐齐佩戴黑纱哀悼。中共中央、中华全国总工会相继撰文、发通电悼念刘华。1926年5月29日,在五卅公墓奠基礼上,全场高呼口号,其中有"不要忘记我们的刘华!""为我们的领袖复仇!""刘华不死!"。邓中夏在沪西工人集会上说:"我们一定要在革命取得胜利后,在这里为刘华树碑纪念。"

新中国成立后,许多老干部、老工人始终怀念顾正红、刘华。1991年,普陀区隆重庆祝中国共产党成立70周年,在沪西工人文化宫举行"沪西共产党人

刘华(后排左3)在印刷厂与工人合影和上海总工会发文纪念刘华烈士

奋斗足迹"大型展览，深切怀念革命先烈。那时，有老同志向区委党史研究室领导郑重反映，邓中夏曾经在纪念刘华时说过"我们一定要在革命取得胜利后，在这里为刘华树碑纪念"的话，希望我们的党要实现邓中夏烈士的未竟遗愿。老同志的反映和期盼也是普陀区广大共产党人的共同愿望，区委高度重视，责成区职能部门予以实施。在原上海地下党老领导和广大离休老同志的全力支持下，由区总工会等部门具体操办，并经上海市文管会批准，刘华烈士纪念塑像于1992年4月29日在沪西工人文化宫落成。刘华烈士永远活在普陀、上海和全国人民的心中。

坐落于沪西工人文化宫的刘华塑像

杨开慧（1901—1930年），湖南长沙人，中共党员，1920年与毛泽东结婚，一生跟随毛泽东干革命。1924年6月初，杨开慧和毛泽东在上海共同战斗生活期间，在沪西工友俱乐部进行教学革命活动。离开上海后，杨开慧跟随毛泽东回到湖南，在与湖南军阀的斗争中被捕，1930年11月14日在湖南浏阳英勇就义，时年29岁。

杨开慧

开慧赴沪　情系沪西
——执教沪西工友俱乐部的杨开慧

杨开慧，毛泽东的夫人，一生为中华民族的复兴、中国人民的解放事业，跟随毛泽东赴汤蹈火，诠释了志在千里、生死与共的革命情怀。杨开慧从1924年仲夏开始，在上海小沙渡沪西工友俱乐部里从事教学革命活动，其事迹彪炳上海工运史册。

杨开慧出生于书香门第的知识分子家庭。父亲杨昌济留学日本和英国，1913年从欧洲回国，全家定居长沙。湖南督军谭延闿慕名前来，想聘杨昌济为省教育司司长，杨昌济拒不应聘，宁在湖南省立第一师范学校任教，其不同流俗，闻名三湘。杨昌济在门上用隶书镌刻"板仓杨寓"铜字门牌，引得莘莘学子上门求教。湖南省立第一师范学校在读学生毛润之（毛泽东）也登门求教，初识了杨开慧。1918年夏，杨昌济应蔡元培之聘，任北京大学伦理学教授，居住在北京豆腐池胡同15号。10月，经恩师杨昌济介绍，毛泽东在北京大学图书馆任助理员，

革命志士篇　　219

并爱上了杨开慧。五四运动给杨开慧带来了新思想,她积极参加社会革命活动,加入中国社会主义青年团。

1920年1月17日,杨昌济在北京病故,毛泽东与杨开慧、杨开智一起守灵。是年初,毛泽东在北京积极组织驱逐湖南军阀张敬尧的活动。到年底,杨开慧与毛泽东喜结良缘。

毛泽东与杨开慧在一起(油画)

毛泽东是伟大的无产阶级革命活动家,与杨开慧结婚后,他成为杨开慧革命道路的引路人。毛泽东是中共一大代表,建党后,他被任命为中国劳动组合书记部湖南分部主任和中共湖南支部书记。杨开慧在毛泽东的帮助和教育下,加入中国共产党,成为中共最早的女共产党员之一。

毛泽东在湖南的工作重点是在湖南各地以及江西安源路矿工人中开展工人运动。1922年5月,杨开慧与李立三、毛泽东一行三人到安源检查工作。他们途经醴陵,参观醴陵师范讲习所,毛泽东向讲习所全体师生发表关于阶级斗争史的3小时演讲。在安源,毛泽东和杨开慧召开安源路矿工人俱乐部干部座谈会,同夜校工人谈话,访问工人家庭,宣传工人阶级的伟大,壮大组织。杨开慧在考察中感悟到中国工人阶级团结战斗力量的强大和斗争的艰巨性。

5月底，毛泽东任中共湘江区执行委员会书记，杨开慧负责党的机要和交通联络工作，成了毛泽东的得力助手。他们把家安置在长沙小吴门外清水塘22号，这里也是区委所在地。杨开慧经常往来于文化书社、船山学社等党的秘密联络点，传送党的文件和指示，收集工运动态和秘密情报。在这期间，杨开慧与李立三、邓中夏、项英等工运领袖建立了不可磨灭的战斗友谊。

1923年初，中共中央决定调毛泽东到中央工作。从此，毛泽东远离家乡，奔走在上海、广州、武汉等地，而杨开慧坚守在湖南干革命。

1924年1月，国民党一大召开，实现国共合作，中共中央派中央局成员毛泽东等四人到国民党上海执行部担任重要职务，领导统一战线工作。毛泽东任执行部的组织部秘书、文书科主任。上海执行部内的国民党右派活动猖獗，毛泽东与右派进行针锋相对的斗争，任务艰巨，压力沉重，迫切希望夫人杨开慧能来沪助自己一臂之力。是年6月初，毛泽东将杨开慧和其母亲，儿子毛岸英、毛岸青接到上海，居住在租界慕尔鸣路甲秀里318号（今茂名北路120弄7号），开始了毛泽东和杨开慧在上海的一段峥嵘岁月的历程。

甲秀里，闹中取静，便于杨开慧秘密而又能全神贯注地给毛泽东整理材料和誊写文稿。其间，杨开慧提出到照相馆拍一张全家福照片。一个风和日丽的日子，毛泽东和杨开慧各抱一个孩子到照相馆拍照，杨开慧端坐在椅子上，怀抱岸青，旁侧站立着幼儿岸英，等着毛泽东一起拍照，可是毛泽东不肯移步入景。杨开慧恼火，无奈只能自己与两个孩子合影。此刻，杨开慧惆怅的神情亦被定格在这张全家福里。毛泽东坚守党中央重要干部不得随意留影的严格规定，留下终生遗憾。

杨开慧是革命活动家，事必躬亲。杨开慧在与毛泽东思想交流中得知，昔日的战友邓中夏、李立三和项英正在小沙渡创建沪西工友俱乐部。她听后兴奋

杨开慧、毛岸英、毛岸青合影

不已，决心要冲出书斋，强烈渴望也能在沪西经风雨、见世面。杨开慧请毛泽东转告邓中夏，能否允许她加入这个战斗行列。杨开慧要来俱乐部任教的消息很快传开，邓中夏、李立三、项英激动不已。

杨开慧曾在湖南农会夜校给农民兄弟上过课，现今要给上海工友上课，完全是崭新的领域，这对她是个新考验。她做了精心准备。

中共中央文献研究室编辑出版的《毛泽东年谱》中有杨开慧到小沙渡工人夜校上课的文字实录："1924年6月初，杨开慧同母亲携毛岸英、毛岸青从长沙到上海，住在英租界慕尔鸣路甲秀里。杨开慧除担负家务外，还帮助毛泽东整理材料、誊写文稿等，并经常到小沙渡路工人夜校去讲课。"这个"小沙渡路工人夜校"就是沪西工友俱乐部。

杨开慧首次到小沙渡的沪西工友俱乐部，异常的兴奋和好奇。俱乐部，顾名思义是吹拉弹唱的娱乐场所。杨开慧进了俱乐部，见到的却是井然有序的教学活动，有工人初级识字班、中级文化补习班，还有正在进行的声情并茂的演讲会。这时，邓中夏从办公室走出来，兴奋地上前拉住杨开慧，瞧了又瞧，连连说着还是老样子，只是比从前有点瘦。邓中夏陪同杨开慧参观，杨开慧见项英书写的"联络感情，交流知识，互相扶助，共谋幸福"十六字两个条幅醒目地贴在墙上，便对着领路的邓中夏说："在湖南，你和毛润之（毛泽东）一起发动学生罢课，驱逐湖南军阀张敬尧，到北京，又与他一起发动更大规模的运动驱逐湖南军阀张敬尧。想不到时隔几年，你又跑到上海，把俱乐部的声势搞得这么大。"邓中夏笑而答道："这是党中央的安排。"正在这时，李立三也跑来，握手致意。杨开慧见到老朋友李立三，分外高兴地说："你有没有忘记，你、毛润之和我三人一起到安源考察？"李立三一口湖南腔答道："记得，我们在醴陵师范讲习所，毛润之精彩的三小时演讲，至今都忘不了。当年，我们在安源，看到的到处贴有'打倒帝国主义、打倒军阀、打倒资产者'的标语；现在，我们给工人上课，让工人对反帝反封建军阀斗争的性质有了更多的理性理解，我们深信，上海工人阶级的团结战斗力量会越来越强大。"

杨开慧风雨无阻地坚持到俱乐部给工人上课，花许多时间和精力与工人学员交流，倾听工人苦难的心声和了解工人学员对学文化的渴望，再认真备课。一些健在的老工人有清晰的回忆。

一老工人回忆说："杨先生讲课，平易近人，非常亲切，就像是在和我们工人唠家常。""她的湖南口音比较重,有个别语句我们一时听不懂,陪同杨先生一起来的杨之华,会给她当翻译。时间久了,我们也就习惯了。""杨先生人长得美,课又上得好,吸引力很强,来听课的工人都爱往她那个教室里挤。"

工人刘贯之回忆道:"工人要求参加识字班的非常多,因为房子太小,虽然按一小时一班分成好几个班,仍难满足工人的需要。文化补习班也是一样的应付不暇,因为补习班只开两班,乘着识字班空出的时间上课,所以更觉紧张。担任教学的几位同志,每天都是忙得吃饭时间都不易腾出来,休息就不用说了。"

俱乐部工会干部姜维新回忆道:"俱乐部成立后,形式上仍上课,但我们一些骨干分子每天忙着开会、宣传,已不能安心听课。为了工作上的需要,我急切希望多认识一些字。我曾建议多印些通俗易懂的传单,最好是印些图画发给工人看。"从这些口述回忆中,我们能体会到杨开慧等教员给工人上课的辛劳情景。

1924年冬,毛泽东积劳成疾,经党中央批准,全家离开上海,回湖南疗养。从此,杨开慧离开了她难以忘怀的沪西,离开了朝夕相处的沪西工人阶级。就在杨开慧离开上海不久,已经茁壮成长的沪西工友俱乐部成为上海工人运动的革命摇篮,成功地引领了震惊全国的1925年二月大罢工,引爆了以顾正红牺牲为导火索的席卷全国的五卅反帝革命风暴,迎来了中国大革命的高潮。不幸的是,杨开慧在1930年10月24日被捕,惨遭酷刑,11月14日在湖南浏阳门外识字岭英勇就义,年仅29岁。

毛泽东惊悉杨开慧殉难,肝肠寸断,仰天长叹:"开慧之死,百身莫赎。"1957年,毛泽东写下脍炙人口的怀念杨开慧的词《蝶恋花·答李淑一》:"我失骄杨君失柳,杨柳轻飏直上重霄九。问讯吴刚何所有,吴刚捧出桂花酒。寂寞嫦娥舒广袖,万里长空且为忠魂舞。忽报人间曾伏虎,泪飞顿作倾盆雨。"这是毛泽东对杨开慧和无数革命先烈的缅怀,也代表了沪西、普陀人民对杨开慧烈士的永恒思念。

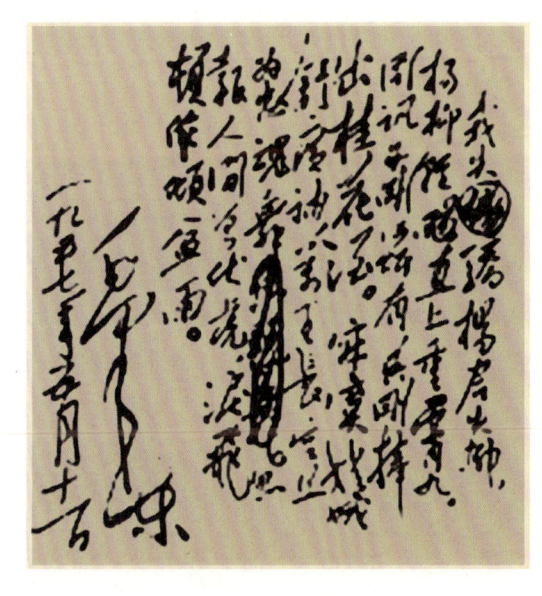

毛泽东《蝶恋花·答李淑一》手迹

徐玮（1903—1928年），原名宝兴，化名秦明、谢公弢、胡公达，江苏海门人，中共党员。曾就读于上海南方大学，在小沙渡参与创办沪西工人补习学校、沪西工友俱乐部，先后任沪西工友俱乐部干事、共青团小沙渡支联干事会书记、共青团小沙渡部委书记、共青团江浙区委书记。1927年3月参与上海工人第三次武装起义，任特别宣传委员会委员、上海特别市临时政府委员、共青团浙江省委书记。1927年11月初，因团省委机关被破坏，他被捕入狱，次年5月英勇就义。

徐玮

初心笃志　青年楷模
——共青团江浙区委书记徐玮

徐玮，1903年10月出生于农民家庭，1916年秋进入海门中学求学。1919年五四运动期间，他与进步同学一齐走出校门，上街宣传取消卖国的"二十一条"，抵制日货，因积极参加爱国活动而被校方开除。1920年，他考取教会学校东吴大学预科，又因传播无神论被校方开除。1922年，他考入上海南方大学。是年，南方大学社会主义青年团团员嵇直奉青年团上海地委领导的指示，到上海工人集中的沪西小沙渡开办工人文化补习班，吸引工人，与工人广交朋友，为以后在沪西开拓工人运动做准备。嵇直在劳勃生路（今长寿路）一家木行楼上租借一间小屋，并在戈登路（今江宁路）转向劳勃生路拐角的露天邮筒贴上"代写书信，不取分文"的广告，吸引工人，以便寻找有意愿学习的工人，来人多了，就办成简易补习班。随着求学的人数增多，嵇直要求增加办学力量，他征得上级领导批准后邀请亦在南方大学读书的进步青年徐玮同学一起办班，徐玮欣然同意。当时，他们两人约定，凡住劳勃生路（今长寿路）宜昌路以北的工人学员，到徐玮补习班学习，凡住在劳勃生路、槟榔路（今安远路）和海防路一带的工人学员，到嵇直补习班学习。自此，徐玮踏进了沪西小沙渡工业区，开始了他的人生新征程。

1923年初，由嵇直介绍，经社会主义青年团上海市委批准，徐玮和原工人半日学校学员孙良惠一起在小沙渡的补习班内加入社会主义青年团，成为小沙渡最早发展的青年团员，并组成团支部，嵇直为书记，支部编入团上海第四支部（南方大学），这是在沪西小沙渡地区最早出现的团组织。1924年春，青年团上海地委委员长张秋人偕同邓中夏、任弼时到小沙渡，考察嵇直和徐玮办的两个工人补习班，决定将两个补习班合并为一个工人补习班。孙良惠在东京路（今昌化路）劳勃生路（今长寿路）口拐角处租了一幢单开的矮楼房，楼下作为日夜班教室，楼上作为办公室，并在大门口挂出"沪西工人补习学校"的牌子，补习学校终于像模像样地开办起来。

沪西工人补习学校受到工人的欢迎，与徐玮的卓著贡献密不可分。徐玮自幼性格耿直，爱憎分明，同情劳苦大众。自从到了小沙渡，他受到同学嵇直的先进思想影响，开始与工人打成一片，在给工人学员传授文化知识的同时，自己也在马克思主义理论学习和与工人思想的融合体验中实现思想蜕变，由青年知识分子转向无产阶级立场，自觉地肩负起无产阶级历史使命，不久就光荣地加入了中国共产党。

沪西工人补习学校是继沪西工人半日学校之后又一个传播先进文化思想的阵地，徐玮等人在这里培养了不少出类拔萃的工人干部，如内外棉五厂的戴器吉、内外棉十五厂的陶静轩、同兴纱厂的盛松林、失业工人刘贯之等，他们后来都成为沪西工人运动的中流砥柱。

1924年9月1日，在邓中夏、项英、李立三的筹划下，以原沪西工人补习学校为基础，在槟榔路（今安远路）小沙渡路（今西康路）德昌里创办沪西工友俱乐部，孙良惠任主任，徐玮为干事，团结沪西地区众多的工人到俱乐部来学习和活动，沪西工友俱乐部成为上海工人运动的战斗堡垒。徐玮则以自己的模范行动和号召力，积极带领青年工人参与沪西工人运动，开创了沪西地区青年运动的新局面。

1923年初，沪西开始建立社会主义青年团组织。2月，在沪西沪东爆发的二月罢工和以顾正红牺牲为导火线的五卅反帝爱国运动中，徐玮领导的沪西青年工人和学生冲锋在最前列，沪西地区的青年团组织不断壮大。据《中国共产党上海市普陀区组织史资料》统计，至8月底，小沙渡有工人团支部13个，团员107人；曹家渡有工人团支部7个，团员59人。在学生方面，小沙渡的大夏大学、东华大学、文治大学、国民大学成立了4个团支部，共有团员16人。沪西许多团组织都有徐玮活动的足迹。

1925年至1926年初，徐玮先后被任命为共青团小沙渡支联干事会书记、共青团小沙渡部委书记；1926年4月，他当选为共青团江浙区委委员；1927年2月22日，中共中央和上海区委举行联席会议，决定成立组织和领导上海工人第三次武装起义的最高决策机构和指挥机关，即由陈独秀为负责人的特别委员会，下设军事委员会和宣传委员会，特别宣传委员会由尹宽、郑超麟、高语罕、贺昌、徐玮组成。徐玮同时兼任上海学生运动委员会委员，负责起草起义宣传大纲等文件。上海工人第三次武装起义胜利后，徐玮作为共青团的代表出席了上海临时市民代表大会，当选为执行委员。上海特别市临时政府成立后，徐玮又被选为委员，分管宣传工作。

1927年4月12日，蒋介石在上海发动四一二反革命政变，革命志士惨遭杀戮。第二天，上海总工会在闸北青云路广场召开群众大会，徐玮冒着生命危险协助江浙区委代理书记陈延年主持大会，控诉反革命分子罪行，号召上海工人阶级团结起来："打倒军阀，为死难工友复仇，收回工人武装！"

四一二反革命政变后，为应对敌人的白色恐怖，共青团江浙区委领导成员作了较大调整，徐玮任共青团江浙区委书记，领导各级团组织进行秘密斗争。4月底，徐玮离开上海，去武汉出席中国共产党第五次全国代表大会，接着又出席共青团第四次全国代表大会，会上被选为团中央委员，会后留在武汉中央军事科工作。8月，他赴浙江杭州，任共青团浙江省委书记。

浙江是蒋介石反革命集团的巢穴，到处在搜捕、屠杀共产党人和革命志士，一片白色恐怖。徐玮化名谢公毅到杭州，以失业教师的身份从事秘密活动。11月初，省委和团省委机关相继被破坏，徐玮和团省委秘书长曹仲兰等人被捕。由于叛徒出卖，徐玮的真实身份暴露，敌人如获至宝，妄图以高官厚禄收买他，被他痛斥。

在狱中，徐玮公开亮出共产党员的身份向难友宣传革命，痛斥帝国主义、封建军阀、国民党反动派反共反人民的罪行，表明自己为人民彻底解放而奋斗的决心。

在狱中，徐玮用俄国小说家库普林把灰色马比喻为死神的典故，写下一首诗："前人去后后人到，生死寻常何足道；但愿此生有意义，那管死得迟和早；生死何计迟与早，灰色马在门外叫；出门横跨马归去，啼声响处人已遥。"

在狱中，徐玮写下多封遗书，有给家人的，也有给朋友的。其中一封给赞明的遗书道："我并不觉得死有何痛苦，前我而去者已去，后我而来者会来。生活于此时代，便负有此时代的使命，人生之价值即以其人对于当代所做的工作为尺度，生命时值之修短是不成问题的，用不着留恋和悲伤。"徐玮的这些遗书影印件现在上海市普陀区沪西工人文化宫沪西革命史陈列馆展示，供人们观看学习。

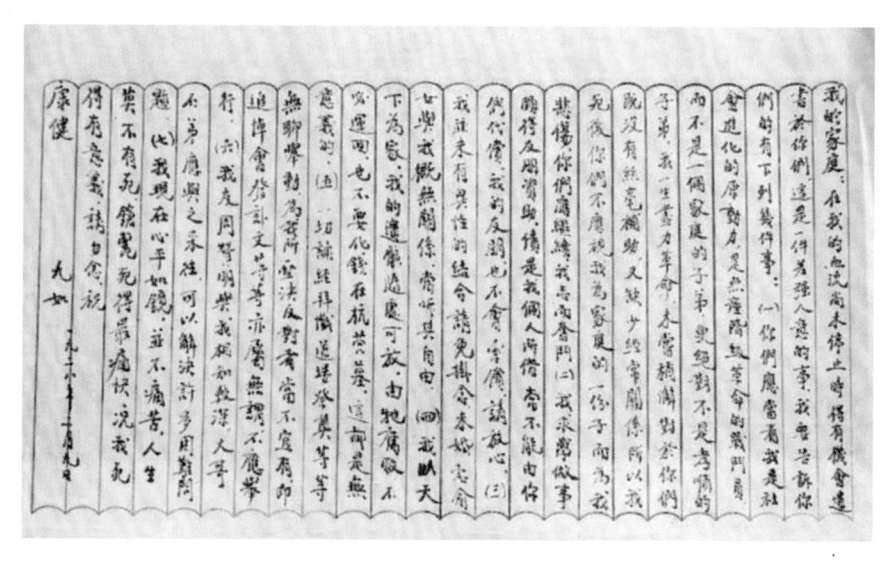

徐玮遗书

1928年5月初的一天下午，外号叫"李判官"的看守拿着一串钥匙到牢房提审徐玮等四人。徐玮走出牢门，高声问道："今天枪毙几个？""李判官"大惊失色，连钥匙、名单都散落在地上，感慨道："此乃视死如归真勇士。"徐玮和另外三个同志就这样昂首阔步地走出铁门，回头向难友们高叫："同志们，今天要同你们分别了，你们继续努力吧！共产党万岁！"徐玮牺牲，时年25岁。

徐玮一生光明磊落，献身共青团革命事业，坚如磐石，永远是青年学习的楷模。

李硕勋（1903—1931年），又名李陶，四川宜宾人，中共党员。1923年冬考入上海大学，1924年由青年团员转为共产党员，到沪西工友俱乐部进行平民教学，带领学生参与二月罢工和五卅运动。1926年7月任中华全国学联主席，1927年8月参加南昌起义，1927年至1931年历任中共江苏省委军委书记、中共浙江省委代理书记、中共沪西区委书记、中共中央军委委员、中共两广省委军委书记。1931年8月31日，因叛徒出卖在海口被捕，9月5日英勇就义。

李硕勋

海口遗书　丹心如虹
——中共沪西区委书记李硕勋

1921年春，青年学子李硕勋来到了古堰流碧、青城叠翠的成都，踌躇满志地走进了四川省立第一中学，很快就得到老师恽代英的关注与青睐。在恽代英老师的悉心培养与教育下，李硕勋思想进步得很快，很快加入社会主义青年团，成为四川社会主义青年团的创始人之一。

1922年，李硕勋到北京弘达学院就读，1923年冬考入上海大学社会学系。上海大学的校址最初在闸北青云路323号，1924年2月迁入西摩路29号（今陕西北路、南阳路口东首）。上海大学在国共合作期间被称为"东方红色大学"，培养了大批共产党重要干部，上大最有特色的是社会学系，拥有邓中夏、瞿秋白、恽代英等许多共产党的教育家、理论家。李硕勋受教于上大的师长，茁壮成长，很快加入中国共产党，迅即投入中国工人运动的伟大革命洪流。

国共合作期间，共产党十分关注平民教育事业，中共中央和团中央作出各级党组织要普遍举办平民教育的指示，通过建立平民学校来开展工人运动。邓中夏在沪西小沙渡创办沪西工友俱乐部，并组织上大师生到工友俱乐部给工人开办识字班、文化补习班和演讲会的教学活动，促进革命知识分子与工人交流融合，体验工人阶级的疾苦。这些师生启蒙了工人学员的阶级觉悟，同时也实现了知识分子自身思想、立场的无产阶级革命化。李硕勋走出书斋，到沪西工友俱乐部开展工人运动，是上大学生中的典型代表。

李硕勋在上海大学社会学系读书时，与中国早期革命活动家赵世炎的妹妹赵君陶是同系的同学。二人其实早在杭州西子湖畔就相识并互生爱慕之情，而上海大学和沪西工友俱乐部又成为他们并肩战斗、携手共进之地。

1925年五卅运动爆发，李硕勋被团中央分派到全国学生总会工作，直接领导上海学生进行反帝斗争。其间，李硕勋、余泽鸿、林钧、杨之华等担负了全国学生总会、上海学联、国民会议促成会等各团体的领导工作。

1925年2月2日，二月罢工爆发，李硕勋、赵君陶与上海大学师生一起奔赴三德里沪西工友俱乐部，在荒芜冷僻的潭子湾广场，与大夏大学的师生轮流演讲、散发传单、宣言和快报，鼓动大家团结起来，罢工到底。

同年5月15日，日商内外棉纱厂工人顾正红被日本资本家枪杀。李硕勋以上海学联的名义，率领上海大学革命师生涌向潭子湾，声援沪西工人的斗争。上海大学成为支持沪西工人运动的强大战斗堡垒。5月24日，李硕勋率上大学生参加潭子湾全市公祭顾正红大会。30日下午，上海大学等学校的学生们在南京路上宣传，被租界当局抓捕并被关进老闸捕房。愤怒的上海民众高喊反帝口号的声浪一浪高过一浪，要求释放被关押的学生和民众。突然，英国巡捕头子下令开枪镇压，上海大学学生、共产党员何秉彝等十几人倒在血泊中，数十人受重伤，轻伤无数，酿成五卅惨案。在中国共产党的领导下，五卅运动的狂飙迅速席卷全国，迎来了中国大革命的高潮。

李硕勋经受伟大五卅反帝爱国运动的考验，在1926年1月被选为中共中华全国学生联合总会独立支部书记、第七届全国学生代表大会总会长兼交际部主任，嗣后又被选为全国学生总会军事委员会委员长，赵君陶也于1926年被党组织批

准加入中国共产党。在这胜利的时刻，李硕勋与赵君陶在上海大学喜结良缘。

1926年冬，李硕勋任共青团湖北省委书记。年底，他被党组织调入号称"北伐先锋铁军"的叶挺部队国民革命军第四军第25师任师政治部主任，赵君陶则任湖北省妇女协会宣传部长，动员妇女支援北伐军。

1927年4月12日，风云突变，国民党蒋介石集团发动四一二反革命政变，革命力量惨遭空前摧残。在中国革命生死存亡的紧要关头，8月1日，李硕勋和周士第、聂荣臻等人率领第四军第25师主力部队参加南昌起义，打响了武装反抗国民党反动派的第一枪。在改编为起义军的第25师，李硕勋任党代表兼政治部主任。起义部队南下广东途中，他参与指挥会昌战役并取得胜利。南昌起义失败后，他受朱德委派，赴上海向党中央汇报起义军情况，留在上海从事党的地下工作。1928年4月，他担任中共江苏省委秘书长、中共浙江省委组织部长、代理书记，赵君陶任中央妇委秘书。

1929年初，李硕勋奉中央之命令，到上海任中共沪西区委书记。他回到上海后与夫人赵君陶相聚，看到襁褓中只有半岁的儿子，李硕勋旋即以李家"远"字辈分，给儿子起名李远芃。但是，李硕勋在沪西区委任职时间短暂，不到1个月，又被省委召回，接替李富春任中共江苏省委军委书记，从1930年起任中共中央军委委员，在周恩来的领导下从事军事领导工作，先后领导组建了红十四军、红十五军和红十七军。1931年5月，中央为了更好地加强两广的武装力量建设，任命李硕勋为中共两广省委军委书记；8月，他赴琼指导琼崖革命武装斗争，不幸在海口被叛徒出卖入狱，遭到严刑拷打。

9月5日，国民党琼山县宪兵队用箩筐抬着被打断腿骨的李硕勋走向海口市东校场行刑。李硕勋目光坚定地注视前方,从容自如,毫无惧色。他高昂起不屈的头颅,用尽全身力气高声呼喊:"打倒蒋介石!""打倒国民党反动派!""中国共产党万岁!"革命先驱李硕勋在海口东校场英勇就义,时年28岁。

临刑就义前,他写下两封遗书,一封给妻子,一封给妻子的好友。其中给赵君陶的遗书如下:

陶:

  余在琼已直认不讳,日内恐即将判决,余亦即将与你们长别。在前方,在后方,日死若干人,余亦其中之一耳。死后勿为我过悲,惟望善育吾儿。你宜设法送之返家中,你亦努力谋自立为要。死后尸总会收的,绝不许来,千嘱万嘱。

勋
九.四.

李硕勋烈士的遗书是通过难友、狱卒的关系,几经周折,才送到赵君陶手中。1959年,赵君陶将这封遗书捐赠给中国人民革命军事博物馆。

海口遗书,丹心可照。寥寥数语,李硕勋烈士从容就义、慷慨临刑的画面跃然而出。这泣血文字承载着他对中华民族前途命运的忧心、对人民革命事业的追求和对爱妻爱子的深深眷恋,读之不禁令人潸然泪下,肃然起敬。

星移斗转,光阴荏苒,李硕勋寄托赵君陶"惟望善育吾儿"的李远芃,在党的革命大家庭精心养育和培养下,已茁壮成长,他就是中华人民共和国国务院前总理李鹏。烈士李硕勋给赵君陶书写的遗书影印件现在普陀区沪西工人文化宫沪西革命史陈列馆展示。

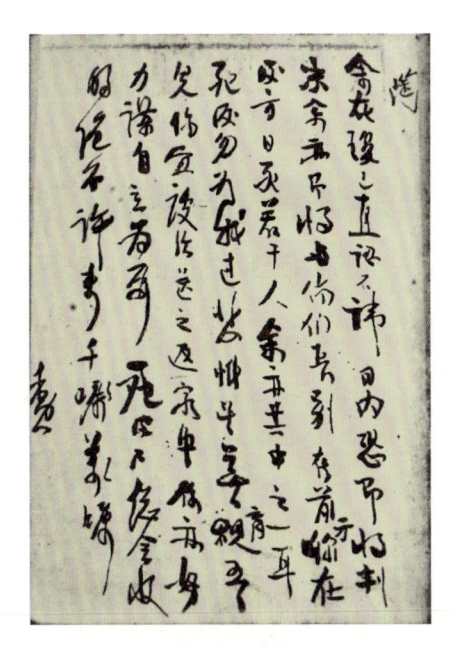

李硕勋狱中遗书

谢晋元(1905—1941年),字中民,广东蕉岭人。1925年黄埔军校第四期毕业;1926年参加北伐,由见习排长而逐级升至营长;1937年八一三淞沪会战后期任团附,率部一营坚守四行仓库;1939年晋升为少将,实授团长。1941年4月24日,被叛徒杀害于"孤军营"。在艰苦卓绝的淞沪抗战期间,谢晋元将军及八百壮士与普陀辖区内的华童公学(后改名为晋元中学)师生结下了深厚的战斗友谊。

谢晋元

革命典型　盖世英雄

——坚守四行仓库的抗日名将谢晋元

20世纪的最后一个深秋,秋风清扫了校园内的落叶,一切都显得格外庄严而肃穆。1999年11月,上海市晋元高级中学建校95周年之际,谢晋元将军铜像落成于新村路2169号的校园中。铜像为谢晋元全身站立像,连基座高4.8米。这是市内最大的谢晋元将军塑像,由晋元中学前身华童公学1939届校友、香港实业家宋惠德先生捐赠港币20万元塑造,上海大学章永基教授设计。谢晋元将军戎装造型,胸配望远镜,右手扶枪,左手握拳,目光炯炯,直视前方,仿佛正下令向侵略者猛烈开火。将军的英名镌刻于校门,铜像矗立于校园,爱国精神激励着一代又一代青年学子。晋元高级中学还建立了晋元纪念馆。学校被命名为"上海市爱国主义教育基地"。

1945年9月，抗战胜利后，为纪念这位抗日民族英雄，曾与谢将军及八百壮士之间有过深厚战斗友谊的上海市立模范中学（原华童公学）改名为市立晋元中学。

2014年，谢晋元被列入民政部公布的第一批三百名著名抗日英烈和英雄群体名录。

历史翻开那沉重的一页：1937年8月13日，日军侵华的淞沪战役一开始，日军就以其陆、海、空军的优势进攻上海。11月26日，大场失守，驻守闸北、江湾的中国军队数面受敌，南北战场均蒙不利影响。为排除侧背威胁，淞沪战场的中国右翼军队奉命向西转移。原驻守闸北的88师师长孙元良令其524团团长韩宪元担任掩护。此时，闸北一带空前大火，韩宪元团长掩护撤退，中弹阵亡，由谢晋元率第一营营长杨瑞符继续留置闸北掩护大部队撤退。部队血战至26日深夜，穿过敌军猛烈炮火，转入苏州河北岸的四行仓库，继续牵制数万日军。

谢晋元将军铜像

四行仓库是上海中南、金城、盐业、大陆四家银行的仓库，建筑坚固，南凭苏州河，与公共租界隔河相望；东倚垃圾桥，有英商煤气公司巨型气柜为掩体；仅西北两面会受敌进攻。谢晋元、杨瑞符率所部八百壮士进入仓库，立即在四周布置防御工事，翌晨完毕，迎击敌军。

27日，敌军一面放火，一面进逼四行仓库。下午战斗3小时，日军伤亡六七人，我军无一伤亡。苏州河南岸租界市民隔河观战，呐喊助威。八百壮士在屋顶巡逻，时正天热，战士身着背心，腰挂手榴弹，端枪监视敌军动态，仪度从容。而日军则惶恐，不敢正面进攻，采取包围态势，并以军犬衔归日军尸体。

28日拂晓，日军猛攻，因毗邻租界而不能使用重炮轰击，只得使用轻武器。两名日军士兵沿墙向四行仓库顶楼爬行，准备偷袭，被谢晋元发现。走在前面的

革命志士篇

八百壮士在四行仓库与日军激战

日兵将要爬到楼顶时，谢晋元一个箭步，右手抓住他的枪，左手将他卡死，接着转身又将另一个日本兵打倒。苏州河南岸的市民睹状，欢呼不已。日军又沿墙发起强攻，并准备在仓库墙角埋炸药。班长陈树生目睹危机，将多支手榴弹捆在腰间，决然从六楼窗口纵身跳下，落入敌群，轰隆一声，与埋炸药的数十名敌人同归于尽。南岸群众目睹英烈之无畏，无不感激涕零。陈烈士为国捐躯，致使敌人胆寒，不敢再冒然向仓库逼近。

29日，日军以坦克领头，掩护众多士兵猛攻四行仓库。下午3时，又有许多日军士兵以铁驳船配备迫击炮，妄图从黄浦江驶进苏州河，通过水上登陆攻击，被租界英军阻止，经交涉，日军退回。此时，苏州河南岸租界有一女童子军杨惠敏，胸怀国旗一面，泅上北岸，向八百壮士献旗。傍晚，租界商会接到四行仓库孤军电话，说献来国旗过小，不宜悬挂在仓库大楼顶，希望商会设法送面大的，以及若干衣被食品支援。当夜，记者、童子军等10人装满两卡车物资，连同大幅国旗和旗杆，驶至新垃圾桥，然后各人背负物资匍匐至四行仓库东侧，送到孤军手中。谢晋元感谢同胞的支援说："我们将不惜打到一枪一弹，流尽每个人最后一滴血，誓与敌人战斗到底，这是中国人的气节，请同胞们放心。"

30日凌晨，四行仓库大楼顶升起一面巨大国旗，租界市民群聚观瞻，欢声雷动。日军见了，为鼓舞士气，也举着日军军旗，大举进攻。谢晋元命令各连，待日军逼近仓库时一齐放枪，来犯日军死伤过半。于是，敌人在福康、福源两钱庄仓库的屋顶架起十余挺机枪，向四行仓库扫射；紧接着，国庆路上的敌钢炮也增至10余门，敌步兵则从西、北两面夹击。孤军虽有伤亡，仍给予来犯敌军有力还击。10时许，租界英军派人劝我守军退入租界，但八百壮士无一人有退却之心。经过连日鏖战，我军有5人牺牲，32人受伤，杨瑞符营长也身负重伤，共毙敌200余人，击伤敌人无数，取得辉煌战绩，打出了中国军队的血性和骨气，大受国际舆论的一致赞扬。毛泽东同志为此题词"八百壮士民族革命典型"。

此时，中国各路军队已撤入防区。蒋介石派宋子文从上海租界内中国银行仓库给谢晋元打电话，传达命令："掩护任务已完成，应率部撤入公共租界。"10月31日零时，苦战四个昼夜的孤军撤出四行仓库。租界英军和万国商团武装分列到新垃圾桥西侧掩护，孤军退入租界，列队步伐整齐，行至跑马厅指定广场，按租界英军规定，将枪支武器卸在草地上，由英军点收。而后，谢晋元率部在沪西星嘉坡路（今余姚路）40号对面的一块空地驻扎下来，时人称"孤军营"。

当时租界已沦为孤岛，给养缺乏，官兵生活相当艰苦，但他们还是军纪严肃，并坚持每天早操前的升旗仪式，坚定抗战必胜信念，积极向民众宣传抗日救亡。后因租界当局干涉，这一仪式改由谢晋元带头向天敬礼，礼毕肃立唱国歌，激励全体官兵。1939年，国民政府晋升谢晋元为陆军少将，实授团长。谢晋元在孤军营中生活了三年多，他深知情势险恶，生死未卜，遂书对联一副："养天地正气，法古今完人。"日方曾用尽心机，对他威逼利诱，声称："只要谢晋元答应投降，任何职位都可考虑给予。"1940年，南京汪伪政府成立，派人来沪封官许愿，谢晋元慷慨宣称："即使万死，绝不俯首事敌。"

1941年，孤军营生活艰苦，受日伪收买的叛兵郝鼎诚、龙耀亮、张文清、张国顺于4月24日清晨5时许向带领部下出军操的谢晋元寻衅。谢晋元斥责他们时，四人以铁镐猛击谢晋元头部，叛兵当场被擒，而谢晋元因抢救无效于6时许含恨去世。谢晋元遇难后，所部官兵恸哭不止，上海同胞亦震惊至极。4月25日举行谢晋元将军遗体棺殓仪式时，前来吊唁、送葬者达10万人，队伍蜿蜒数里。

孤军营附近，江宁路新会路口有上海工部局华童公学。该校学生常到孤军营慰问，与八百壮士联欢。谢晋元将军的吊唁队伍就是以华童公学学生军乐队为前导，白衣素车，途为之塞。1943年8月，华童公学被汪伪政府接管，易名为"上海市立模范中学"。1945年抗战胜利后，为纪念谢晋元将军和"八百壮士"，学校改名为"上海市晋元中学"。新中国成立后，晋元中学虽数易校址，但均在普陀区辖中。20世纪80年代，为大力弘扬谢晋元将军的爱国主义精神，中共上海市委宣传部和普陀区人民政府在当时位于武宁路的晋元中学校园内建造谢晋元将军的半身塑像。2012年，普陀区长寿路街道建立社区文化墙，把晋元中学学生与谢晋元及八百壮士的战斗情谊作为光荣传统篇章载入地区史册。2014年9月，晋元高级中学修订校训，新校训引入爱国主义元素，为"励学敦行，承志报国"，其中"承志报国"就是希望学生学习谢晋元将军坚韧不拔的民族英雄气概，报效祖国。晋元高级中学每年新生入学第一课都是要学习谢晋元的爱国事迹。

顾正红（1905—1925年），江苏滨海人，中共党员。他是沪西内外棉七厂工人，1925年5月15日在反抗日本资本家残酷压迫的斗争中被日本资本家枪杀。以顾正红牺牲为导火索，全国人民掀起了轰轰烈烈的的五卅反帝爱国运动，标志着大革命高潮的到来。今普陀区澳门路300号建有顾正红纪念馆，为上海市爱国主义教育基地。

顾正红

工人先锋　五卅正红

——沪西工人运动先驱者顾正红

顾正红是20世纪20年代中国工人阶级反帝爱国斗争的勇士，他在反抗日本资本家残酷压迫中国工人的斗争中被枪杀。以顾正红牺牲为导火索，引燃了伟大的五卅反帝爱国运动，其英勇事迹彪炳中国革命史册。

1905年4月2日，顾正红在江苏滨海出生。1921年家乡水灾，他随母逃难到上海，寻找正在上海小沙渡做工的父亲。最初，顾正红捡煤渣、拾破烂，减轻父母困苦生活的压力，不久后在日商内外棉九厂找到一份工作。该厂由日本资本家开办，他们以极其残暴和凶狠的手段榨取中国工人的劳动剩余价值。顾正红刚进工厂，就遭到日本资本家和工头的欺凌和压迫。进厂3个月，顾正红还拿不到工资。一开始，他以为是"拿摩温"（旧中国工厂中的工头别称）将工资交父亲保管，后发现工资全被"拿摩温"私吞。火冒三丈的顾正红去找"拿摩温"评理，却被他们毒打一顿。顾正红决心报复，找机会也痛打了"拿摩温"一顿。心中的怒火发泄了，但他也被工厂开除了。不久，顾正红在内外棉七厂又找到工作，还是做受欺凌的打工者。天下乌鸦一般黑，不管到哪里，穷人总是穷，富人总是富，顾正红一肚子的彷徨、苦恼。

1924年9月1日下午，阵阵清风吹散了上海的溽热。在槟榔路（今安远路）小沙渡路（今西康路）转角处的德昌里，一个沪西工友俱乐部正在热热闹闹地开张。顾正红挤进人群，只见一个身穿蓝布衫、操着湖南话的人在滔滔不绝地演讲："我们这个俱乐部是以联络感情、交流知识、互相扶助、共谋幸福为宗旨的工会。"顾正红忙问："我能加入吗？"主持开幕式的工人说："欢迎！欢迎！"后来，顾正红在俱乐部混熟了，才知道主持俱乐部开张的人叫孙良惠，是同兴纱厂的工人，那个演讲的人叫项英，是赫赫有名的领导2万多工人进行京汉铁路大罢工的闯将。从此，顾正红下班后总是快速奔向俱乐部，一字不漏地听老师精彩的讲课。老师在黑板上写了"工"和"人"两字，接着问："大家瞧瞧，'工''人'两字上下连起来，是什么字？"大家骚动起来，回答："是'天'。"老师说："对，咱们工人团结起来，就是天下的主人。"老师们讲课的内容都是工人最关切的苦难人生和出路问题，大家越听越有劲。顾正红说："现在我才知道做人的道理。"

沪西工友俱乐部地处租界，创办没几个月便享誉小沙渡，影响越来越大。租界当局认为这是过激党，必须严加管束，经常借故来找茬。邓中夏和李立三认为，俱乐部需要找个脱离租界的地方，而近在咫尺的苏州河北岸潭子湾就是脱离租界的绝佳选择。虽然这里地域贫瘠，但有大片空旷的乱坟区，是劳动人民的集聚区，有利于苏州河两岸工人集结活动，是开展中国工人运动的广阔天地。1925年初，俱乐部便由租界的德昌里搬迁到华人地界的三德里。顾正红做工和生活在苏州河南岸，随着俱乐部迁到潭子湾，他革命活动的中心也紧跟到了潭子湾，因为这里有他心中永不落的启明星。

1925年2月2日，沪西内外棉八厂发生一件12岁女童工被日本资本家毒打的事件，顷刻间激起了全厂工人的抗议浪潮。凶残的日本资本家立刻将所谓闹事的50余名工人全部开除，同时还将4名工人关进监狱，气焰嚣张。

潭子湾的沪西工友俱乐部内，邓中夏、李立三和项英正在运筹发动全市日商纱厂总同盟罢工，决心团结起来，与日本资本家抗争到底。此刻的日本资本家也在急电日本政府，要运用武力镇压中国工人。日本海军"对马号"军舰急驶来沪，日本停泊在汉口的兵舰"伏见号"快速进军上海，在沪日军正在蠢蠢欲动，一场大战即将爆发。

1925年2月，顾正红在俱乐部的领导下，率领工人投入二月大罢工。2月10日，内外棉九、十三、十四厂工人开始罢工。12日，内外棉三、四、十五厂罢工。最后，内外棉11家工厂的1.7万工人全部罢工。13日，罢工委员会在潭子湾成立，宣布沪西内外棉厂工人同盟罢工，发表罢工宣言和敬告各业工友书。刘华宣告成立内外棉工会和工人纠察队，顾正红为工人纠察队负责人。紧接着，沪东日商纱厂工人也纷纷加入二月大罢工。至此，全市沪西、沪东日商22家工厂、近4万工人全投入大罢工。

全市日商工人总同盟罢工，日商损失惨重，敌人防线终于被攻破，最终在上海总商会的调停下，日方接受工人代表提出的复工条件，释放被捕工人。二月大罢工胜利了。二月罢工是中国共产党成立以来第一次对日本帝国主义进行最坚决打击又取得胜利的斗争，顾正红在这次战斗中英勇果敢，经受了大罢工的考验，被光荣吸收为中国共产党党员。

1925年4月，时值棉纱市场萧条。沪西工友俱乐部负责人刘华针对日商可能会乘机停掉部分工厂以瓦解工人的团结斗争，与各厂工会代表商议，提出要坚决维护工人权益，在策略上要采取怠工和轮流罢工的灵活方式进行斗争。

此刻，日本资本家正在图谋撕毁与工人签订的二月协议，对共产党工会反攻倒算。5月7日，日本资本家以上海日本纺织同业公会的名义，会同租界工部局及北洋政府官厅一起拒绝承认工会、取缔共产党工会。5月14日，内外棉十二厂资方开除并逮捕工会代表，正式取缔工会，同时要关闭七厂，以杀一儆百。形势越来越严峻。刘华根据上级党组织的决定，指示其他工厂暂时不罢工，尤其七厂要坚持上工，以支持十二厂的斗争。

5月15日，形势陡然恶化，日方突然宣布内外棉七厂关闭停工，并张贴"因故停工"的布告，夜班工人被阻门外。顾正红见状，当即撕下布告，带领工人冲进工厂，与资方交涉。内外棉副总大班元木和七厂大班川村带着打手，拿着巡捕棒扑向工人。工人们高呼口号："反对东洋人压迫工人！"数名工人被打得头破血流。顾正红和工人们冲进物料间，拿起打梭棒，奋起自卫。顾正红义正辞严地责问元木和川村，"为什么不让工人上工？"川村露出凶残的本性，咬牙切齿地朝顾正红开枪，并举刀猛砍工人。此时，顾正红左腿已鲜血直流，他忍着剧痛，振臂高呼："工友们，大家冲啊，坚持就是胜利！"川村的子弹又射向顾正红，击中他小腹,但他紧紧抓住身旁的一棵小树,顽强地挺立着,继续高呼战斗口号。川村又上前,朝顾正红头部开枪,这次,顾正红晃动着身躯倒下了。川村见顾正红还未气绝,再补一枪,并用铁棍击打顾正红身躯。在这次血腥镇压中,还有3名工人遭到枪击,击伤和被殴打的有数十名工人,其中包括10多名女工和童工。身中4枪的顾正红被工友们抬上人力车,送到医院抢救。昏迷中的顾正红还喃喃地说不去东洋医院。第二天,顾正红伤重不治身亡,英勇牺牲,时年20岁。

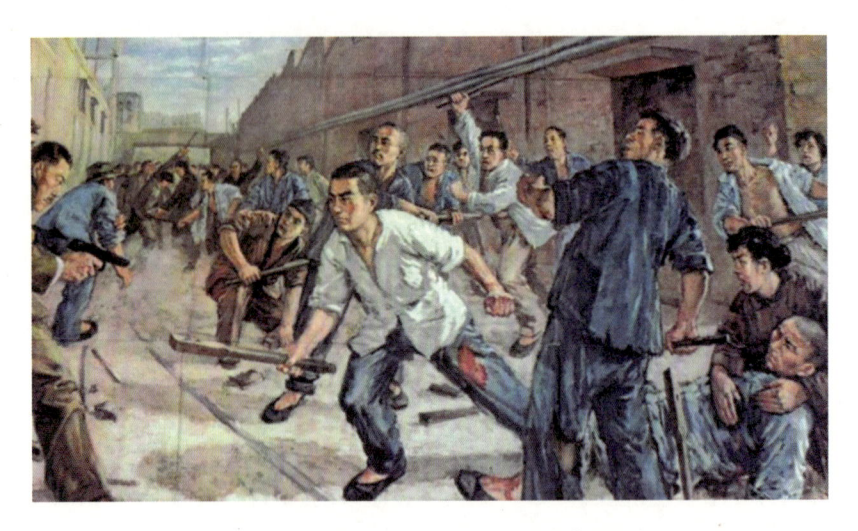

顾正红带领工友与敌人作斗争(教学挂画)

顾正红被害地点及打梭棒

顾正红英勇牺牲，沪西工友俱乐部第一时间将情况向党中央紧急报告。李立三说："顾正红的鲜血不能白流，工人的斗争不能停止，我们要在小沙渡公祭顾正红！"中共中央发布第32号通告，紧急呼吁各界人民支持、援助沪西工人斗争。上海学生首先走上街头，工商界也纷纷响应声援工人斗争。17日，陶静轩和刘贯之代表纱厂总工会向北洋政府和日本驻沪总领事递交《为日人惨杀中国工人顾正红呈交涉使文》。18日，工人们抬着顾正红遗体前往潭子湾举行悼念，沿途4 000多人致哀。19日，中共中央发布第33号通告，要求各地党组织全体动员起来，并号召工会、学联及各种社会团体一致援助上海内外棉纱厂罢工工人，发动一个"大运动"；要求各地党组织会同青年团下达全体动员令，组织游行队、演讲队，加强与国民党合作，一起向日本帝国主义者发起"总攻击"。

5月24日下午，潭子湾万人追悼顾正红大会召开，恽代英致悼词，全场高呼"为顾正红报仇！""打倒日本帝国主义！"5月28日，中共中央和上海地委召开紧急会议，决定5月30日在租界举行反帝爱国大游行，反对公共租界当局提出的压迫华人的四项议案，进一步援助罢工工人。

在潭子湾广场举行上海万人公祭顾正红大会

5月30日，上海各大、中学校及工人2 000余人到公共租界示威游行和演讲，先后有100多人被巡捕抓进老闸捕房。南京路上群情激昂，抗议声一浪高过一浪。突然，英国巡捕头目爱活生下令开枪。顷刻间，子弹横飞，当场打死13人，打伤数十人，这就是震惊全国的五卅惨案。中共中央决定由瞿秋白、蔡和森、李立三、刘少奇、刘华组成专项行动委员会，发起全国总同盟罢工、罢市、罢课斗争，掀起伟大的五卅反帝爱国运动。中国大革命迎来高潮，上海总工会也在五卅风暴中诞生。

如今，上海市爱国主义教育基地顾正红纪念馆坐落于顾正红牺牲所在地的普陀区澳门路300号，于2021年升级改造后对外开放。北京天安门广场耸立的人民英雄纪念碑，其围座镶有"五卅运动纪念浮雕"，全国人民对五卅运动永远歌以颂之。

上海普陀区澳门路300号顾正红纪念馆

顾正红殉难处

吴亮平（1908—1986年），又名吴黎平，浙江奉化人，中共党员。曾就读于厦门大学、大夏大学、莫斯科中山大学，先后在中共中央宣传部和中央苏区工作，参加过红军长征，历任中华苏维埃共和国国民经济部部长、中央宣传部副部长等职。在延安，毛泽东称吴亮平翻译《反杜林论》，"其功不在禹下"。中共七大后，他志愿到地方工作，先后在晋西北、东北等地战斗。上海解放后，任中共沪西和普陀区委书记，继而在华东局、化学工业部、国家经委等部门工作。1986年10月3日病逝。

吴亮平

智者气韵　伟人风范
——中共普陀区委首任书记吴亮平

1949年5月27日，上海全境解放，市委决定建立9个区委。9月2日，吴亮平被正式宣布任命为中共沪西区委书记。1950年6月，市委决定以行政区为区域重新调整区委，吴亮平出任中共普陀区委书记，直到1951年5月离任，为中共普陀区委首任书记。吴亮平在沪西、普陀任职一年零八个月，培养了一大批党的干部，并领导全区干部群众团结一致、克服困难，为全区恢复生产、改善人民生活、巩固新生政权作出了卓越贡献。吴亮平在沪西、普陀所呈现的极强执政能力、领导风范和人格魅力，为全区留下宝贵的精神财富和光荣的革命传统，具有

革命志士篇

历史的借鉴作用。

吴亮平出生在浙江奉化,自幼聪慧,5岁进小学读书,12岁以优异成绩考入上海南洋中学,中学尚未毕业就考入厦门大学。由于厦门大学校长思想陈腐,压制民主,随意开除进步师生,吴亮平等200多名学生退学去上海读书,成立脱离厦大学生委员会,租用小沙渡路(今西康路)201号为校舍,劳勃生路(今长寿路)的弄堂房子为宿舍,第二年又在胶州路盖起新校舍,取名"大夏大学",意将"厦大"翻过来,又寓意"光大华夏"。吴亮平注册了大夏大学商科。

吴亮平在区党政干部大会做报告

五卅运动中,吴亮平是上海学生界的领袖。1925年5月15日,日本资本家枪杀顾正红,时任大夏大学学生会宣传总部长的吴亮平,积极组织带领同学到潭子湾参加全市各界公祭顾正红大会,大夏大学的学生队伍成为上海学生界反帝斗争的尖兵。5月30日,吴亮平按组织分工,带领大夏大学学生到霞飞路(今淮海

吴亮平在大夏大学就读时的学籍档案(华东师范大学提供)

路）去示威斗争。就在那时，南京路发生了英国巡捕枪杀中国公民的大屠杀，酿成五卅惨案。于是，全市各界人士都行动起来，投入反帝斗争。吴亮平代表大夏大学学生会参与成立上海市学生联合会，并担任学联总务部长（秘书长），主持创办《血潮日刊》，与瞿秋白主编的《热血日报》互相呼应。吴亮平以学联代表到上海总商会，动员一起参加全市总罢市，但没有成功，旋即找到各马路商会联合会，终于实现了全市罢工、罢市、罢课的"三罢"斗争。为了实现全市的统一行动，他们又成立了上海市工商学联合会，以更大的声势进行全市人民的反帝斗争。吴亮平在五卅运动中以坚定的政治立场、出色的战斗动员力得到恽代英的认可，被批准加入共青团。紧接着，他又被党组织推荐到苏联莫斯科中山大学学习，从此踏上了投身中国革命的新征程。

莫斯科中山大学是共产国际为纪念孙中山先生、培养中国革命干部而设立的学校。吴亮平到校后，与张闻天、伍修权为同窗学友，共同研读马列著作，从事翻译工作，不久就被党组织吸纳加入中国共产党。但是，中大出现了王明拉帮结伙的宗派活动，吴亮平对此不耻，便与王明结下芥蒂。

1928年8月，吴亮平回国，在中共中央宣传部工作，负责参与中国左翼作家联盟及中国社会科学家联盟的筹建工作。可是，刚回国的王明在接任中共中央宣传部秘书并获得主持中宣部日常工作的实权后，立刻对吴亮平肆意打击报复，最后把他调离了中宣部。吴亮平以大局为重，忍辱负重，继续为党工作。从1928年8月回国到1930年11月被捕入狱，这位年仅22岁的共产党人出版了30万字的《社会主义史》，编译19万字的《辩证法唯物论与唯物史观》，翻译22万字的《反杜林论》，同时发表文章14篇、译文3篇共20万字。他还以主要撰稿人的身份编辑《寰球》杂志9期。据统计，此期间，吴亮平总共完成了100多万字的著译。

1930年11月，吴亮平在上海租界被大夏大学同学、国民党的党棍特务认出后被捕，并以"共产党嫌疑犯"拘押在老闸捕房，最后以"进行不合三民主义宣传"的罪名判刑2年，关进上海提篮桥监狱。

吴亮平于1932年中旬出狱，10月，由党组织秘密护送到江西中央苏区，开始了新的战斗历程。

中央苏区安排吴亮平任红军学校宣传部长和政治总教员，协助校长叶剑英工作。是年11月，在一次群众大会上，红军学校政治部主任欧阳钦介绍吴亮平与毛泽东相识。毛泽东说："你就是吴亮平，《反杜林论》不就是你翻译的吗？"吴亮平回答说："是的。"毛泽东接着说："这本书我看了好几遍了，今天碰到你很高兴。"此后，毛泽东多次与吴亮平讨论研究《反杜林论》中的理论问题。

1933年1月，毛泽东在瑞金主持苏维埃中央政府工作，为发展经济以适应革命需要，提出并经中央执委会批准，设立国民经济人民委员部（下简称"国民经济部"），先后由邓子恢、林伯渠任部长。1934年2月，第二次全国苏维埃代表大会选举成立的人民委员会正式任命吴亮平为国民经济部部长。

1934年10月，中央红军主力撤出苏区并进行长征。长征途中，吴亮平先后任红一军团中央地方工作团主任、红三军团政治部宣传部长。行军路上，张闻天和原先在苏区党中央工作的一些领导同志编成中央队，吴亮平任中央队秘书长，与毛泽东、周恩来所在的军委队伍紧紧靠在一起。

长征胜利后，中共中央政治局常委会在陕北吴起镇召开会议，决定常委分工和各部负责人，宣传部先由吴亮平负责，后由张闻天兼部长。吴亮平开始列席党中央政治局常委（或扩大）会议和文件起草。1936年起，吴亮平在负责中央宣传部兼外交部工作期间，为毛泽东和斯诺当翻译，并陪同斯诺对苏区进行访问。斯诺以吴亮平和后来黄华的口译内容写成《红星照耀中国》（又名《西行漫记》），震动世界。

1937年2月，吴亮平被任命为中央宣传部副部长，同时继续写作和翻译。当时，在延安中共中央政治研究室工作的邓力群回忆说："延安整风结束以后，毛泽东同志和他（吴亮平）谈话，对他译介、宣传马克思主义理论方面的工作评价甚高，说他翻译《反杜林论》，'其功不在禹下。'"

1937年11月，王明从苏联回到国内。他是中共六届政治局委员，到延安后又补选为中共中央书记处书记。王明发现吴亮平还在中央宣传部担任副部长，于是再一次陷害他，无中生有地说他有"托派"问题。9月，吴亮平不再担任中宣部副部长职务，但仍主管《解放》周刊的编辑工作。延安整风后，他多次申请，决心到地方去工作。经中央批准，他前往晋西北抗日根据地。1942年7月，临行前，毛泽东对他说："历史上你对革命是忠实的，你是不搞挑拨离间的，你要多在实际工作中锻炼。"1945年4月，他出席中共七大。大会第一次预选中央委员，王明落选了。任弼时传达毛泽东的意见，犯了错误的同志，只要承认错误，也可当选中央委员，这是团结的需要，动员大家选王明。第二次预选中央委员，吴亮平所在的晋绥代表团49名正式代表中只有吴亮平等3人投了王明的票。选后，有人大声骂起来:"都是谁投了王明的票？王八蛋！"吴亮平听了一笑置之。吴亮平投王明一票，这是从大局出发，在政治上与中央保持一致，他始终把维护党的团结和统一放在第一位。

1945年8月15日，日本无条件投降，抗日战争取得胜利。不久，中共中央制定"关于向北发展、向南防御"的战略方针。争夺东北关系到中国革命的成败，中共中央决定调4名政治局委员带领11万大军挺进东北，晋绥中央分局决定吴亮平等中高级干部组成晋绥挺进东北干部团，向东北进军。吴亮平先后任中共抚顺市委书记、辽宁第三地委书记、中共辽东省委委员兼辽宁军区第三（抚顺）军分区政治委员，领导剿匪、开展土改、发展大生产和边境贸易，支援前线。1948年11月，东北全境解放。当月，吴亮平又率领一个干部大队到江西省开辟新区工作。

1949年5月27日，上海解放，中共中央决定调吴亮平到上海任中共沪西区委书记。吴亮平奉命重返沪西，感慨万千，他以奉献精神、领导风范和人格魅力，为沪西、普陀人民留下极其宝贵的精神财富。之后吴亮平离任，相继在华东、中央担任许多重要职务，但沪西人民始终想念吴亮平书记。

1986年10月3日，吴亮平在北京病故。党中央高度评价吴亮平是我党"无产阶级革命家、忠诚的共产主义战士、优秀的马克思主义理论家和社会活动家"。吴亮平逝世多年后，曾与他共事过的沪西老干部仍在怀念吴亮平，并在2006年编纂出版《吴亮平在沪西》一书，表示对他的永久怀念。

吴亮平与妻子

张恺帆（1908—1991年），原名张昌万，安徽无为人，中共党员。中学时代，他积极参加爱国青年活动，在白色恐怖中加入中国共产党，发动农民暴动，屡遭敌人追捕。1933年10月，任中共沪西区委书记，不久被捕入狱，长期被关押，在狱中写下脍炙人口的诗句"龙华千古仰高风"。出狱后，历任新四军第五支队秘书长、来安县委书记、皖南地委副书记兼组织部长、苏皖边区政府秘书长、合肥市委书记。新中国成立后任中共安徽省委书记等职。1991年10月病故。

张恺帆

沪西志士　狱中诗杰

——"龙华千古仰高风"诗作者张恺帆

张恺帆9岁进私塾开蒙，师从吴凤楼先生，老师工书善画、嫉恶如仇，对年幼的张恺帆影响很大。1926年，张恺帆在芜湖民生中学读书，阅读进步书刊，受到马克思主义新思想的熏染，参加学校爱国青年活动。1927年，他回到家乡新板桥小学任教，在农会秘密从事革命活动，经党组织考察，于1928年被批准加入中国共产党。

1930年，在中共芜湖中心特委领导下，张恺帆领导六洲人民暴动，坚持斗争长达10个月，屡遭敌人追捕，在战友护卫下，多次脱险。逃亡途中，他写下诗句："离家哪得不依依，公义当前不我私。寄语双亲休倚望，红旗报得是归期。"1932年，张恺帆在南陵宣城任区委书记、代理县委书记。其间，安徽省委遭到严重破坏，上级党组织派他前往上海工作。

1933年初，张恺帆进入上海，在法租界一条里弄里找到中共江苏省委外巡视部干事兼吴淞、江湾区巡视员苏生，接上组织关系后，由苏生安排，到租界从事党的地下工作。在法租界，当局严禁人民进行五一劳动节庆祝活动。在党组织的指挥下，张恺帆带领群众向租界泥城桥中法大药房集结，举行声势浩大的五一节庆祝活动，口号声此起彼伏，张恺帆和示威群众一起将红红绿绿的传单撒遍周边马路街道，待到租界巡捕赶来抓捕时，示威群众早已跑得无影无踪。

1933年4月，中共吴淞区地下党被破坏，原区委书记孙雨樵叛变投敌。中共江苏省委决定任命张恺帆为中共吴淞区委书记，整顿已被破坏的吴淞区党组织。在吴淞战斗半年后，省委又将张恺帆调离，到市区沪西任中共沪西区委书记，以整顿环境更为复杂的沪西党组织。此刻的沪西正处于国民党反动派白色恐怖和党内"左"倾冒险主义路线的影响下，沪西地区的党组织屡遭破坏，形势越来越险恶。江苏省委考虑到沪西形势复杂，为能更好地开展秘密活动，决定将沪西地区党组织划分为中共沪西区委和中共沪西特区委两个并列的组织，并在中共沪西区委内再设立周家桥工作委员会。10月初，张恺帆到沪西任区委书记兼组织部长后，立刻对党组织进行整顿。但是张恺帆在沪西任职仅半个多月，在他到吴淞原住地取行李时突遭敌人逮捕。自此，沪西区委一时难以恢复，省委只能建立中共沪西区临时工作委员会，以代行区委工作。

张恺帆为何要到吴淞取行李？原来省委突然命他速到沪西工作时，他不得不将大部分行李留在吴淞旧址。10月23日，张恺帆去吴淞取行李，同时顺便看望原区委组织部长王厚芳老同志。张恺帆跨进王厚芳家门，突然发现2个恶徒正在审问王厚芳。张恺帆见状不妙，立刻夺门而出，但为时已晚，当即被捕，并立时被押到伪吴淞区公安局审讯。张恺帆自称叫王文乔，到吴淞找友人做小生意。但审讯员和两个恶徒不信，怀疑他是共产党的高级干部，第二天就把他押解到伪上海市公安局。张恺帆受尽酷刑，但敌人始终撬不开他的钢牙，无奈只能将他推进关押室。张恺帆后来打听到，在吴淞抓捕他的两个歹徒，其中一个原是吴淞区委书记孙雨樵，被捕后成为叛徒。其实，当时他们并不认识，但叛徒凭着感觉，深信闯进来的人一定来头不小，或许是一条"共党大鱼"，故而死死揪住不放，将人犯押到特务机关的公安局，以邀功求赏。

张恺帆在公安局受刑后被关押到暗无天日的黑牢里，他闭上眼睛，不能动弹。待他苏醒过来，突然见到墙上刻写着一副对联："四友中只剩两人，悲君又去；九泉下若逢二老，说我就来。"慷慨悲壮的言辞感人肺腑，给张恺帆留下了深刻的印象。一个月后，张恺帆和王厚芳又一起作为共产党嫌疑犯被押解到地处龙华的国民党淞沪警备司令部。

张恺帆被关押的龙华国民党淞沪警备司令部看守所

龙华国民党淞沪警备司令部看守所有3排男牢、1排女牢。男牢每排有10多个房间（号子），分东西两边，门对门，中间有一条走道，约1米宽。除有一间作为阅览室，其余房间都关满了人。张恺帆和王厚芳等10人住在第三排中间一间。后来才知道，化名区儒享的江苏省委的苏生也被关在看守所第二排。当时，龙华看守所的看守人员大都是由保安队派来的，不少人同情被关押的犯人，对政治犯唱国际歌不予干涉，对政治犯殴打叛徒往往眼开眼闭。张恺帆基本摸清了看守人员的思想动向后，就抓紧机会同难友串联谈话，将监狱作为磨炼意志和学习的大课堂。他和几位爱好文艺的政治犯提议，在狱中组织一个"扪虱社"，参加的有左洪涛、李一清、朱天纵、陈晶秋、沈蔚文、苏华、谢武潮、黄简等十多人。他们经常利用一切机会写诗填词，以诗言志，互为激励，互相唱和，抒发革命情怀。当张恺帆获悉第三次反围剿取得胜利后，即兴写下两首绝句："狂潮推向武潮来，赤日埋云雪满阶。人去春回风更烈，会看急雨撼楼台。""春潮没远岸，春色湛江城。墙外报春急，频闻风雨声。"

龙华国民党淞沪警备司令部在1927年至1937年间囚禁和杀害过数以千计的共产党人和革命群众。看守所里经常听到枪声，他们中不时有人被拉出去枪毙。看守所里的囚徒们一直在传颂着革命志士在临刑前坚强不屈、英勇无畏的故事。1931年2月，被关在看守所里的何孟雄、龙大道、林育南、李求实、柔石、胡也频、殷夫等20多名革命志士，面对敌人屠刀，视死如归，被集体枪杀在看守所后面的刑场。张恺帆听说此事，心潮澎湃，心念志士，为纪念龙华烈士，特作一首七绝诗："龙华千古仰高风，壮士身亡志未穷。墙外桃花墙里血，一般鲜艳一般红。"诗句写毕，再三吟读，随即就在自己睡觉的上铺，用毛笔在床边墙上写下该诗，以志纪念。

1934年2月底，张恺帆被判后押到漕河泾江苏省第二模范监狱。狱警将他身上的钱和棉袍，连同裤带都搜了去，一问才知自己被判了5年徒刑。漕河泾监狱条件差，与外界隔绝。他从天气渐暖揣摩已入暮春，便作了《清明》诗一首："记数流光入暮春，铁窗风雨失清明。天涯多少无名冢，血与春潮一样深。"张恺帆与难友一起反抗监狱当局对囚犯的残酷迫害，多次进行绝食斗争。在狱中，张恺帆还与左洪涛、苏生等人一起写下控诉监狱当局的《沉痛的呼声》一文，设法秘密送到狱外，在《生活知识》刊物上发表，呼吁各救亡团体和律师公会到南京国民党司法部控诉，动员各救亡团体和新闻记者到狱中参观，以控诉国民党的反动统治。1936年10月，张恺帆等一批政治犯又被押解到苏州陆军监狱。此刻，难友们已做好了把牢底坐穿的思想准备。

1937年7月7日，卢沟桥事变爆发，政治犯们联名写了要求出狱开赴前线抗日的报告。不久，第二次国共合作实现，在党组织的营救下，8月18日，张恺帆等一批政治犯终于获得自由。1949年5月，上海解放后，人民政府派人清理原龙华国民党淞沪警备司令部监狱时，发现墙上"龙华千古仰高风"诗，误以为是烈士遗作。我国著名诗人萧三把这首诗编进《革命烈士诗抄》，署名"佚失"。后来经人指出是张恺帆所写，萧三写信向张恺帆深表歉意。张回信说："我是幸存者，能获烈士称号，当不胜荣幸，何歉之有！"后来，他还说："那个时候，谁也没有把握能活着出来。把它当作烈士作品，也未为不可。"

1954年9月，中共中央华东局对张恺帆的这段历史进行严格审查，在《关于张恺帆同志被捕问题的审查结论》中明确指出："张同志被捕问题无可疑之处，其在狱中斗争是坚决的，表现了一个共产党员应有的品质。"张恺帆先后任安徽省委统战部部长，安徽省人民政府副主席、副省长，中共安徽省委书记处书记，省政协副主席等职。

1990年6月，中共上海市普陀区委党史研究室派专人赴安徽合肥市省委机关大院拜访张恺帆同志。获知当年曾战斗过的沪西党组织又派专人来访，他激动万分，当即在宣纸上亲笔挥毫并盖章，将"龙华千古仰高风"诗赠"上海市普陀区党史办"。现在，张恺帆同志亲笔书写的条幅和书写时的留影均在沪西工人文化宫沪西革命史陈列馆内展示。

张恺帆写《龙华诗》赠普陀

郭纲琳（1910—1937年），江苏句容人，中共党员。1929年考入上海中国公学，加入中国左翼文学研究会，积极探求革命真理，1931年10月加入共青团，年底转为中共党员。1932年11月，沪西共青团区委被破坏，在重组团区委时，郭纲琳任共青团沪西区委组织部部长，在白色恐怖中，坚持革命斗争。1933年前后，历任团江苏省委交通员、团无锡中心县委书记、团上海闸北区委书记。1934年1月因叛徒出卖被捕，1937年7月31日在南京雨花台英勇就义。

郭纲琳

巾帼英豪　血染金陵

——共青团沪西区委组织部部长郭纲琳

九一八事变激起全国人民的反蒋怒潮，抗议蒋介石国民党的不抵抗主义。巾帼英豪郭纲琳站在斗争最前列，积极投身抗日救亡运动，参与组织抗日救国会。她的革命行动遭到校方阻挠，但她不惧校方高压，连续三次勇敢地参加上海学生到南京的请愿示威。在斗争中，郭纲琳光荣地加入共青团，在1931年底转为共产党员。

1932年1月，淞沪抗战爆发，郭纲琳代表中国公学的爱国学生参加上海学联工作，参加战地服务团，支援前线抗战。

一·二八淞沪抗战爆发后，国民党当局遵行蒋介石"攘外必先安内"的反动政策，坚持"围剿"工农红军，打压国内抗战爱国力量，沪西地区的党团组织也屡遭破坏，爱国志士惨遭杀害。在这险恶环境下，共青团江苏省委决定将李伟和郭纲琳夫妇两人调至沪西，加强沪西地区的共青团工作，任命李伟为共青团沪西区委书记，郭纲琳为团沪西区委组织部部长。

郭纲琳深知，重新开启沪西共青团工作新局面，必须深入到工人群众中去，与工人同生活、共命运，才能接近群众、发动群众，青年团的战斗力才能增强。于是，她换上工人的服装，放下知识分子架子，走街串巷，走访工人，与工人交朋友。人们很快喜欢上了这个工人打扮的教书先生，愿意与她聊家常、逛街。有一次，沪西美亚绸厂女工王小珍和她的小姐妹小彭找到郭纲琳，约郭纲琳星期天一起去逛蓬莱国货市场，并透露这天将有大明星到场推动国货土布活动。郭纲琳欣然同意。当晚，她便做了王小珍和几个小姐妹的思想工作，将欢庆活动变为一场爱国抗日宣誓活动。思想统一后，她们用了一个通宵，刻腊纸，油印传单，分藏在各人身上。到了星期日，她们来到蓬莱国货市场，待明星们穿着土布旗袍的时装表演快到高潮时，将传单撒向观众，会场立刻骚动起来。传单纷纷扬扬地飘落在众人前面，大家争相传阅，接着便有人喊起"打倒日本帝国主义！""坚决抵制日货！"的口号，抗日呼喊声响彻全场。这时候，郭纲琳等人两手空空，不动声色地走出大门，回首观望还在沸腾的会场，心潮澎湃，击掌相庆。

1932年冬至1933年春，共青团中央和共青团江苏省委的领导成员接连被捕，形势险恶，团省委决定调郭纲琳为共青团江苏省委内部交通员。郭纲琳义不容辞地接受组织交办的任务，出色地递送党团秘密文件、传达领导指示，受到各级领导好评。

在白色恐怖环境里战斗的同志，随时有被捕和被枪杀的危险，郭纲琳夫妇也经历了团聚与分离、生与死的考验。

1933年2月28日，中共沪西区委根据江苏省委指示，决定在沪西区建立专管日商纱厂的共青团沪西特区委。会议重要，共青团江苏省委组织部部长胡兰生亲自召开已拟定的团沪西区委、团沪西特区委和团周家桥区委的三个区委书记联席会议。就在研究分工执行的讨论时，因叛徒告密，国民党武装军警突然包围了会场，将李伟、胡兰生等5人全部逮捕，并施以刑讯和酷刑，随即又把他们押到南京江苏高等法院审判。胡兰生在南京雨花台被枪杀，其他4人被判刑，全部关押在苏州监狱。

1933年6月，郭纲琳任共青团无锡中心县委书记，利用战斗间隙，到苏州监狱探望李伟，但只能短暂相聚。终于，李伟在党组织的营救下出狱，他立刻奔赴无锡，与郭纲琳团聚。但是，革命者随时要听从党组织的召唤。夫妻才团圆，团省委就任命李伟为共青团省委秘书，要求立刻报到。李伟依依不舍地告别郭纲琳。不料，离别不久，郭纲琳就被捕了。

1934年初，郭纲琳被调任共青团闸北区委书记。此刻，闸北区委刚刚经敌人两次破坏，闸北的国民党特务和叛徒正在变本加厉地抓捕共产党员和革命群众。郭纲琳明知山有虎，偏向虎山行，毫不畏惧地投入战斗。她主持制订了大昌德绸厂罢工计划，拟定了绸厂罢工宣传稿，准备在白色恐怖中与敌人搏击。此刻，上级领导紧急通知，环境险恶，暂停罢工，以待时机。郭纲琳接到通知，立刻执行。然而，厄运降临到了郭纲琳头上。1月12日傍晚，郭纲琳前往海宁路祥麟里1338号亭子间董青家开会，传达上级领导紧急通知。但她的踪迹已被叛徒发现，会场被包围。郭纲琳临危果断掩护同伴越窗脱险，而自己却被捕了。

郭纲琳深知党内出了叛徒，等待她的将是一场生死考验。

郭纲琳被捕，父母焦急，兄弟姐妹到处托关系设法营救。亲友花费近千元，请了一个律师，要救出郭纲琳。国民党特务乘机敲诈勒索，同时拟好一份"悔过书"，说只要签字登报就放人。郭纲琳拿着"悔过书"，看了一眼，发出冷笑，将"悔过书"扔在地上。

郭纲琳父亲托人到监狱劝说郭纲琳："你将生命和青春自行断送，又有谁能记得你呢？"郭纲琳回答道："为了追求理想，我可以献出生命、青春和一切。我并不希望人们记起我、说起我，我只希望他们朝着自由幸福的道路前进！你们不可能理解我的心情，人民却会理解我今天斗争的意义。"

郭纲琳作为"共党要犯"，国民党当局提交"会审公堂"公审。法官指控郭纲琳"危害民国罪""破坏睦邻罪"。郭纲琳答辩："谁丢失了东北三千万同胞，谁丧失了东北四省土地，谁便是危害民国！是我，还是你们国民党？谁侵略邻国的土地，谁抢劫邻国的财产，谁便是破坏'睦邻'！是我，还是日本帝国主义？"法官听了哑口无言。

法官让叛徒指证郭纲琳是"共党要犯"。郭纲琳逼视叛徒，厉声责问："你认识我？"叛徒低下头说："他们打得我一身是伤，教我指证，我实在没办法。"旁听席上的中外记者发出一片嘘声。

不久，郭纲琳被引渡到国民党上海市公安局，后又移解到南京宪兵司令部看守所。在未获任何口供的情况下，以所谓"危害民国紧急治安法令"判了她8年徒刑。

1934年5月，郭纲琳又被关押到南京老虎桥第一模范监狱。监狱一排10间平房，关押着30多名女政治犯，有帅孟奇、夏子栩等一批共产党员和其他同志。郭纲琳与她们一起坚持在狱中斗争。

有一次，有位女同志受了酷刑，流露出悲观情绪。郭纲琳紧紧抱住她，亲切地对她说："我们是革命战士，要爱自己的政治生命，保持党性的纯洁。我们可以抛弃一切，决不能失去这个比生命更伟大的政治贞操！敌人要枪杀我们的身体，这是无法抵抗的，但我们决不允许敌人枪杀我们的灵魂！"这位女同志听了，深受教育，说："我记住你的话，我的灵魂与你们在一起，与党在一起。"

监狱里还关押着一对国际友人牛兰夫妇。一次，牛兰夫妇绝食抗议监狱的非人待遇。郭纲琳等难友集体绝食，以坚决支持牛兰夫妇的斗争。斗争到第四天，敌人送来米饭和红烧肉，妄图破坏集体绝食的行动。绝食的同志们体力已经衰弱，站立不稳，但决不妥协。郭纲琳挺起身子，高呼："不答应条件，决不复食，要枪毙就一起枪毙吧！"接着同志们都高喊起来，绝食斗争继续进行。敌人被迫答应条件，牛兰夫妇被送医院治疗，斗争胜利。

1936年秋，郭纲琳又被押送反省院，在强迫政治犯唱国民党党歌时，她引颈高唱《国际歌》；在强迫她写"自首书"时，她咬破手指，用鲜血写下"打倒国民党！""共产党万岁！"。七七事变后，她被转移到国民党宪兵司令部死牢，经受了无数难以言述的折磨和酷刑，她用铜钥匙精心磨成光亮的"心"形，上刻"永是勇士"，表达对自己信念和主义的矢志不移，又在牢房壁上写上血书"坚持立场，为革命而牺牲！拥护真理，为正义而流血！"。

面对死亡，郭纲琳呐喊着："我一个手无寸铁的女子，凭了真理，凭了对人民的忠贞，凭了党给我的教育，我将你们费了不少狗气力想出来的一切阴谋诡计打得粉碎，可见我是胜利了。"

1937年7月31日，敌人把郭纲琳押往雨花台刑场。她在雨花台刑场高唱《国际歌》，英勇就义，时年27岁。

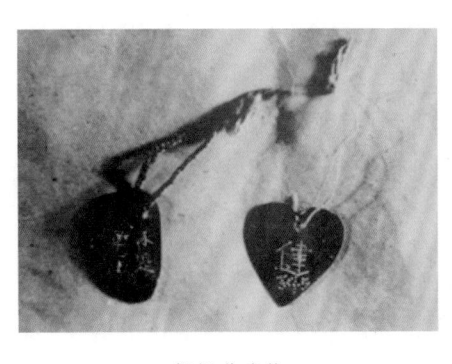

郭纲琳遗物

曹顺标（1915—1932年），原名曹仁标，又名曹均，浙江萧山人，共青团员。1932年春，任上海民众反日救国联合会（简称民联）专职青年干部。1932年7月17日，参加在沪西共和大戏院（又名沪西共舞台）召开的"江苏省民众援助东北义勇军、反对上海'自由市'代表大会"时遭国民党军警武装镇压并被捕。该事件史称"共舞台案"。是年10月1日，曹顺标等13人在南京雨花台被集体枪杀。

曹顺标

青春壮歌　雨花英烈
——沪西共舞台十三烈士之一曹顺标

曹顺标出生在浙江省萧山县城东桥头村，家中排行老六，上有三个姐姐、两个哥哥。他幼年英俊，性格开朗，活泼可爱。1926年从县立仓桥小学毕业，然后跟随大哥来到上海，先后在复旦大学附中、大夏大学附中就学。曹顺标深受共产党员大哥的影响，思想进步，于1928年加入中国共产主义青年团。1932年，在党的领导下，上海民联成立，被选为民联青年部部长的温济泽因是复旦大学学生，无暇脱产坐镇机关，急需有专职干部办公。党组织经过严密考核，认为曹顺标是理想人选，决定吸收他为青年部专职干部，以代理部长身份处理日常工作。曹顺标工作认真，才气过人，在民联被视为"不是部长胜过部长"的干部。

1932年一·二八淞沪抗战爆发，十九路军英勇抵抗，上海各界民众纷纷组织义勇军、敢死队、救护队，声援十九路军抗战。但是，国民党蒋介石集团坚持"攘外必先安内"的反动政策，强行迫使中国军队撤出阵地，并在5月5日与日本签订《淞沪停战协定》，然后将军队调至南方，对红军进行军事围剿。此举遭到中国共产党和全国人民的强烈反对。中共江苏省委根据中央指示，决定由上海反帝大同盟和上海民联出面，召开江苏反帝代表大会。几经周折，最后决定会议于1932年7月17日在劳勃生路（今长寿路）胶州路沪西共和大戏院召开，会议名称是"江苏省民众援助东北义勇军反对上海'自由市'代表大会"。但大会刚开始，会场就被全副武装的国民党军警包围。戏院只有一个大门，警察冲进会场，除翻墙逃脱的代表，当场抓捕88人，之后又有7人受牵连陆续被捕，全案共95人。这是第二次国内革命战争时期上海被捕人数最多的大案之一，震惊全国。当时，上海和南京等地的报纸纷纷以"曹家渡共和戏院内，逮捕大批男女共产党""本案关系甚大""事关颠覆党国"之类的大字标题进行报道。瑞金的《红色中华》对此发布讯息，揭露和抗议国民党当局镇压抗日力量。

曹顺标是被捕者中最年轻的代表。他是大会组织者之一，敌人从他身上搜出大量通电、宣言和传单，因此被列为"要犯"。

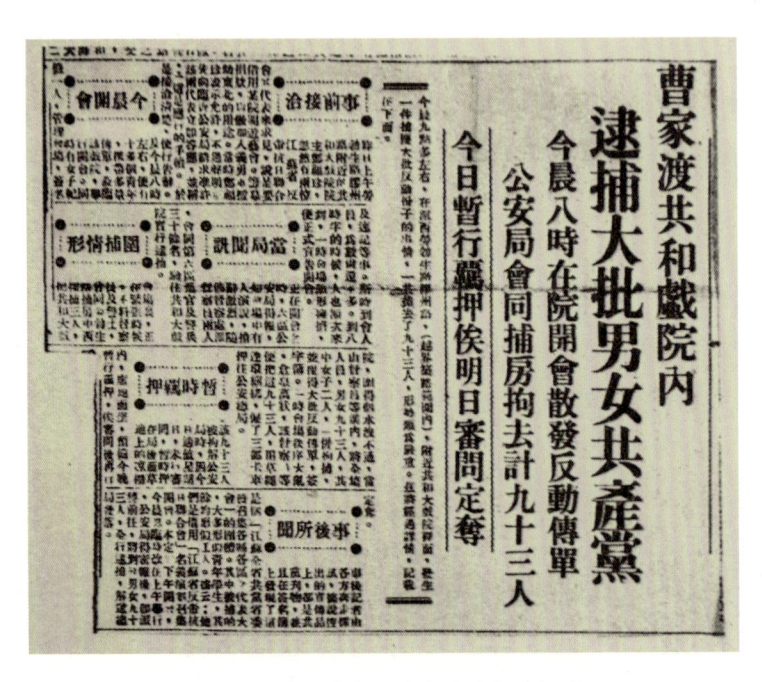

当时报纸关于曹家渡共和戏院案的报道

被捕者最初被关押在伪上海市公安局，后移解到龙华淞沪警备司令部，后又以案情重大为由，移解到南京军政部军法司，最后关押在南京警备司令部。每个所谓的"囚犯"均被剃光头，胸前挂"赤匪"大字标牌，拷上重镣，关进号子（牢房）。每个号子都住10多人，密集地放着双层床，没有多大可走动的地方，所有人共用一只马桶。8月的南京，骄阳似火，高温酷暑，墙壁发烫，号子里像火炉。人体汗酸臭、马桶尿粪臭引得蚊蝇飞舞，臭虫乱爬，墙壁床板全是受刑者留下的血块和虫咬血迹。更令人发指的是，审判官专横跋扈，轮番逼供，颠倒黑白，滥施酷刑，这里成了真正的人间地狱。

曹顺标和温济泽被关在同一个号子里，挤睡在一起。曹顺标被叛徒出卖，被咬定是民联青年部长。温济泽也被叛徒指认，但叛徒不认识他，只听说是共青团的一个积极分子。温济泽在床铺上对曹顺标说："我去承认我是青年部长。"曹顺标严肃地说："这怎么行？你的身份没有暴露，自己不应该向敌人承认什么，何况你承认了，也挽救不了我呀！"此后，两人更成为生死与共的好战友。

曹顺标和温济泽只能在牢房的睡铺上悄悄地互吐心志。有一次，曹顺标说："我准备牺牲。我死后，请你设法带信给我哥哥。他是共产党员，请哥哥把我的尸体埋在大路旁，我要睁着眼看到红军打进南京城。"又有一次，他说："革命总是有牺牲。死是没有什么可怕的。我感到遗憾的只有两件事：一件是为革命做的工作太少；一件是我心里爱着一个女同志，看她对我也有这个意思，可是我们都没有说出口，现在只能永远是没有说出口的初恋了。"说到这里，他低吟着匈牙利诗人裴多菲的爱情诗句："'生命诚可贵，爱情价更高。若为自由故，二者皆可抛。'现在我只有二者皆抛了。"

1932年10月1日凌晨，看守所里一片杀气腾腾。看守班长打开号子门上的大铁锁，大声地叫着一个一个被判死刑同志的名字。曹顺标听到看守班长叫他的名字，便从床上坐起来，踩着鞋子，穿着随身的汗衫和短裤，用坚毅的双眼告别难友，迎着晨曦，从容自若地走向雨花台刑场。这天共有13位烈士英勇牺牲。行刑结束后，押送的差役返回监狱，瞧着号子里的"囚犯"，边走边说："这些人真有种！个个不怕死。有的身上中了好几枪，还在喊口号，还在唱什么'打得落花流水'。""囚犯们"知道，这是烈士生命最后一瞬间的呐喊，"打得落花流水"就是国际歌的歌词"要为真理而斗争，旧世界打个落花流水！"。很快，在阴暗恐怖的牢房上空飘响着此起彼伏的国际歌："我们要做天下的主人！这是最后的斗争，团结起来到明天,英特纳雄耐尔就一定要实现!"

十三烈士个个英勇威武,视死如归,我们要永远记住他们的名字。他们是肖万才、曹顺标、许清如、杨小二子、徐阿三、许金标、崔阿二、钟明友、邱文知、陈三、陈士生、王得盛、柳日均。

曹顺标是十三烈士中最年轻的一个,虚龄19岁,他为中华民族的复兴英勇捐躯,为声援东北义勇军而将自己宝贵的青春、浪漫的恋情全都抛弃,留下了献身革命的浩然正气和光彩照人的英雄形象。敌人的档案里记录了曹顺标与审判官的一段对话。曹顺标面对敌人扣上的罪名,反问审判官:"声援东北义勇军抗日犯什么罪?"敌档记录:曹顺标是案内态度最坚决者,什么口供也没有,他对组织情况一点也不说,也不说别人的情况,态度非常顽固。

曹顺标牺牲3年后的1935年,他同一众革命者对东北义勇军的声援被写入由剧作家田汉写词、聂耳作曲的《义勇军进行曲》,随电影《风云儿女》在华夏大地传唱,迎来中国人民抗日战争的胜利,又迎来中国人民解放战争的胜利。

曹顺标牺牲17年后的1949年,在开国大典上奏响的代国歌《义勇军进行曲》告慰了沪西共舞台十三烈士声援东北义勇军的壮举。千千万万革命志士的牺牲换来了新中国的诞生。

上海龙华烈士陵园没有忘记曹顺标,用通栏文字记录下曹顺标牺牲前的豪情壮语。

南京雨花台烈士陵园没有忘记曹顺标,他们创作大型交响组歌《雨花台——信仰的力量》在北京国家大剧院演出,南京话剧团的《雨花台》也在全国巡演。

南京雨花台烈士陵园内有沪西"共舞台事件"十三烈士专题陈列

上海普陀区党员和人民群众更没有忘记曹顺标。1992年7月17日是沪西"共舞台案"十三烈士牺牲60周年，在沪西共舞台案始发地，中共上海市普陀区委和中共上海市委党史研究室联合隆重举行纪念大会，在北京的幸存者温济泽、顾卓新、杨超、武少文、肖明、易朝德六位同志联名撰写《共舞台案始末》并致来电。来电中有一位女士叫易朝德，她就是曹顺标来不及开口的初恋。当年，她为曹顺标英勇捐躯痛不欲生，为怀念曹顺标，她掇取曹顺标别名中的"均"，给自己取名为易纪均。大会主持人将幸存者的来电内容向全体与会者通报，引发全场的共鸣。普陀人民将永远怀念沪西共舞台十三烈士！

沪西"共舞台事件"幸存者杨超等到事件旧地纪念烈士

汤桂芬（1918—1964年），曾用名汤关弟，江苏扬州人，中共党员，全国新政治协商筹备委员会委员，第一届全国人民代表大会代表。她是沪西纱厂女工、沪西工运领袖，历任中共统益纱厂党支部书记、民营纱厂地下党联合支部书记、统益纱厂工会理事长、三区棉纺织工会理事长、第六次全国劳动大会上海代表团团长。建国后，历任华东军政委员会劳动部副部长、全国纺织工会副主席兼上海市纺织工会主席、上海市纺织工会管理局副局长、上海总工会副主席。

汤桂芬

苏河女儿　工运领袖

——进京共商开国要事的纺织女工汤桂芬

汤桂芬，1918年出生在上海沪西地区一个贫困手工业者家庭，幼年在水月华童小学启蒙读书，因家境贫困，很快辍学，9岁进厂当童工。此后12年中，她先后在内外棉五厂、十四厂、统益纱厂、永安三厂等工厂做工，繁重的劳动、苦难的生活铸就了汤桂芬刻苦耐劳、意志刚强的性格。1939年12月，她在永安三厂参加沪西地下党领导的争取年奖罢工斗争，冲锋在第一线，斗争坚决，被资本家以"聚众闹事"为由开除出厂。之后，汤桂芬进入统益纱厂做工，到三和里女工夜校接受先进文化教育，思想觉悟迅速提高，于1940年10月加入中国共产党，次年10月被选为中共统益纱厂党支部书记。

1941年底，太平洋战争爆发，日军进占上海全部租界，统益纱厂关闭。汤桂芬遵循党组织指示，到沪东大康纱厂协助地下党开展工人运动。1944年初，她重返沪西，通过考试进入同兴军服厂，培养积极分子，发展党员，在同兴军服厂创建地下党支部，在日军严密控制下的军工厂进行隐蔽斗争。日军为保障侵华部队的军服供给，荷枪实弹地严密监控中国工人生产军服。汤桂芬以结拜姐妹、组织标会等形式团结工人，以怠工、破坏成品等手段打破军工生产计划。有一次，汤桂芬以争取工人福利、改善生活待遇为切入口，发动全厂3 000多工人一起关停机器（俗称"关车"），进行"无头斗争"。日本兵要武装镇压，但工人们抱团斗争，找不到可以抓捕的"头"，而军工生产已全线瘫痪，日本资本家只得被迫答应改善工人生活待遇。军服厂的"无头斗争"在小沙渡广为传颂。

1945年初，日本法西斯在华的反动统治行将崩溃，而厂内日本人还在鼓噪日军大东亚"战果"。汤桂芬决定在厂内进行一场政治攻势。她在女厕所里挂上一个非常显眼的红萝卜（寓意日本鬼子，上海地区习惯将个头矮的人称作"矮萝卜"），用粉笔在板壁上写下两行醒目大字："天快亮了，大家快起来，磨刀切萝卜！""磨刀切萝卜"很快传遍全厂，又传到厂外，人们奔走相告，日本鬼子快完蛋了，天快亮了。

1945年8月，日本法西斯投降前夕，汤桂芬在党的领导下参与领导沪西工人武装起义。

1945年初，日本侵华战争已穷途末路，中共中央计划要从日伪手中夺取上海等一线大城市，指示建立城市地下军，里应外合迎接解放。8月，汤桂芬等沪西地下党领导按照党的指示，组织沪西工人地下军，准备起义，以迎接新四军解放上海。8月23日清晨，汤桂芬等带领包括同兴军服厂工人在内的近万沪西工人集聚在莫干山路，占领了信义机器厂，设立了起义指挥部，等待中共上海市委下达起义命令，配合新四军解放上海。就在大家焦急等候市委命令时，下午4时，中共上海市委工委书记张祺赶到莫干山路指挥部，向汤桂芬等起义领导转达中央命令，根据中共中央毛泽东的紧急指示，因形势急剧变化，中止上海工人武装起义。汤桂芬等旋即奉命将沪西地下军和起义的工人队伍有序安全撤离。

抗战胜利后，国民党接收大员忙于发财，无视工厂倒闭和大批工人失业，劳动人民又陷入水深火热的苦难中。汤桂芬在中共上海地下党的领导下，在沪西平民村成立沪西失业工人联合会，将以纺织、机器工业为主的40多家工厂的5万多工人和失业工人团结起来,以联合会名义与国民党当局交涉,同时组织上万名失业工人到国民党市党部请愿、示威,迫使当局正视工厂关门和工人失业问题,逐步恢复工厂生产,解决工人复工的燃眉之急。

此时,汤桂芬担任9个民营纱厂地下党联合支部书记。根据上级党的决定,要她以工人代表身份进行合法斗争,她成功竞选为统益纱厂工会理事长、三区棉纺织工会理事长。

汤桂芬以工人代表的合法身份领导沪西工人为维护自己的利益进行斗争。1946年2月,她领导沪东、沪西13万工人总罢工并签订有利改善工人福利的18条协议;4月,领导有40多家工厂工会参加的沪西工人反内战民主促进会,组织以统益纱厂为主的沪西工人参加六二三反内战大游行。

1946年初,国民党蒋介石集团上演召开国民大会的闹剧,接着又决定在各地建立参议会,并扩大参议员候选人竞选范围,以标榜实施所谓的"民主政治"。上海地下党决定利用这个机会,推出汤桂芬等三人公开与国民党操纵的工人福利委员会候选人竞选。双方激烈竞争,汤桂芬以多数票当选工界正式参议员,另两人当选候补参议员。自此,汤桂芬开始利用参议员的身份,合法领导工人运动。

1947年2月,汤桂芬率领工人代表团到国民党市参议会、社会局、中纺公司请愿,提出解冻生活费指数、立即补发2月份物价补贴差额金等四项要求,最终在以工人战斗为强大后盾的支撑下,迫使国民党政府宣布有条件地解冻生活费指数,工人生活暂时得到一定的补偿。

1947年4月,中纺十二厂地下党员、工会干部佘敬成为保护工人与特务斗争,被国民党当局逮捕。混战中两名中统特务重伤死亡,国民党当局准备借故杀害佘敬成。汤桂芬指挥各业工会,发动数千工人包围法院,为佘敬成喊冤,声势浩大,最终迫使国民党当局对佘敬成减刑。

1948年2月2日,申新九厂工人提出发放"年奖",7 000多名工人举行大罢工,遭国民党当局血腥镇压。汤桂芬以参议员身份公开揭露国民党的暴行,同时组织工人募捐、救助死难工友家属和受伤工友。许多工厂自发戴黑纱悼念死难工友。社会局长叫喊:"谁戴黑纱谁就是共产党!"汤桂芬召开工会理事会,暗中布置工人冲进会场,给每个理事、在场的特务全部戴上黑纱,机智地打破了国民党的禁令,进而许多工厂工人都能戴黑纱悼念,声援了申九二二斗争。

上海工人、市民声援申九工人斗争，国民党特务开始怀疑参议员汤桂芬是共产党员，危险也逐渐逼近汤桂芬。中共地下党上海市委决定让汤桂芬秘密撤离上海，任命汤桂芬为上海代表团团长，赴哈尔滨出席第六次全国劳动大会。汤桂芬在"六大"报告会上介绍上海工人阶级的申九二二斗争，全场代表高呼："打到上海去！为死难烈士报仇！"这次演讲通过电台向全国播放，上海工人听到解放区电台转播的汤桂芬的讲话兴奋异常，备受鼓舞。演讲也传到上海国民党当局，令他们震惊不已。社会局当即函请市参议会"将汤桂芬参议员除名"。

1948年8月1日至22日，汤桂芬赴哈尔滨参加第六次全国劳动大会

1949年5月，汤桂芬在丹阳接受培训，以解放上海的轻工业大队长身份，随军进入上海，接管上海。5月27日，上海全境解放。31日，全市职工代表纪念五卅运动24周年大会暨成立上海总工会筹备委员会举行。陈毅代表市委讲话，开场便道："上海的工人老大哥、老大姐们，我们归队来了！"会场上响起了暴风雨

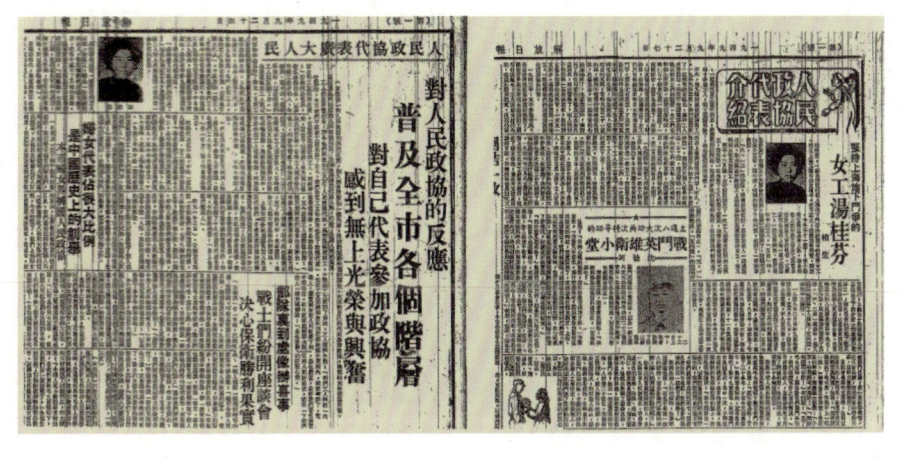

上海《解放日报》欢送汤桂芬赴京共商国是的报道

革命志士篇

般的掌声，大会举手表决通过上海总工会委员会名单，汤桂芬当选为委员，后又高票当选为纱厂工会主席。

1949年6月，中国共产党同各民主党派、无党派民主人士和各人民团体成立新政治协商会议筹备会，汤桂芬以上海人民团体联合会理事的身份入选为全国新政治协商筹备委员会委员，并列入拟定中华人民民主共和国政府方案组，共商国是。这时，汤桂芬在上海重任在肩，经中央同意，她在北平的筹备委员会委员工作暂由雷洁琼代理。随着开国大典越来越临近，协商的国家大事要她去表决，上海党政领导对汤桂芬北上倍加关注和支持，9月24日和27日的上海《解放日报》两次头版介绍汤桂芬生平，欢送她赴京共商国事。汤桂芬参加的组别工作是拟定国体政府方案，原定国名是"中华人民民主共和国"，经过专题协商讨论，决定改名为"中华人民共和国"，最后全体会议通过。10月1日，毛泽东在北京天安门开国大典上向全世界庄严宣告：中华人民共和国中央人民政府成立了！

汤桂芬原是沪西纺织女工，在血与火的革命斗争中茁壮成长。中华人民共和国成立后，她又当选为全国人民代表大会代表，先后任华东军政委员会劳动部副

第一届全国人民代表大会上海代表合影（前排右二为汤桂芬）

部长、全国纺织工会副主席兼上海市纺织工会主席、上海市纺织工会管理局副局长、上海总工会副主席。

1964年2月18日,汤桂芬因病逝世。沪西工人阶级、普陀区人民永远怀念汤桂芬,普陀区人民为她而自豪。

行业精英篇

潘阿耀（1907—1982年），浙江象山人，上海永鑫无缝钢管厂技工，全国劳动模范，普陀区人大代表。1929年来上海振丰铜厂做工。抗战全面爆发后失业还乡，抗战胜利后返回上海，在沪西慎昌铜厂做工。他1948年加入中国共产党，积极参加护厂斗争。新中国成立之初，在极其困难的条件下，他先后试制成功我国第一根无缝铜管和第一根小口径无缝钢管。这两大贡献使潘阿耀誉满神州，受到了毛泽东主席的亲切接见。

潘阿耀

草窝金凤　能工巧匠
——中国小口径无缝钢管之父潘阿耀

潘阿耀是全国著名的生产革新者，有着几十年实际操作经验的五金制造工人。他靠自己的勤奋和智慧，实现了无数次技术改造和发明创造，成为我国无缝铜管和第一根小口径无缝钢管的制造者，当选全国劳动模范，在我国无缝钢管的生产史上写下了光辉的一页。

1907年，潘阿耀出生在浙江象山的一户贫农家庭。他5岁死了父亲，12岁死了母亲，从小替地主放牛，失业、饥饿、贫穷困扰着他。他的第一个妻子就因为没有吃没有穿而上吊自尽；他又因为养不活第二个妻子而被岳父逼着离婚。特别令他难忘的是，有一次他失业了，饿着肚子到外滩黄浦江边，想找在轮船上工作的哥哥借几个钱。反动警察看他衣衫褴褛，头发蓬松，面黄肌瘦，硬说他是小偷，把他关进提篮桥监狱坐了半个月的牢。抗战胜利后，他在沪西慎昌铜厂做工，1948年加入中国共产党。新中国的成立让工人翻身当家做主人，他深深感到：是共产党为他带来了幸福生活，给了他莫大的荣誉和信任。

1950年，上海刚解放，由于西方国家对我国实行经济封锁，上海的工业生产面临重重困难。当时，无缝管料十分紧缺，严重影响了我国经济建设和国防事业的发展。

潘阿耀带着强烈的使命感，积极响应陈毅市长的号召，自力更生，发明创造。他在沪西药水弄的铜厂内利用报废的旧设备，废寝忘食地搞起了生产无缝铜管的试验。经过3个多月的不懈努力，通过30多次反复试验，1950年7月5日，穿孔机上终于吐出了中国工人自己制造的第一根无缝黄铜管。潘阿耀被评为上海市和全国劳动模范。1950年9月，他出席全国劳模代表大会，受到了毛泽东主席的接见。

毛主席在接见潘阿耀时曾说："你搞出了无缝铜管，作了贡献，现在国家急需无缝钢管，你能不能也把它搞出来？"主席的殷切期望和忧国忧民之心撞击着潘阿耀的灵魂，让他牢牢记住了毛主席的嘱托。

要生产无缝钢管，就先要解决热穿孔管坯的设备，把管坯生产出来。当时上海和全国的钢铁工业中唯慎昌铜厂有一台这样的设备，却是穿铜管的。钢管的材质比铜管硬，这台设备能否适用，潘阿耀没有把握；公开和老板商量，借用设备搞试验，潘阿耀也无把握。为此，潘阿耀决定等待时机悄悄地干。

1951年，潘阿耀从一台报废的设备中找到一根正好是试验所需的76毫米直径的元钢，于是把它截成20厘米至30厘米长的3段，利用做夜班时间进行试穿。他一个晚上连试了三次，终于有一根穿孔成功，试验工作跨出了可喜的第一步。

当时，永顺五金号老板为了响应政府号召，准备凑资金办工厂，请潘阿耀在技术上帮忙。两人一拍即合，开始筹建永鑫五金制造厂，并试制管材。试验的关键是要搞到一台热轧穿孔机。要公开仿制慎昌铜厂的设备有难度，只能偷偷地搞。但潘阿耀不懂机械制造和绘图设计，于是找到对机械制造在行的技工戴富宝和徒弟石圣钰来合作。

因为不能公开，所以潘阿耀只能利用老板不在厂的机会，以探亲访友为名，将戴富宝、石圣钰两人带进工厂，偷看设备的构造。这样反复多次，戴富宝就对这台设备了如指掌。而后，他就用绳子、用手臂、用脚步来量尺寸，用旧报纸剪成机件的模型，绘成零件图。至1953年，全套设备设计、加工、安装完成。

1954年，进入最后调试阶段。这台设备穿铜管不成问题，穿钢管却过不了关。根本的原因是钢材比铜材质地硬，加工时的温度要比铜管高400℃；过去小样试验时管材只有30厘米长，而现在的长度要增加好多倍，穿铜管的设备难以与之适应。1955年，上海市五金行业同业公会组织8个懂技术的工商业者到永鑫厂协助攻关未成；1957年上半年，上海市一些冶金专家、教授到永鑫厂"会诊"也无果。

他们遇到的棘手难点有二：一是顶杆受热变形，二是顶头受热损坏。潘阿耀焦灼万分，寝食难安，冥思苦想，寻求方案。一天，他突然发现煤炉上的一铜壶水已经烧开，冒着蒸汽。这个场景触发了他的灵感：为什么铜壶遇火而不损？那是因为壶中有水。那么，穿孔机上的顶杆顶头如果能通上水，岂不是同样能够受热而不损吗？他立即把这一发现告诉了厂党支部书记（公方经理），得到了书记的热情赞扬和全力支持。

1957年，为加强技术攻关力量，市委决定把潘阿耀从慎昌厂调到永鑫五金制造厂。为解决生产无缝钢管的主要机器穿孔机的顶头耐热问题，潘阿耀潜心研究，提出了"挖洞通水使顶头冷却"的革新方案。在党支部的支持下，他和工人们通过反复试验，终于造出了全国独一无二的"水循环冷却热穿孔顶头"，从而使热穿孔钢管坯的生产关键问题得到全面解决，为发展冷拔无缝钢管的生产铺平了道路。1958年3月8日，试验成功，我国工人自己制造的第一根小口径无缝钢管诞生并投入了生产，无缝钢管的日产量进而从1吨左右猛增到15吨。

1958年3月15日，《解放日报》刊登了《永鑫五金制造厂大翻身》的通讯，报道了永鑫厂潘阿耀的先进事迹，称"质量还超过了英国雷诺厂同类产

潘阿耀试制小组在进行科学实验

品"。一个简陋小厂,用"老爷"机器造出了优质的无缝钢管,轰动了全国。冶金部黑色冶金设计院总结了永鑫厂的经验,并以此为蓝本,制造了一套设备,在全国推广,使我国的无缝钢管生产得到了迅猛发展。永鑫五金制造厂更名为"永鑫无缝钢管厂",1958年8月被评为上海工业战线"八面红旗"之一。

1960年以后,潘阿耀等人继续勇于探索,悉心研制,首创我国第一批70多种异型钢管,并连续生产320种规格品种的异型钢管。

潘阿耀和他团队的匠心之作誉满神州,周恩来、朱德、陈云、董必武、陈毅、邓小平、薄一波、李富春、张闻天等中央领导都曾亲临上海普陀区永鑫厂视察。周恩来总理赞誉永鑫厂是"草窝里飞出了金凤凰,为中国工人争了气",陈云副总理撰文予以赞扬和指示推广。永鑫厂还接待了多批来自全国各地的参观者和来自五大洲的国际友人。潘阿耀为我国社会主义建设作出了卓越贡献,他是普陀区红色热土上培育出来的劳动英雄与新中国工匠!

永鑫无缝钢管厂试制成功的一种用途很广的异型钢管——油条形钢管

计浩然（1916—1971年），原名计煐，浙江嘉善人，中共党员，全国劳动模范，第一至三届全国人大代表、第一至四届普陀区人大代表。他是中国造纸行业技术革新的重要贡献者。1944年任中国造纸厂机务管理员，1945年任江南造纸厂机务组长，中华人民共和国成立后历任江南造纸厂机动车间主任、工程师、副厂长。他几十年如一日，大搞技术革新，完成重大革新项目达50多项。

造纸名匠　革新先锋
——中国造纸行业技术革新者计浩然

1930年，计浩然在浙江省嘉善县立初级中学肄业。14岁的他先后到上海、杭州当学徒工、修理工。1937年全面抗战爆发，计浩然毅然报名到后方勤务部第四游动汽车修理厂当技工，在浙江、江西、安徽等省修理抗日部队的运输汽车。后因皖南事变爆发，计浩然看到外患未平，内战又起，深感痛心，遂携全家步行500余里返家，在惠民小学任教，以资糊口。1944年，计浩然生计困难，便到上海中国造纸厂任机务管理员。翌年8月，抗日战争胜利，计浩然在江南造纸厂任机务组长，直至新中国成立，开启了新的人生。

计浩然在江南造纸厂的工作中积极发挥个人的主观能动性，善于依靠工人群众，团结技术人员，其锲而不舍、埋头苦干、迎难而上、勇于革新的精神得到全厂同志的一致认可。若是生产中出现问题，只要计浩然到场，问题就能解决。计浩然大搞技术革新，不断改进机械设备，为老企业挖潜，促进工业生产发展，为我国造纸生产作出了重要贡献。计浩然发起的重大革新项目有50多项，有的改善了车间的劳动条件，有的减轻了工人的劳动强度，有的提高了纸浆的生产产量，有的改变了陈旧的制作工艺，有的节约了纸张的生产成本，有的提升了工艺的生产效率……在中国造纸行业的改革进步中写下浓墨重彩的一笔。

1950年，计浩然通过改进装置切布机除尘设备，有效减少了对生产工人身体健康的损害，使生产工人中得肺病人数逐渐减少。同时，切布机除尘设备的改进减少了布浆中的尘埃，提高了切布工作的效率。

计浩然通过改进打浆机设计工艺，不但缩短了打浆时间，提高了浆产量，保证了对纸机生产的供应，而且降低了打浆工人的劳动强度。

通过改进复卷机纸筒工艺，减少了工伤事故，提高了复卷质量。原先复卷机纸筒是分开用两把圆刀，这不仅增加了纸边损纸，还会因纸边常常卷入纸筒而影响印刷，在生产过程中需要把车子停下来取出，非但影响产量，操作麻烦，而且常因抢救纸边造成工伤事故。自从计浩然改用单刀包纱布来分开纸筒后，既省掉了一把刀，又使工人操作更加安全。

计浩然利用旧材料改装了一部新的长网机。他利用当年分厂圆网纸机烘缸和架脚，及部分旧网架机件改装成一部新的长网造纸机，仅花10万元，一年即可增产100万元，是投资的10倍。在安装施工过程中，计浩然吸取了先进经验，以竹筋代替钢筋，克服了钢材的供应困难，并大胆创制了伸缩皮带，操作更方便，安全也更有保障，减少了机器杂音。他还研究出了能耐磨损、不滑油、检查方便、无杂间、耗油量少的牙齿箱，解决了克拉子设备易打滑、套筒婆司常发热的毛病。

计浩然通过纠正烘缸橡皮辊中高度及卷纸机设备，解决了当年3号纸机凸版纸的扭筋等纸病，提高了成品率，扭转了3号纸机长期不能完成生产任务的局面。

计浩然将弃置的坏机件（左图）重新改造成完全自动的油泵打包机（右图）

计浩然改进了备料车间大球回收设备。原先1号、2号大球放气时,有用的熟料会被冲入阴沟。计浩然利用废铁设计装置了回收器,能将流失的熟料全部回收,全年可收回绝干竹浆10吨,可造凸版纸8.1吨。

计浩然校正了磨光1号车轧光机轧辊。1号车轧光机因轧辊表面腐蚀凸凹不平,轧出纸张起槽不匀,不能复卷,影响产品质量和计划完成。计浩然刻苦钻研,通过校正磨光,克服了以上缺点。

此外,计浩然通过装置烘缸内部喷气头子,解决纸病,减少损失。当年4号车烘缸造出来的纸两边烘不干,经计浩然研究,在烘缸内部进汽管上装置了平均喷气头子,能使烘缸每部分平均地受到热量,解决了两边潮湿不干的毛病。

不仅如此,计浩然还通过对1号造纸机网架加装活络撑脚及活络培林各一副后,基本上消灭了铜网架跳动现象,并且对设备维护、延长铜网使用寿命均起相当大的作用。

1951年,帝国主义对我国实行封锁禁运政策,造纸原料木浆缺乏。计浩然为克服原料来源不足的困难,进行竹浆代木试验,并自制扎竹机,消灭了竹浆蒸煮不透现象,提高了纸张质量,保证了市场纸张供应。在抗美援朝中,计浩然响应增产节约号召,在技术人员配合下创造长网机自动循环加油器,提高车速,生产指标一超再超。计浩然还在1号造纸机上进行多项革新,加装机油过滤设备,全年增加利润35.4万元。

1952年,计浩然加入中国共产党。1953年,针对蒸球臭气污染环境的问题,他对蒸球设备进行改革,将臭气通入地下管道,周边居民皆拍手称好。老式铡刀铡草是笨重的体力劳动,20多名女工每天累得腰酸背痛,满手血泡。计浩然经过多次试验,试制切草机获得成功,改善了劳动条件,提高了劳动效率。翌年8月,计浩然被提任为机修动力车间主任。

1955年,计浩然为提高纸张质量,在原4号机上改革装置旋涡除砂机,每天能清除浆料中的泥沙、尘埃、竹节、草节、杂细胞等杂质24千克,减少尘埃、砂眼等纸病,提高了产品质量。随后又装置白色上胶设备,竹胶乳化,减少松香用量,提高纸张抗水度。翌年,计浩然为提高4号单缺圆网造纸机产品质量,将分流式网槽改造成营纸式网槽,解决了该机长期存在的定量、鱼鳞斑等纸病,提高车速每分钟8米,不再使用榆木,节约9个刨花工,全年增产443.52吨。同年,计浩然被授予工程师职称。

1960年国家粮食紧缺，计浩然配合技术人员大搞综合利用，经过几十次试验，创造黑液浓缩机，从芦苇、竹节、稻草等浆料中榨出大量黑液——竹制木醣浆，为国家节约粮食，为工厂增加产值23.7万元，还减少了环境污染。次年，国家的燃料供应紧张，工业锅炉掺烧二煤和劣质煤，计浩然从实际出发改装锅炉前后拱设备，装置锅炉螺旋自动出灰器，既能烧劣质煤，又节约3个劳动力。

1962年，计浩然被提升为副厂长，主管全厂生产。翌年，他为解决切草机上草皮、草灰到处飞扬的老大难问题，改善生产卫生环境，和技术人员悉心研究后，采用双筒简易立式水膜除尘设备，解决了这个问题。

计浩然先后被评为1950、1956年度全国劳动模范，1953—1956年四次被评为上海市劳动模范，1957—1960年三次被评为上海市先进生产工作者。1959年11月，计浩然参加全国群英会，应邀出席周恩来总理举行的宴会。1954年后被选为全国人民代表大会第一、二、三届代表及上海市普陀区人民代表大会第一至四届代表。1971年11月8日，计浩然因患癌症医治无效，与世长辞，骨灰安葬于上海龙华烈士陵园。

陆春龄（1921—2018年），上海人，中共党员，笛子演奏家、作曲家、音乐教育家，国家级非物质文化遗产项目江南丝竹代表性传承人。他是我国灌制唱片、录制音带最多的笛子演奏家，我国南方笛派代表和"江南丝竹四大天王"之一，我国20世纪笛乐艺术的缔造者之一，中国民族吹管乐一代宗师，被誉为"魔笛""神笛""笛王"。获"第七届中国音乐金钟奖终身成就奖"。曾长期担任普陀区长征镇"新长征国乐社"艺术顾问。

陆春龄

自学成才　一代宗师
——德艺双馨的"中国魔笛"陆春龄

　　2018年5月22日，被誉为中华笛子一代宗师、中国"魔笛""神笛""笛王"的陆春龄告别了他深爱的舞台和观众，到天堂去继续吹奏笛子了。噩耗传来，普陀区长征镇的广大民乐爱好者无不悲痛万分。诸多大师的粉丝自发参加了"笛王"的追悼会，更多的民乐爱好者纷纷演奏大师创作的经典作品以寄托缅怀、敬仰之情。因为长达半个多世纪的时间里，"笛王"与长征镇的江南丝竹传承人及新长征国乐社的民乐爱好者以乐会友，结下了知音识趣的不解之缘。

　　陆春龄，1921年9月14日出生在上海一个汽车司机家庭。少年时家境贫寒，但贫穷与苦难未能泯灭他对音乐的热爱，7岁时开始学吹笛子。青年时期，他先

行业精英篇

后踏三轮车、开出租车、做江南造船厂车工谋生,同时学笛,苦练技艺。

1937年,陆春龄参加民间丝竹团体——紫韵国乐社,1940年与友人组建中国国乐团,1953年参加筹备上海民族乐团并成为该团独奏演员,1954年起在上海音乐学院兼职任教,1976年调上海音乐学院正式任教。20世纪五六十年代,他四处走访,整理出一批流散民间的曲目,如《鹧鸪飞》《欢乐歌》《小放牛》等;创作一批笛子曲目,如《今昔》《江南春》《练兵场上》等。这些曲子至今仍是民乐界的经典曲目。

陆春龄演奏现场

江南丝竹是陆春龄竹笛演奏的基调,他将江南丝竹乐曲改编成受人欢迎的笛子独奏曲。他苦心琢磨,形成独特的艺术流派:他的笛音音色醇厚圆润、纯净优美,气息控制极见功力,指法润饰丰富多彩。他打破迷信,从不懂乐理到作曲著书,50年代末就著有《笛子曲集》《笛子演奏法》两本书。

2017年是上海音乐学院建院90周年,也是陆春龄从艺90年,上海音乐学院特地举办"陆春龄笛子艺术节"。96岁的陆春龄登台留下不老风采。至此,他从事笛艺演出和音乐教育均已63年。

"生命不息,笛声不止,愿为人民吐尽丝"是陆春龄的承诺;"作为艺术家须要独立的、能传世的、经得起推敲的好作品,否则愧对艺术家的称号"是他的追求。他常说"感谢共产党,感谢新中国",要坚持为人民服务。他四处体验生活,以感恩之心创作出处女作《今昔》。一次在安源煤矿,矿长说慰问演出在食堂即可,而他选择在条件差、危险大的井下连演6场。

陆春龄珍藏着一个精致的包装盒,盒盖上写着"一九四三年陆春龄藏本",并盖有他的圆形红印章,盒内装着一本1943年毛泽东著、延安解放出版社出版的《文艺问题·毛泽东同志在文艺座谈会的讲话》。书中"文艺要为最广大的人民大众服务"成为他一生的艺术追求。

陆春龄1959年加入中国共产党,曾为全国人大代表、全国政协委员,是全国劳模,上海市第三、第四、第五届人大代表。

陆春龄一生德艺双馨。

他广蓄并纳,以自己的勤思苦练与创造,形成独树一帜的笛艺体系与艺术风格,人称"中国民族吹管乐一代宗师"。他将《鹧鸪飞》改编成笛子独奏曲后灌制成唱片,被誉为笛子十大名曲之一,1989年获中国首届(1949—1989)金唱片奖(这是由中共中央宣传部批准的权威性大奖,兼具学术性与艺术性)。陆春龄是我国灌制唱片、录制音带最多的笛子演奏家。《陆春龄笛子艺术荟萃》专辑(唱片号8225939)是笛子演奏艺术的珍藏品,此片收集的《鹧鸪飞》《小放牛》《梅花三弄》《关山月》等12首经典名曲皆为他千锤百炼之作。

自1954年始,陆春龄出访全球70个国家和地区。在出访期间,他认真做对外交流的友好使者,宣传中国文化,开展文化交流,学习各国民族音乐,增进中国和各国友谊,被周恩来总理称为"人民音乐的文化使者""人民的音乐家"。

陆春龄重视人才培养,曾长期担任上海音乐学院教授。他曾表示,对"老中青少童"学生应一视同仁,以身作则,德育至上;强调要有艺德,德是一切之首。上海音乐学院教授唐俊乔、詹永明是他的学生;还有个学生叫俞逊发,是笛子演奏家、上海民族乐团一级演奏员、中国音乐家协会会员,世人皆赞其"古有俞伯牙,今有俞逊发",可见其笛乐造诣高超。他教过的学生遍及海内外,不少笛子演奏家都受过他的指导。1987年1月,陆春龄创建上海江南丝竹协会,并担任会长。如今,这个民间组织已成为传承非物质文化遗产的机构,培养了大量人才,为传播、弘扬江南丝竹音乐作出了突出的贡献。1999年12月,陆春龄荣获上海市老有所为精英奖。2002年11月,上海江南丝竹协会获准成为具有社会艺术水平考级资质单位,为规范江南丝竹教学起到重要作用。

2021年9月14日是陆春龄百岁诞辰。三个子女将他的125件艺术档案捐赠给上海艺术研究中心，以告慰、纪念和缅怀父亲。这125件捐赠档案中，82件奖杯、奖牌和证书、聘书是陆春龄艺术成就的见证，如1986年首届上海文学艺术奖、2004年上海民乐艺术终身成就奖、2008年第二批国家级非物质文化遗产江南丝竹项目代表性传承人证书、2009年第七届中国音乐金钟奖终身成就奖、2010年上海文艺家终身成就奖等。这125件捐赠档案中还有16支陆春龄在不同时期使用过的笛子，如法国三孔笛（1955年随中国青年代表团访问法国演出《马赛曲》等曲目）、D调苦竹曲笛（1962年在上海为毛主席、周总理等中央首长演奏湖南民间乐曲《鹧鸪飞》等曲目）、英国六孔竖笛（1986年在上海城隍庙九曲桥湖心亭为访问中国的英国女王伊丽莎白二世演奏英格兰民歌《乡村花园》）。

这些档案反映了陆春龄的艺术人生，对研究中国民族音乐尤其是笛子艺术有十分重要的学术价值，是物质财富，更是精神财富。

陆春龄的笛声响遍祖国大地，他的脚步走过全球各地。自1955年春，陆春龄第一次进中南海怀仁堂受到毛泽东主席接见，一生共被毛主席接见8次，为毛主席吹奏过6次；他还为邓小平、江泽民、胡锦涛等党和国家领导人演奏过。在国际上，曾为法国总统戴高乐、印度总理尼赫鲁演出，与很多外国总统、总理结下笛缘。

陆春龄与普陀区长征镇民乐爱好者结下了深厚的丝竹情，是上海江南丝竹及社区文化舞台上的一段佳话。

原长征乡的江南丝竹早在18世纪下半叶已很活跃，本地人叫做"清客串"，组成的乐队叫"国乐社"，常受邀到喜庆人家演奏助兴，有时也加入迎神赛会行列。20世纪30年代前后，长征乡有十几个丝竹班子，其中以杨家桥的正谊国乐社和小梁山一带的新华国乐社较出名。但人才最多且历久不衰的要数五星村的太平桥，从清代起就是职业打唱手聚居之地，吹拉弹唱，代代相传，人才辈出。据该村老人回忆，19世纪50年代的乐师为第一代，第二代在19世纪末，第三代乐师约在民国10年（1921年）左右出现，第四代乐师在20世纪30年代以后出现，最近的为第五代、第六代。太平桥的乐师们在民国35年（1946年）组成丙戌国乐社。1984年2月在原丙戌国乐社的基础上成立了五星国乐社。他们中的佼佼者，有的成为上影乐团民乐手，有的成为上海沪剧团演奏员……他们大都与陆春龄同辈，以民乐会友，常与"笛王"相聚在一起切磋技艺，相邀赴本市金山、南市以及外地太仓、苏州、扬州等地交流演出。

1992年4月,由五星、五一、万里三个村国乐社骨干组成了新长征国乐社,陆春龄大师受聘担任艺术顾问。长征镇有重大演出活动,"笛王"总是亲临指导,有时甚至亲自担任首席吹奏,与新长征国乐社成员同台演出。在陆春龄大师的悉心指导与鼎力扶助下,新长征国乐社获得诸多重要奖项,如第三届"疁城之春"音乐会"企业文化杯"大赛一等奖、第三届嘉定文化节演奏奖、第一届海内外江南丝竹比赛优秀演出奖、中国国乐团业余江南丝竹比赛一等奖……1994年,新长征国乐社被上海江南丝竹协会吸收为团体会员。

长征镇每年中秋、春节都会对新长征国乐社的艺术顾问陆春龄进行慰问,送上长征人自己种植的有机蔬菜及养殖的禽蛋。2007年陆春龄大师举行从艺80周年活动,长征镇党委前往祝贺,陆春龄大师十分热情地回赠了极其珍贵的篆刻着大师个人签名的纪念笛。

应忠发（1925—1994年），浙江鄞县人，中共党员，全国先进生产者，第五、六届全国人大代表。1946年进入中纺二机（新中国成立后为国营上海第二纺织机械厂），1953年接任闻名全市的陆阿狗小组组长。曾一年革新成功半自动冲模、叶子板卷边自动打出装置、叶子板座打大弯推出装置等53项。先后8次受到毛泽东接见，10次受到周恩来接见。历任上海纺织专件厂副厂长、厂长。

应忠发

技术能手　革新闯将
——全国纺织工业系统标兵应忠发

我国纺织工业系统有一面令人敬仰的"红旗"，在20世纪数十年间始终鲜艳夺目、高高飘扬……

1956年、1959年，他两次被授予全国先进生产者称号；1955—1965年连续11年被评为上海市劳动模范，1978年、1980年又连续两次获此殊荣；他连续当选为上海市第一、二、三届人民代表大会代表，第五、六届全国人民代表大会代表；他连续担任中华全国总工会第八、九届候补执行委员；以他名字命名的小组于1953年、1956年、1959年三次被评为全国纺织工业系统和全国工交系统先进集体；1959年，他出席了全国先进生产者代表会议，并应邀参加国庆十周年观礼……这位闻名遐迩、功勋卓著的全国纺织工业系统的标兵就是上海第二纺织机械厂职工应忠发。

应忠发，1925年出生在上海一个船厂车工的家庭，幼年读过高小。1939年7月进入一家机器厂当学徒，满师后则辗转各船厂、机器（械）厂作工谋生。1946年进入中纺二机当工人。1953年接任当时闻名全市的陆阿狗小组组长。同年二季度被评为厂先进生产者。同年，加入中国共产党。

应忠发当选组长后，谈到："这是大家对我的信任。陆阿狗小组不是一般的小组，我当这个小组的组长很光荣。我应当把先进小组永远保持牢。"在党支部的关心支持下，应忠发紧紧依靠组内党团员骨干，凝聚人心、团结同志，戒骄戒躁、攻坚克难，以产品质量为重，组织动员全组人人参与技术革新和技术改革，不断提高生产率。从1950年至1959年，陆阿狗小组一直保持先进红旗小组的光荣称号，在这10年中技术革新项目达1 500项。全组从1953年1月到1959年7月的79个月里，月月完成国家计划，其中有76个月全面超额完成国家计划。1959年又被评为全国先进红旗小组，光荣出席全国群英会。

1954年上海市工业、建筑业、交通运输业劳模和先进工作者代表大会，应忠发（左）与裔式娟亲切交谈

陆阿狗小组的具体工作是冲模制造和冲压加工，分为制模和冲制两个部门。论条件，他们并不具有优势。1959年，小组120名工人中进厂不久的新学徒和代培训学徒占60%。由于技术好的老师傅陆续调出，新工人增多，全组工人的平均技术等级逐年下降，而小组的生产任务却逐年增多，突击性生产任务也很多，且机器设备也很陈旧，大部分冲床还是用皮带拖的"老爷"冲床。应忠发和党团骨干通过日常政治思想工作，使全组工人明白了"今天我们劳动为啥人"的道理，启发大家回忆对比解放前后工人不同的政治地位和生活状态，并结合生产任务的下达，如突击制作慰劳解放军的纪念章、替代进口产品的细纱机上的"弹格"等，明确劳动的意义和完成具体任务的意义，激发全组"任务越重越光荣，困难越大越有劲"的政治觉悟、劳动

热情以及完成生产任务的积极性。

在坚持政治思想工作的同时,他们大搞技术革新。有一次接到做铆皮圈架的任务,几个工人整天用榔头像"敲木鱼"一样不停地敲,但还是完不成任务,大家非常着急。几位老师傅急中生智,在冲床上装了个铆卡模子,结果产量一下子提高了10多倍。尝到技术革新的甜头后,他们觉得"提高生产,死做不行,要动动脑筋","不怕任务有多重,只怕不肯动脑筋"。应忠发提出,一接到任务,先动脑筋,找找窍门,号召大家"要做事先诸葛亮,不做事后诸葛亮""一人找一窍""西瓜要抱,芝麻要找,灰尘要扫",并组织老师傅与新工人结对"三包"(包质量、包安全、包思想)和"三交"(交技术、交产品要求、交操作方法)。人人动手的群众性技术革新活动开始了。

应忠发还与其他老师傅一起三改铆卡模,不仅提高了10多倍铆皮圈架的产量,还保证了产品质量和操作工人的安全,实现产品自动进出模,减轻工人劳动强度。此事消除了某些同志技术革新到头的想法,大多数工人都认识到"潜力真正无穷尽,窍门的确挖不光"。

他们还"到处学先进,到处动脑筋",凡是人家做过的产品,就去访问打听,吸取别人的经验教训;凡是没人做过的产品,就自己想。他们学习经验,到处留意,不管大厂小厂或者展览会,从不放过。应忠发骑自行车在路上,一听到"空通、空通"的冲床声和自己小组的不同,就会循声去求教,学中想、想中学,许多技术革新就这样搞出来了。

1954年,有次应忠发到自行车厂参观自动冲模,启发很大。回到小组后,他看到冲床女工做皮圈架前支架打弯,因为工件太小,加工时拿上拿下不方便,有的工人手皮也破了。为了减轻工人的劳动强度,他便研究改成自动模,经过10多次的试验,克服了送料、精度等一系列困难,加工起来又好又快。但有时会出现两只料一起进去,造成重叠卡住,"自动"成"不动",如不能克服这一难题,这项革新就要告吹了。应忠发心里很着急,支部书记不断鼓励,叫他不要泄气。有个星期天,他爱人见他整天想心事,坐立不安,劝他去逛逛街,松散松散,不要"模子还没有自动化,人倒先发呆了"。他听了爱人的话,沿着南京路走,但脑子里想的还是自动模。突然,他被一家商店橱窗里的玩具鸭吸引住了。一只小鸭子一摇一摆去饮水,头低下去,屁股翘起来,一上一下。他得到启发:"在模子上装上一头上去一头下来的自动保险不就行了吗?"他急忙赶回家连夜画出图样。

第二天在其他老师傅的帮助下,做好了自动保险,解决了进料重叠的问题,产量从7 000多只提高到3万多只。类似事例使小组工人体会到:学中想,可以打开思路;想中学,可以少走弯路。两者相联系,革新就不断出现。

他们还有一条经验,就是想也好,学也好,一定要从实际出发。小组工人说得好:"鞋子是否合脚,要问问穿鞋的人。零件是否好用,要听听用户意见。"因此,他们搞技术革新总是要访问用户单位,听取意见。在试制大牵伸精纺机时,小组接到大批新皮圈控制器的加工任务,试制成功后,发现质量不好,也不美观,且加工复杂。他们就到国棉十一厂了解情况,征求意见。应忠发回来后画出草图,并与组里的老师傅和工艺科技术员一起研究做出产品,再送到国棉十一厂去试用。这样反复试改四次,最后的产品不但质量好、外观美,切合实际,用户满意,而且比原来还减少四道加工工序,节约了钢材。

就这样,小组在应忠发的带领下,从少数人搞革新发展到人人搞革新,从一个时期、一个任务搞革新发展到经常不断搞革新,且一年比一年多。在第一个五年计划期间,技术革新成功实现记录在册的有232项。1958年实现103项;1959年上半年提出250多项革新项目,实现了190多项。应忠发个人1959年革新成功半自动冲模、叶子板卷边自动打出装置、叶子板座打大弯推出装置等53项。开展技术革新,缩短了产品生产工序,提高了冲床的机械化程度,节约了原材料,还大大提高了劳动生产率。

1956年,应忠发被评为上海市先进工作者。当时报刊上要介绍他们小组的事迹,准备把"陆阿狗小组"名称改为"应忠发小组",应忠发坚决不同意。他说:"我们小组有些成绩,这是和陆阿狗同志担任组长时做的工作分不开的,这也是全组同志共同努力的结果。成绩是大家的,决不是我应忠发个人的。"记者要替他拍照,他拉着小组其他同志一起照相。应忠发常常这样想:一个人的力量是很渺小的,离开了领导和同志们,我个人又能做出什么事情来呢?

应忠发就是这样一位爱岗敬业、恪尽职守,在平凡的岗位上持之以恒、锐意创新,创造出不平凡业绩的时代楷模、大国工匠。

裔式娟

裔式娟（1929—2022年），江苏盐城人，中共党员，第一至六届全国人大代表、第五届全国人大常委。她是纺织女工的排头兵，以她的名字命名的"裔式娟小组"保持了长达30年的模范集体称号。1953年至1976年8次被授予上海市劳动模范、先进生产者称号，1956年、1959年先后在全国先进生产者代表会议和全国"群英会"上被授予全国先进生产者称号。历任上海市第二棉纺织厂党总支副书记、上海市总工会副主席。

劳动织就　斑斓人生
——纺织女工排头兵裔式娟

　　裔式娟是新中国第一代全国劳模，是全国著名的劳动模范，是纺织女工的排头兵。2022年2月10日上午9时，她的遗体告别仪式在上海市龙华殡仪馆举行。上海市众多领导、老劳模及职工代表参加了告别仪式。

　　上了点年纪的老上海人都会知道《永不褪色的红旗》这出沪剧和连环画《不断跃进的裔式娟小组》《裔式娟小组的故事》。这些文艺作品的主人公裔式娟虽是一名普通的纺织女工，却有着传奇的人生经历。

　　20世纪50年代的大型纪录片《上海英雄交响曲》记载了众多劳动英雄，也记录了裔式娟小组不断革新，把几十年的陈旧纺纱机车速提高到了500转的事迹。她的生产小组连年全面超额完成生产计划，产品的数量与质量均达到全国先进水平，为国家的经济建设作出了重大贡献。从1953年起，以她的名字命名的"裔式娟小组"保持了长达30年的模范集体称号。

裔式娟1929年出生于江苏盐城一个贫困农民家庭。在旧社会只读过一年书，后到上海资本家开的纱厂当最苦最累的养成工。所谓"养成工"，即旧时纺织厂内尚未熟悉生产技术、处于学习阶段的童工。工厂只管吃饭，不发工资，养成期满，必须在厂里劳动几年，厂方只付最低工资，不得中途离厂。养成工的生活痛苦不堪，"日工做到两头黑，夜工做到两头亮"，每天工作十几个小时是家常便饭。工作环境差，劳动强度大，每天来回奔跑在棉尘飞扬的车间里，一刻也不能停，动作稍慢一些，工头非打即骂。他们不仅饱受包工头的肉体凌辱，每天下班时还要接受搜身检查，受尽非人的待遇。

1947年，裔式娟开始在上海中国纺织建设公司第二棉纺织厂细纱车间做挡车工。中华人民共和国成立后，有强烈翻身感的她把对党的热爱全部倾注到工作中。

1951年，青岛市第六棉纺织厂细纱值车女工郝建秀创造了一套比较科学的细纱工作法。其特点是：工作主动，有规律；工作有计划，分清轻重缓急；工作交叉，结合进行；重视清洁工作……由于主动掌握了机器性能，减少了细纱的断头；缩短了断头的延续时间，使皮辊花率棉花率达到了0.25%的全国纪录，值车能力（20支纱）由300锭逐渐提高到600锭。

裔式娟是"郝建秀工作法"学得最早、最认真的人，回来后仔细揣摩，结合实际，形成了自己独特的操作方法。她不但在厂内带头推广，当好"领头羊"，而且还在兄弟厂里担任"小先生"。经她耐心细致的传、帮、带，她的小组很快成为上海市学习"郝建秀工作法"模范小组。

在上海市档案馆馆藏的原上海市第二棉纺织厂厂史中，一篇写于1960年的文章《一面永不褪色的红旗——记不断跃进的裔式娟小组》十分醒目。文章写道："在宽敞、明亮的俱乐部二楼大厅里，淡黄色的四壁上，挂满了各式各样、大大小小的奖旗，这些奖旗，就像是一张张悬挂在那里的成绩报告单，显示着上海市第二棉纺织厂在新中国成立后，历年在生产上、在各项工作中的卓越成就。在这些奖旗中，特别醒目的是一面紫红色的旗子，它的得主就是裔式娟与她的小组。"

1952年，裔式娟加入中国共产党。她初心如磐、身先士卒，带领小组钻研技

裔式娟在上海市1953年工业劳动模范、先进工作者大会上发言

术，她认为："关心人，做好人的工作，这是发挥小组战斗力的关键。"她经常发动小组骨干在下班后到有困难的同事家中去促膝谈心，解决一些力所能及的实际问题。裔式娟的真诚、友爱，把小组拧成了一股绳。原先，小组中技术过硬的工人只有三四个，仅仅过了三年，在裔式娟的带动帮助下，个个都达到了"纺织能手"的水平。不仅如此，全组32名工人中有行业劳动模范1人，上海市先进生产者4人，受到嘉奖的9人，13人入了团，7人光荣地加入了中国共产党。

1953年，裔式娟小组获评"全国纺织工业模范小组"，同时得到象征全国先进集体的那面紫红色奖旗。从那天起，到1960年8月，在全国和上海市的先进集体的光荣榜上一直闪耀着她们的名字。

1954年，裔式娟带着非凡的业绩出席了第一届全国人民代表大会。会议期间，上海代表组拍摄了一张合影，站在第一排的裔式娟才25岁，是上海最年轻的全国人大女代表之一。"那时我们很多代表第一次见到毛主席和周总理，我鼓掌时把手都拍肿了，但当时根本毫无知觉。"裔式娟回忆当年的情景，对一些细节记忆犹新。

1959年9月，她们小组的21支纬纱车速已经达到500转，单产54公斤，质量100%，创造了高速生产的操作法，实现了高产优质。她们用自己的不懈努力创造了优异的成绩。

后来，裔式娟担任了上海市第二棉纺织厂党总支副书记、上海市总工会副主席，并连任六届全国人大代表，八次被上海市人民政府授予上海市劳动模范、先进生产者称号，先后在全国先进生产者代表会议和全国"群英会"上被授予全国先进生产者的荣誉。"裔式娟小组"这面全国工业战线上永不褪色的红旗能持久地在神州大地飘扬，背后带动小组不断刷新成绩的正是裔式娟这个榜样。

裔式娟的家在普陀区曹杨新村一幢20世纪50年代建造的老工房里，朴素的布置陈设看似与平常人家并无两样，只有客厅里胸前挂满奖章的一张照片说明了这里主人的身份不凡；还有卧室床头一幅被挂起的"敬业楷模——赠裔式娟"的书法格外引人注目，似乎在悄悄地诉说着这家主人的与众不同。

第一届全国人大周恩来总理所做的《政府工作报告》始终被裔式娟视作珍宝，多年来悉心收藏。在2021年中国共产党百年华诞时，包括这份珍贵文件在内的70件珍贵档案资料，都由她亲手捐赠给了上海市档案馆。

在捐赠仪式上，裔式娟饱含深情地回忆起了自己作为工人代表参加全国人民代表大会的情景。她说："解放前，纺织女工没有地位，解放后，我们成了国家的主人。我能有今天，都是党的培养！"她表示，把这些珍藏捐献出来是希望让更多的人看到、知晓、纪念这段珍贵的历史岁月。裔式娟感叹，做梦也没有想到，像她这样一名曾在旧社会浸泡于苦海里的普通纺织女工，会在新社会绽放出耀眼的光芒。

从一个普通的纺织女工到全国劳模的人生之路，是裔式娟用劳动将梦想"织成"现实的最好写照。那些沉甸甸的荣誉与头衔，对裔式娟来讲早已成为过去，可是回顾这位老劳模的一生，她凭借自己的辛勤劳动，用汗水与智慧在平凡的纺织女工岗位上"织就"了不平凡的斑斓人生。

诸惠琴（1938—1998年），上海长征人，中共党员，著名沪剧表演艺术家，上海沪剧团先进工作者，中国戏剧协会上海分会会员。1956年，她被选送进上海人民沪剧团作随团学员。在沪剧名师的传授下，她刻苦勤勉，艺事日进，受到观众好评；改革开放以来，她精益求精，艺术上突飞猛进，终成一代沪剧名家。她表演自然细腻，感情丰富，唱腔质朴纯真，情真意切，具有浓烈的沪剧韵味。

诸惠琴

质朴纯真　韵味浓烈
——著名沪剧表演艺术家诸惠琴

1938年，诸惠琴出生于上海长征乡真北村前李家宅（今隶属于普陀区长征镇）。她原是上海郊县的一位农家姑娘，从小酷爱沪剧。15岁起参加农业生产劳动，积极参加蔡家桥农村业余演出。每天踏车子送菜到市区时，她总是千方百计去看沪剧，在演唱上有良好的基础。她曾主演《海上渔歌》一剧，荣获上海市郊文艺汇演二等奖。

1956年，诸惠琴被选送进上海人民沪剧团作随团学员，在丁是娥、石筱英、筱爱琴等师长的悉心传授下，功力大进，先后在《星星之火》中扮演高小妹，在《芦荡火种》中扮演小凌，在《红色宣传员》中扮演李善子，在《江姐》中扮演江姐，得到广大观众认可。她在《江姐》中演唱的《红梅赞》和在《芦荡火种》

中演唱的《芦苇疗养院》，优美动听，广为传唱。

诸惠琴牢记"文艺为工农兵群众服务"的宗旨，并努力践行。白鹤镇青年陆永刚呕心沥血办起了半工半读的新颖学校——白鹤农业中学，以卓著的成绩荣获上海市劳动模范称号，受到毛泽东、刘少奇、周恩来等党和国家领导人的接见。为此，受上海市委领导的委托，1964年，上海沪剧院丁是娥、解洪元、邵滨孙、诸惠琴等沪剧表演艺术家蹲点白鹤农业中学，与师生们同吃、同住、同劳动，体验生活，创编弘扬陆永刚先进事迹的沪剧。剧中，诸惠琴饰演主人公妻子，为饰演好角色，她吃住在陆永刚家里三个月，并一起烧饭、洗衣服，与他们真正打成一片，亲如一家。

改革开放初期，诸惠琴在艺术上取得了长足的进步，她的表演层次丰富，自然细腻，唱腔纯真质朴、情真意切，具有浓烈的沪剧韵味。《金绣娘》《大雷雨》乃是沪剧经典作品，诸惠琴在这两部剧中成功地饰演主角，在表演上逐渐成熟，达到了个人艺术创造的高峰。

《金绣娘》公演于1978年，是粉碎"四人帮"后最早涌现的沪剧优秀创作剧目之一。本剧讲述的是地下交通员金绣娘和当地群众舍身忘死掩护新四军的故事，歌颂了军民鱼水情。诸惠琴在《金绣娘》中成功塑造了地下党交通员金绣娘的形象。她把金绣娘演得朴实自然，亲切感人。剧中第二场，保长老婆从木盆中发现带血的手绢，以为抓到了"窝藏"受伤新四军的把柄，诸惠琴饰演的金绣娘在这紧急关头，内心焦急却不露声色，略为沉思，背过身去用剪刀在手上割了个伤口，然后用另一块手绢慢慢地裹起伤来。这个细节演得自然无痕、朴实无华，再加上幕后合唱的烘托，很多观众不禁潸然泪下。

1980年，上海沪剧院二团重排经典沪剧《大雷雨》，诸惠琴在剧中饰演主角刘若兰，这是诸惠琴的又一部力作。《大雷雨》是一部婆婆诬陷儿媳，导致

沪剧《金绣娘》海报

儿媳儿子双双走上绝路的悲剧。剧中"花园会"一场最为精彩：刘若兰的表弟梁世英到马家来看望新婚燕尔的表姐。他们是曾经的恋人，因为梁家嫌弃刘家家境贫寒，不同意这门亲事。后来，刘若兰嫁给了马惠卿，梁世英受此打击而身染陈疴，自觉这次来看望表姐就是见表姐的最后一面。两人见面相对无言，直到眼见天色将暗，相聚时间无几，梁世英才吐露心声。刘若兰试图安慰他，却又知安慰无用，最后只有泪流千行。

诸惠琴在《大雷雨》中的表演给观众留下了深刻印象。这部戏是石筱英的代表作，诸惠琴的可贵之处在于她既继承了前辈艺术家的演技，又根据自身条件加以发展，她演的刘若兰，不仅有温柔贤惠、委曲求全的一面，也有感情执着、坚韧自信的一面。

1988年，诸惠琴与沈仁伟参加沪剧中年演员大奖赛，就以《大雷雨》中"花园会"一折参赛，两人双双获得"十佳演员"的称号。

此外，诸惠琴在《星星之火》中扮演了杨桂英，在《芦荡火种》中扮演了阿庆嫂，在《离婚记》中扮演梁素珍，在《雷雨》中扮演鲁妈，还在《昨夜情》《清风歌》《月朦胧，鸟朦胧》《野马》《明月照母心》等剧中担任配角。

1992年5月，为纪念毛泽东主席《在延安文艺座谈会上的讲话》50周年，诸惠琴随上海沪剧院赴青浦县练塘柳口村演出。她曾是乡镇文艺积极分子，回到农村，倍感亲切。她深入乡办工厂、敬老院，又来到村口田头深入农民家庭，不仅热情表演节目，还和乡亲们促膝谈心。她说："这几年郊县农村面貌大变样，但乡亲们对沪剧的热爱没有变。我们一定常来常往，决不会忘记你们。"诸惠琴他们根据下乡的真切感受，赶编一出新戏《淀山湖畔风光好》，歌颂青浦各条战线新人新事新风貌，剧情生动，情趣盎然，使农民们看了深受感动。

此外，诸惠琴还经常随上海沪剧院送戏下厂，热情为生产第一线的工人演出，与上海几十家大中型企业建立了深厚的友谊。诸惠琴出生在长征，成长于菜乡，对长征这片热土始终充满了眷眷的深情，不管是成名前还是出名后，长征乡（后为长征镇）每每举行重大庆典或文化活动，诸惠琴总是有请必到、有求必应、不辞辛劳、不计报酬，并在百忙中还经常抽出时间，热心辅导长征社区的沪剧爱好者。

1998年，诸惠琴因患癌症逝世，终年60岁，使广大喜爱她的观众痛惜不已。

2017年9月2日晚，上海新东苑沪剧团出演的经典沪剧《大雷雨》（明星版）

隆重献演上海兰心大戏院。本场演出，饰演女主角刘若兰的新东苑沪剧团团长沈慧琴是诸惠琴的学生，这赋予了演出一份特殊的意义：重新演绎经典，再次唱响《大雷雨》，以此献礼恩师，纪念著名沪剧表演艺术家诸惠琴诞辰80周年。

主要参考文献

（以作者姓氏拼音顺序为序）

1. 长征镇人民政府编：《长征乡志》，上海：上海社会科学院出版社，1995年。
2. 楮伯承：《沪剧研究与欣赏　乡音的魅力》，上海：上海社会科学院出版社，2004年。
3. 东升：《"自行车"牌面粉打开新局面》，载《小康》，2022年第1期。
4. 冯筱才：《蔡声白先生传略》，载《蔡声白》，香港杨元龙教育基金会，2007年。
5. 姜方：《生命不息，笛声不止，愿为人民吐尽丝》，载《文汇报》，2018年5月23日。
6. 金耀基：《〈书业商之人格〉序》，载《中国出版史研究》，2021年第3期。
7. 刘莉娜：《陆春龄：生命不息，笛声不止》，载《上海采风》，2010年第5期。
8. 刘挺：《创办国内最早的经济学术研究团体，他是甬籍商业巨子方椒伯》，学习强国（宁波学习平台），2020年5月30日。
9. 刘挺：《方液仙：兴办中国首家牙膏厂，47岁被刺杀》，学习强国（宁波学习平台），2020年7月27日。
10. 陆静珠：《上海沪剧寻"娘家"》，载上海市青浦区写作协会编：《青浦掌故新编》，上海：文汇出版社，2013年。
11. 农工党益阳市委会：《寸草丹心万里程——记农工党先驱、著名历史学家周谷城》，载《前进论坛》，2021年第8期。
12. 上海地方志办公室编著：《上海名建筑志》，上海：上海社会科学院出版社，2005年。
13. 上海毛麻纺织工业志编纂室编：《上海毛麻纺织工业志》，上海：上海社会科学院出版社，1996年。
14. 上海圣约翰大学校史编辑委员会编：《上海圣约翰大学1879—1952》，上海：上海人民出版社，2009年。
15. 上海市普陀区档案局（馆）、上海市普陀区文化局、上海市普陀区政协学习和文史委员会编著：《回眸——苏州河工业文明撷影》，上海：上海社会科学院出版社，2015年。

16. 上海市普陀区档案局、中共上海市普陀区党史研究室、上海市普陀区地方志编撰委员会办公室编：《追忆—普陀历史档案剪影》，北京：中国社会出版社，2011年。

17. 上海市普陀区教育志编纂委员会编：《普陀区教育志》，上海：汉语大词典出版社，2002年。

18. 上海市普陀区人民政府编：《普陀区地名志》，上海：学林出版社，1988年。

19. 上海市普陀区志编纂委员会编：《普陀区志》，上海：上海社会科学院出版社，1994年。

20. 上海真如寺释妙灵主编：《真如寺志》，上海：上海社会科学院出版社，2006年。

21. 史全生主编：《民国实业家列传》，南京：凤凰出版社，2018年。

22. 史炎均：《真善合美：蒋锡夔传》，上海：上海交通大学出版社，2016年。

23. 宋祖荫：《陆春龄与太仓》，载《太仓日报》，2018年6月24日第8版。

24. 孙丽萍：《"中国笛王"陆春龄97岁高龄辞世：一代民乐宗师尚有"心愿未了"》，新华社上海，2018年5月22日。

25. 孙曜东、宋路霞：《孙多森与中国银行》，载《中国企业家》，2003年第8期。

26. 汤涛：《被遮蔽的王伯群》，载《中华读书报》，2016年2月3日（第7版）。

27. 汤涛：《乱世清流——王伯群及其时代》，上海：上海书店出版社，2021年。

28. 汤涛主编：《丽娃记忆：华东师大口述实录》，上海：上海三联书店，2015年。

29. 汤涛主编：《王伯群与大夏大学》，上海：上海人民出版社，2015年。

30. 汪谦干：《论安徽寿县孙家鼐家族对中国近代经济发展的贡献》，载《民国档案》，2004年第2期。

31. 汪修荣：《"纸帐铜瓶"郑逸梅》，载《名人传记》，2022年第6期。

32. 王德乾：《真如志》，载《上海乡镇旧志丛书》，上海：上海社会科学院出版社，2004年。

33. 王红曼：《"味精大王"吴蕴初：致富不忘报国》，载《学习时报》，2021年12月10日。

34. 王丽媛：《蒋锡夔：国家需求与个人选择》，载《今日科苑》，2019年第2期。

35. 魏文享：《蔡声白：尽现"美亚"丝绸之光》，载《竞争力》，2008年第4期。

36. 吴葭修、王钟琦纂:《民国宝山县再续志》,载《上海府县旧志丛书》,上海:上海古籍出版社,2012年。

37. 吴祈生:《杨济川与中国首台电扇》,上海通网站,2005年。

38. 熊月之主编:《上海名人名事名物大观》,上海:上海人民出版社,2005年。

39. 许德珩:《许德珩回忆录:为了民主与科学》,北京:中国青年出版社,2001年。

40. 荀澄敏:《投身教育 立志光大华夏——纪念大夏大学校长王伯群诞辰130周年》,载《东方教育时报》,2015年12月14日。

41. 杨浪:《人淡如菊品逸于梅——访郑逸梅孙女郑有慧》,载徐国平编:《不可磨灭的记忆:百年南社后裔寻访》,苏州:古吴轩出版社,2009年。

42. 叶尚仲:《让名牌大放光彩——访上海振华造漆厂》,载《中国涂料》,1998年第4期。

43. 易蓉、王钰:《力学家、教育家何友声院士逝世,他说"只要国家有需要他就上"》,载《新民晚报》,2018年1月18日。

44. 余子道主编:《曦园星光 史苑流芳》,上海:复旦大学出版社,2020年。

45. 俞筱尧、刘彦捷编:《陆费逵与中华书局》,北京:中华书局,2002年。

46. 张藜、张佳静编:《跨越时代的百位中国科学家(第一册)》,北京:科学普及出版社,2017年。

47. 张晓辉、夏泉主编:《暨南大学史》,广州:暨南大学出版社,2016年。

48. 张志萍:《人民音乐的文化使者——专访著名笛子演奏家陆春龄教授》,载《上海支部生活》,2017年第7期。

49. 真如镇人民政府编:《真如镇志》,上海:上海社会科学院出版社,1994年。

50. 郑茂:《记上海交大原党委书记、著名力学家、教育家何友声院士》,载《上海交大报》,2018年1月22日。

51. 中国人民政治协商会议上海市普陀区委员会文史资料工作委员会:《普陀文史资料》(第1辑),1989年。

52. 中华书局编辑部编:《中华书局百年大事记》,北京:中华书局,2012年。

53. 周小鹃:《周志俊小传》,兰州:兰州大学出版社,1987年。

54. 周子美:《周子美学述》,杭州:浙江人民出版社,1999年。

55. 祝天泽:《笛子泰斗陆春龄的晚年生活》,载《金秋》,2016年第17期。

56. 左旭初:《历史上由上海首创的品牌(一)》,载《上海商业》,2015年第9期。

57.《方椒伯：熟谙法律的实业家》，镇海档案信息网，2008年5月26日。

58.《上海测绘志》编纂委员会编：《上海测绘志》，上海：上海社会科学院出版社，1999年。

59.《上海成人教育志》编纂委员会编：《上海成人教育志》，上海：上海社会科学院出版社，2007年。

60.《上海纺织工业志》编纂委员会编：《上海纺织工业志》，上海：上海社会科学院出版社，1998年。

61.《上海高等教育志》编纂委员会编：《上海高等教育志》，上海：上海社会科学院出版社，2010年。

62.《上海工商社团志》编纂委员会编：《上海工商社团志》，上海：上海社会科学院出版社，2001年。

63.《上海化学工业志》编纂委员会编：《上海化学工业志》，上海：上海社会科学院出版社，1997年。

64.《上海金融志》编纂委员会编：《上海金融志》，上海：上海社会科学院出版社，2003年。

65.《上海民族志》编纂委员会编：《上海民族志》，上海：上海社会科学院出版社，1997年。

66.《上海年鉴》编纂委员会编：《上海年鉴2018》，上海：《上海年鉴》编辑部，2018年。

67.《上海普陀政协志》编委会编：《上海普陀政协志》，上海：上海辞书出版社，2020年。

68.《上海轻工业志》编纂委员会编：《上海轻工业志》，上海：上海社会科学院出版社，1996年。

69.《上海水利志》编纂委员会编：《上海水利志》，上海：上海社会科学院出版社，1997年。

70.《上海滩》杂志编辑部编：《上海滩丛书——海派之源》，上海：上海大学出版社，2019年。

71.《上海通志》编委会编：《上海通志》，上海：上海人民出版社，2005年。

72.《上海宗教志》编纂委员会编：《上海宗教志》，上海：上海社会科学院出版社，2001年。

73.《中国化学工业社：中国最早的牙膏厂》，宁波市人民政府网站2009年4月1日。

后 记

上海普陀，自古以来钟灵毓秀、鸾翔凤集、英才辈出。编辑出版一本有关普陀区历代名人、名士、名贤的传记是普陀区档案及文史工作者萦怀已久的夙愿。20世纪八九十年代，普陀区档案馆及政协文史委员会就曾组织专门人员收集史料，着手撰写普陀名人传记，后因种种原因，未能付梓。

2020年9月8日，习近平总书记在全国抗击新冠肺炎疫情表彰大会上的讲话中强调："文化自信是一个国家、一个民族发展中最基本、最深沉、最持久的力量。向上向善的文化是一个国家、一个民族休戚与共、血脉相连的重要纽带。"近年来，普陀区委、区政府领导日益重视普陀区历史根基的研究、文化底蕴的开掘、优良传统的弘扬，多次强调，要传承历史文脉，赓续红色血脉，讲好普陀故事，树立文化自信。在区委、区政府领导的直接关心下，普陀区档案局（馆）、方志办再一次把编撰普陀历代知名人士传记的工作，摆上重要议事日程。

从一定意义上来说，此书的编辑出版，是具有开创性、突破性的，填补了普陀区在历代人物传记整理编撰方面的空白。此书将成为普陀区广大干部群众的人文导游，引导人们走进普陀的历史，瞻仰历代的名士，了解苏河的文脉，增强文化的自信。

承蒙区政协之友社、普老党史宣讲团、区老干部活动中心晚晴诗社的鼎力相助，派出骨干人员参与普陀区历代知名人士传记的编撰工作。他们中有的参加过《上海普陀城区史》《普陀年鉴》的编撰，有的参与过《普陀区政协志》的编写，有的历经过《普陀区教育志》《普陀区司法志》等的整理及起草，对于编撰历代名贤的传记，都有一定的经验与基础。

自2022年上半年起，编委会正式启动资料收集、书稿策划、人物选定、文案起草等流程。7月至8月，是撰写书稿的关键时期，恰逢申城遭遇150年未遇的极端高温，编委会成员冒着连续数十天40摄氏度以上的酷暑，以及依然严峻复杂的新冠肺炎疫情，挥汗如雨、奋笔疾书，专心致志、精益求精。每周召开线上会议交流编写过程中遇到的难题，共商解决之法，只为书写好吴淞江及桃溪河的前世今生，描绘好普陀区的历代志士贤达，传承好普陀区的历史文脉。

1947年初建区时，普陀区境域面积只有2.65平方千米，历经数次区划调整，而今境域面积已经扩展至55.53平方千米，故普陀区的文史资料较为分散，收集历史素材，无疑是编撰书稿最重要且颇具难度的基础工作。普陀区档案馆的工作人员在本馆资料库钩沉史料，上网搜索，进图书馆查阅，到市档案馆考证，在史海中遨游，在书山中跋涉，寻找更多的线索，求证更多的史实，遴选更好的素材。

囿于编委会成员能力所限，加之时间紧、素材少等因素，此书的编撰难免有诸多失当乃至失实之处，恳请有识之士与大方之家指破迷津、不吝赐教。

《苏河星灿》编撰委员会

2022年10月8日